삶이 흐르는 대로

**THE IN-BETWEEN**

Copyright ⓒ 2023 by Hadley Vlahos R.N. All rights reserved. No part of this book may be reproduced by any means, electronic or mechanical, or by any information storage and retrieval system, without permission in writing from the Proprietor.

Korean Translation Copyright ⓒ 2024 by Dasan Books Co., Ltd.
Korean edition is published by arrangement with Cecile B Literary Agency through Imprima Korea Agency

이 책의 한국어판 저작권은 Imprima Korea Agency를 통해
Cecile B Literary Agency사와의 독점계약으로 다산북스에 있습니다.
저작권법에 의해 한국 내에서 보호를 받는 저작물이므로
무단전재와 무단복제를 금합니다.

# 삶이 흐르는 대로

영원하지 않은 인생의 항로에서
우리가 기억해야 할 것들

**해들리 블라호스** 지음 | **고건녕** 옮김
The In-Between

날마다 삶의 작은 기쁨을 일깨워 주는

내 세 아이에게

차례

들어가며 ·········································································· 9

1  사랑한다고 한 번 더 말해주세요 · 글렌다 ············ 22
2  기다리는 것이 오직 죽음만은 아니기를 · 칼 ········ 52
3  결국 모든 것이 지나간다 · 수 ································ 82
4  저마다 누군가의 사랑이었음을 · 샌드라 ··············· 126
5  꼭 케이크를 먹어요 · 엘리자베스 ··························· 152
6  절대 그럴 리 없는 일도 일어난다 · 이디스 ·········· 182
7  혼자 짊어질 수 없는 짐도 있다 · 레지 ··················· 226
8  어떤 답은 시간이 흘러도 변치 않는다 · 릴리 ······ 268
9  삶도 죽음도 예측할 수 없는 것 · 바베트 ··············· 290
10 깊이 사랑한 것은 절대 사라지지 않는다 · 앨버트 ··· 316
11 누구도 혼자 죽게 내버려두지 않기를 · 프랭크 ····· 368
12 모든 일엔 그럴 만한 이유가 있다 · 애덤 ·············· 392

나가며 ············································································ 408
감사의 말 ······································································ 412
옮긴이의 말 ··································································· 422

**일러두기**
- 이 책의 각주는 옮긴이 주입니다.
- 원서에서 이탤릭체로 강조한 곳은 본문에 고딕체로 표시했습니다.

## 들어가며

내가 호스피스 간호사로 일한다고 하면 사람들은 깜짝 놀란다. 어쩌면 그토록 우울하고 밤낮없이 힘든 일을 할 수 있느냐며 말이다. 사실 호스피스 일을 하다 보면 고될 때가 많다. 때로는 무너질 것같이 힘들다. 하지만 내가 더 자주 맞닥뜨리는 건 아름다운 찰나에 잠시 멈춰 의미를 곱씹어 보며 감동에 젖는 순간, 끝이 얼마 남지 않았단 사실을 깨달은 뒤에야 인생의 교훈을 알아채고 깊은 사랑을 느끼는 순간이다. 나처럼 호스피스 간호사를 직업으로 택하는 사람을 이해하지 못하는 사람이 아무리 많다 해도 그런 순간 때문에 나는 호스피스 세계에 발을 담근 걸 행운으로 여긴다.

호스피스hospice, 즉 임종간호는 의학적으로 살날이 얼마 남지 않은 환자가 병원을 비롯한 의료기관에서 받던 치료를 중단하는 대신, 며칠이 될지 몇 주가 될지 몇 달이 될지 모르는 인생의 마지막 나날을 사랑하는 사람들에게 둘러싸여 집에서 편안하게 보내며 보살핌을 받는 활동을 말한다. 나는 호스피스 간호사로서 환자와 가족이 모두 이 과정을 잘 헤쳐 나가도록 안내하고 환자가 가능한 한 통증 없이 편안한 상태를 유지하도록 돕는 역할을 한다. 호스피스가 6개월까지도 지속되는 경우가 있다 보니 그동안 환자의 인생 이야기를 들으며 그들과 가까워지기도 하고 그들이 사랑하는 이들, 심지어 반려동물까지 잘 알게 되기도 한다.

이 책을 통해 나는 이번 생에서 다음 생(나는 죽음 뒤에 반드시 뭔가가 존재한다고 믿는다)으로 넘어가는 그 순간이 얼마나 불가해하고, 강렬하고, 감동스러운지를 나누려 한다. 내가 이 이야기들을 공유하고 싶은 이유는 '죽음'과 '죽어감'을 두고 오해가 너무나 만연하기 때문이다. 당연히 그럴 수밖에. 수많은 죽음을 봐오며 사람이 어떻게 죽어가는지 어느 정도 알게 된 나조차도 모든 질문에 답하진 못하니까.

보통 임종이나 죽음을 화제로 삼는 일은 드물지만 내게 이 주제에 관해 많이들 질문하는 걸 보면 사람들도 적잖이 관심이 있는 게 분명하다. 그저 막연한 호기심으로 죽음과 죽어감이 뭔지 궁금해하는 이도 있는 반면, 구체적인 이유가 있어 관심을 두는 이도 있다. 후자는 대개 사랑하는 사람이 호스피스를 받고 있거나 곧 받을 예정이거나 과거에 받았던 이들이다. 어쩌면 자신이 곧 호스피스에 들어가는 경우도 있다.

가장 많이 받는 질문은 어떻게 호스피스 간호사가 됐느냐는 것이다. 호스피스 간호사치고 젊은 축에 속하는 나에게는 당연한 질문이다. 이 책을 쓰는 도중에 서른 살이 됐지만, 이쪽에 막 발을 들였을 당시엔 고작 스물네 살이었으니 함께 일하는 사람들보다 한참 어렸다. 지금도 그렇다. 호스피스 간호사가 되는 여정이 순탄하기만 한 건 절대 아니었다. 어렸을 적 작가가 꿈이던 나는 대학에 들어갔을 무렵까지도 간호사가 될 생각이 전혀 없었다. 돌이켜 보면 일련의 사건들이 내가 이 일을 하게끔 이끌었던 게 아닌가 싶다.

많은 사람이 죽음에 관해 얘기하는 걸 금기시하거나 두려워하지만 우리 가족은 그렇지 않았다. 외할머니와 외할아버지가 공인 장의사였던 까닭에 엄마는 장례식장과 영안실에서 자라다시피 했다. 영화 「마이 걸My Girl」을 본 사람이라면 대략 짐작할 수 있을 거다. 방부처리를 하는 시체 옆에서 숙제하는 것쯤은 엄마에게 전혀 특별한 일이 아니었다.

가업의 영향으로 죽음은 우리 일상의 한 부분이었다. 죽음을 주제로 한 대화가 저녁 식탁에 오르내리는 것도 당연했다. 이런 환경에서 자란 나는 죽음은 자연스러운 현상이란 생각을 품게 됐고, 죽음을 두렵고 불가사의한 게 아니라 당연한 것으로 받아들이게 됐다.

또 우리 집안에는 사후 세계에 대해 확고한 신념이 있었다. 나는 루이지애나주 배턴루지에 있는 성공회 사립학교에 다니다가 열 살 때 플로리다주 데스틴으로 이사한 다음부턴 그곳에서 성공회 교회를 다녔다. 매주 수요일 아침마다 교정에 있는 커다란 예배당에서 수업을 들었는데, 배우는 건 족족 성경에 나오는 것뿐이었다. 음악 시간에도 오직 찬송가만 불렀다. 가족과 보내는 일상도 교회를 중심으로 흘러갔다. 일요일 아침마다 교회에 나가 행사에 꾸준히 참석했다.

교회에서 하는 말이라면 하나도 빠짐없이 믿었다. 천국과 지옥 이야기는 물론이고 성경에 나오는 십계명을 비롯해 교회에서 믿어야 한다고 가르친 모든 걸 믿었다. 의심도 없이 그저 믿기만 했다. 곱씹어 보는 일도 없었다.

그러다 열다섯 살 때 내가 믿었던 세상이 끝나버렸다.

그날은 평소와 다를 것 없었다. 평범한 금요일 저녁이었다. 여느 때와 다름없이 야외 관중석에 서서 학교 대항 미식축구 경기를 관람했다. 주근깨 가득한 양 볼에 페이스페인팅을 한 채 가장 친한 친구 해나와 손을 맞붙잡고 우리 학교 응원가를 연주하는 드럼 소리에 맞춰 고래고래 소리쳤다. 공중을 가로지른 공이 선수로 뛰던 친구 테일러의 손에 들어가자 우리는 더 크게 환호성을 질렀다.

이윽고 상대 팀 선수 두 명이 순식간에 테일러를 잔디밭으로 밀어서 넘어뜨렸고 경기가 중단됐다. 테일러는 힘겹게 몸을 일으켰지만, 그래도 일어나자마자 툭툭 털고 사이드라인으로 달려갔다.

"테일러 어디 안 좋은가 봐." 해나가 내 손을 힘주어 잡으며 말했다.

"뭐? 아냐, 멀쩡하잖아!" 내가 반박했다.

몇 분 후 경기장에 응급차가 도착했고, 나는 어리둥절한 채 테일러가 실려 나가는 모습을 지켜봤다.

"뭔가 잘못됐어, 해들리." 해나가 한 번 더 말했다.

"그냥 뼈가 좀 부러지거나 했겠지. 깁스에다 뭐라고 쓰면 웃길지 생각해 보자."

해나는 고개를 끄덕였고, 우리는 곧 경기에 다시 집중했다.

그날 밤 나는 해나네 집에 자러 갔다. 우리는 밤늦은 시간까지 깔깔대며 손톱에 매니큐어를 칠하고 얼굴에 마스크팩을 붙이며 놀았다. 그러다 몇 시쯤 됐을까. 해나네 엄마가 문을 열고 머리를 들이밀며 엄한 목소리로 말했다. "둘 다 침대로 올라가. 당장." 해나는 불만스러운 듯이 눈을 이리저리 굴렸지만, 이내 우리는 시키는 대로 했다.

다음 날 아침 우리는 일어나자마자 소피* 반바지와 티셔츠를 입고 학교 세차 행사**에 갔다. 해나와 나는 어젯밤 늦게까지 깨어 있던 여파로 여전히 잠이 덜 깬 상태였다. 행사가 열리는 교회 주차장에 도착하니 모두 울고 있었다. 멈춰 선 나는 당황스러워하며 친구들을 쳐다봤다.

"죽었대." 애슐리가 눈물이 그렁그렁한 눈으로 해나와 나를 올려다보며 말했다.

"누가 죽었단 거야?" 내가 여전히 얼떨떨한 채로 물었다. 누군가의 할머니나 할아버지가 세상을 떠났겠거니 했다.

"테일러 하우건." 애슐리가 간신히 이름을 내뱉었다.

"테일러가?" 나는 코웃음을 쳤다. "걔 멀쩡해. 어제 봤는걸. 나랑 문자도 했어."

휙 돌아서서 친구 무리를 뒤로하고 테일러에게 전화를 걸었

---

\* Soffe. 주로 치어리더가 입는 미국의 대중적인 스포츠 의류 브랜드.
\*\* 미국의 고등학교에서는 미식축구부를 위해 기금을 조성하고자 학생들이 주도해서 주민에게 세차 서비스를 제공하는 행사를 진행하기도 한다.

다. 멍청한 소문에 넘어간 거라고 모두에게 보여줘야 했다. 하지만 신호만 계속 가던 전화는 음성사서함으로 넘어갔다. 전화를 끊고 테일러와 가장 친한 체이스에게 다시 전화를 걸었다. 체이스라면 이 상황을 정리해 주리라 생각했다. 이윽고 체이스가 전화를 받기 무섭게 내가 말했다. "여기 있는 애들이 테일러가 죽었대. 아니잖아. 테일러 살아 있지?"

체이스의 목소리는 묘하게 무미건조했다. "테일러는 죽었어, 어젯밤에."

상대 팀 선수들에게 공격당했을 때 테일러의 간이 터졌었단 사실을 나중에야 알게 됐다. 일어나서 사이드라인으로 나갈 때는 괜찮아 보였을지 몰라도 테일러는 사실 전혀 괜찮지 않은 상태였다. 사고가 난 날 밤 응급수술을 받았는데도 왜 테일러가 살지 못했는지, 나는 도저히 이해할 수 없었다. 그게 바로 병원에 있는 사람들이 해야 할 일 아닌가? 사람을 살리는 일! 테일러처럼 젊고, 강하고, 건강한 사람이라면 더더욱.

테일러의 죽음은 꽤 오랫동안 실감이 나지 않았다. 물론 이런 일이 벌어지기도 한다는 건 알았다. 하지만 다른 사람한테나 생기는 사건이라고만 여겼지 내 친구가 겪을 줄은 몰랐다. 마치 악몽을 꾸는 것 같았다. 5교시 수업을 들으러 혼자 가야 할 때, 친구들과 영화 보러 가는 날 테일러가 나타나지 않을 때, 문자함에 테일러에게서 온 메시지가 한 통도 없을 때…… 테일러가 세상에 없단 사실을 새삼 깨달을 때마다 믿을 수 없어서 충격에 빠졌다.

시간이 지나자 처음에 받은 충격은 어느 정도 가라앉았다. 하지만 테일러의 죽음으로 내 안의 뭔가가 영영 변해버리고 말았다. 물론 죽음이 뭔지는 인지하고 있었다. 그러나 내게 죽음은 삶의 끝자락에나 찾아오는 일이지 삶이 막 시작될 때 일어나는 일이 아니었다. 도무지 말이 안 됐다. 테일러가 죽은 다음 해에 나는 모두에게 화가 나 있었다. 아무 일도 없었다는 듯 살아가는 친구들에게도, 테일러를 공격한 상대 팀 선수들에게도 화가 났지만 무엇보다 신이 베푸는 사랑이 얼마나 큰지 설교하는 신부님에게 가장 많이 화가 났다. 상실을 겪은 많은 사람이 신앙에 기대곤 한다는 사실을 알았지만 나는 도무지 그럴 수가 없었다. 묻고 싶은 게 너무 많았다. 내 유년기를 관통한, 의심할 여지라곤 없었던 믿음이 산산조각 나버렸고 신앙은 뿌리째 흔들렸다. 답을 구하고 싶어서 내 말을 들어주는 사람이라면 누구든 붙잡고 물었다. 왜 신은 소아성애자나 살인자는 이 세상에서 살아가도록 그대로 내버려두면서 선하디선한 내 친구의 목숨은 그가 꿈을 펼치기도 전에 앗아갔냐고. 교회 사람들은 테일러가 더 좋은 곳으로 갔다며 나를 달래려 했다. 그럴 때마다 눈을 희번덕이자 엄마는 내 팔을 꼬집으며 목소리를 낮춰 이렇게 말하곤 했다. "예의 있게 굴어."

고등학교를 졸업하고 여름이 되어 플로리다주립대학교에 입학하게 된 나는 살던 곳에서 세 시간 떨어진 탤러해시로 터전을 옮겼다. 그곳에서 학교에 다니며 사교 클럽에 가입했는데, 왜 플로리다주립대학교가 파티광의 소굴로 소문났는지 몸소 알게 됐다. 고등학교 시절에는 테일러가 죽은 다음부터 온 마음을 다해 신을 믿지 않게 됐는데도 빠지지 않고 교회에 나갔었다. 그렇지만 대학에 다니면서는 교회에 단 한 번도 발을 들이지 않았다. 독실하고 엄한 기독교 집안에서 별안간 자유로워진 것이다. 대학엔 규칙이랄 게 없었고, 내가 하고 싶은 건 뭐든 할 수 있었다. 나는 거의 매일 밤 술에 절어서 삶의 의미와 목적을 찾으려고 발버둥질했다. 잘 짜인 생활을 하다가 완전한 자유가 생기고 삶의 주도권을 쥐게 되니 오히려 사는 게 버거워졌다. 가족에게 내가 어떻게 사는지 솔직하게 말하기엔 마음이 편치 않아서 통화할 때마다 아무 일도 없는 척했다.

대학에 갓 입학한 신입생이라면 흔히들 그러듯 나도 가벼운 연애를 했다. 우리는 젊고 무모했다. 결국 나는 2학년으로 올라가기 전 열아홉 살 여름방학에 아이를 가졌다. 임신테스트기 결과가 양성으로 나온 순간 모든 게 달라졌다. 내가 세워뒀던 앞날의 계획이 송두리째 흔들렸다.

  엄마가 아이를 낳겠단 내 결정을 지지해 주었다. 하지만 데스틴에 남아 지역 전문대학에 다닌 친구 해나와 엄마를 빼면 나는 철저히 혼자였다. 그래서 두려웠다. 다른 친구들이 2학년이 되어 학교로 돌아갈 때 나는 집에 남아 스스로와 아기를 어떻게 먹여 살릴지 고민했다. 내 세상은 급격히 좁아졌다. 서른 살이 된 지금도 여전히 어려 보이는 얼굴이니 막 임신한 열아홉 살 무렵엔 얼마나 더 앳되어 보였을지 상상할 수 있을 것이다. 집 밖으로는 아예 나가지 않는 편이 나았다. 나와 아무런 관련도 없는 사람들이 내 상황을 놓고 이러쿵저러쿵 훈수를 뒀다. 그중 어떤 말도 내게 도움이 되기는커녕 나의 두려움과 걱정을 줄여주지 않았다.

  평범한 대학생이었던 나는 졸지에 예비 엄마가 됐다. 대학으로 돌아갈 수 없는 건 물론, 아이와 스스로를 부양하려면 작가가 되겠다는 꿈도 버려야 했다. 다른 방법을 얼른 생각해 내야 했다.

  이렇게 해서 내 인생은 내 의도와 전혀 다른 방향으로 흘러가기 시작했다. 이리저리 알아보니 간호사가 되는 게 아기와 나를 부양하기에 가장 현실적이고 그럴듯한 방안이었다. 학업 기간이 2년으로 비교적 짧았고 학비는 1년에 5만 달러 정도가 들었다. 게다가 지역 전문대학에 내가 원하는 과정이 있었다. 배는 자꾸 불러오는데 잘하는 짓인지 확신은 없었다. 그래도 그해 여름부터 다음 해까지 간호학교 입학을 위해 필요한 필수 과목들을 이수했고, 그다음 해 가을에는 간호학교에서 첫 학기를 시작했다.

내 아들 브로디는 2012년 크리스마스이브에 태어났다. 브로디가 태어나고 나서 몇 년은 온통 힘들었던 기억뿐이다. 브로디를 키우고, 학교에 다니고, 경력을 쌓으면서 어떻게든 살아남으려고 발버둥을 쳤다. 정신없이 힘들고 끝이 보이지 않는 시기였지만, 이전엔 할 수 있으리라고 절대 생각지도 못했던 일들을 그 시절의 나는 모두 해냈다. 간호학 학위를 따고 지역 병원에서 1년의 인턴십 과정을 이수한 뒤 계획대로 2년 만에 간호학교를 졸업했다.

졸업 후엔 응급치료 센터\*에서 몇 달 동안 일하고 나서 요양원으로 옮겨 1년을 더 일했다. 일을 시작했을 때부터 다정하고 훌륭한 간호사였다고 말할 수 있으면 좋겠지만 솔직히 그런 간호사는 아니었다. 나는 할 일을 끝내고 나면 뒤돌아보지 않고 집으

---

\* Immediate care. 생명에 지장을 주진 않으나 일시적이고 급박한 증상으로 즉각적인 치료와 관리가 필요한 환자가 방문하는 미국의 의료기관.

로 향하는 간호사였다. 호스피스 일을 시작하고 나서야 삶이 진정으로 달라지기 시작했다.

호스피스로 직종을 옮긴 6년 전 무렵을 되돌아보면 호스피스 간호사야말로 내가 있어야 할 자리, 내가 몸담아야 할 직업이란 생각이 든다. 물론 지금 이 자리에 오기까지 무수한 우여곡절이 있었고, 일을 시작하고 나서 수많은 이야기가 쌓여 지금의 내가 됐지만 말이다.

그 이야기들을 나눈다고 생각하니 설렘이 앞선다. 호스피스 일을 시작했을 무렵 나는 여전히 답을 찾고 있었다. 신神이나 그 이상의 뭔가가 정말로 존재하는지 답을 내리지 못한 채로. 지금도 모든 질문에 답하긴 어렵지만, 이제 한 가지만은 확실하게 말할 수 있다. 세상엔 의학만으로는 도저히 설명하기 힘든 일이 일어나기도 하는데, 이 세상 그리고 무엇이 됐든 죽은 뒤에 우리가 마주할 세상 사이엔 강력하고 평화로운 '무언가'가 존재한다는 것이다.

나는 그 무언가를 내 두 눈으로 똑똑히 봐왔다. 그것도 몇 번이고 되풀이해서 말이다.

# ①

## 사랑한다고
## 한 번 더 말해주세요

: 글렌다 :

샤워를 끝내고 머리가 젖은 채로 텔레비전 앞에 멍하니 서서 뉴스를 보고 있었다. 손엔 '최고의 간호사'라고 적힌 머그잔을 들고 있었다. 커피를 홀짝이는데, 누군가 내 수술복 바짓가랑이를 당겼다. 아래를 보니 브로디가 커다랗고 파란 눈으로 나를 올려다보고 있었다.

"엄마, 주스 주세요." 브로디가 세 살배기 아기답게 아직 토실토실한 손으로 빈 빨대 컵을 흔들어 보이며 말했다. 빙그레 웃으며 브로디를 안아 올리곤 부엌으로 향했다. 브로디에게 주스를 따라 주고 나서 몇 시인지 보려고 휴대폰 액정을 가볍게 건드렸다. 아침 8시까지 사무실에 도착하려면 적어도 7시 20분에는 집을 나서야 했다. 지금이 6시 40분이니 시간은 넉넉했다. 브로디와 함께 아침을 먹고 나갈 준비까지 마칠 수 있을 것 같았다.

달걀을 꺼내려고 막 냉장고 문을 여는 순간 휴대폰 벨 소리가 울렸다. 화면 위에 관리자 크리스틴의 이름이 나타났다. 크리스틴은 이토록 이른 시간에 전화하는 법이 절대 없었기에 무슨 문제라도 생겼나 걱정이 됐다.

"여보세요." 긴장한 목소리로 전화를 받았다.

"좋은 아침이에요, 해들리!" 크리스틴이 나보다 커피를 훨씬 많이 마신 듯 들뜬 목소리로 인사했다. "환자분 댁에 같이 가줘야겠어요. 집 주소는 메일로 보내줬으니 확인해요. 난 10분 정도면 도착할 거예요."

급하게 주소를 확인해 보고 나자 마음이 불편해졌다. 그 집은 데스틴의 명소인 아름다운 백사장에서 얼마 떨어져 있지 않은 매우 좋은 동네에 있었다. 나는 사춘기 시절을 데스틴에서 보냈지만, 지금은 이름처럼 멋진 건너편 도시 나이스Nice빌에서 산다. 그해 초 나이스빌에 브로디와 나를 위해 아담한 파란색 집을 막 마련한 참이었다. 젊은 싱글 맘의 형편상 더 넓고 해변에 가까이 있는 집을 살 여유는 없었지만, 간호사 일을 시작한 지 몇 달 되지 않아 우리 둘이 살 집을 마련했단 사실만으로도 무척 뿌듯했다.

"못해도 30분은 걸리겠어요. 아들도 어린이집에 데려다줘야 하고요. 조금 늦을 텐데 괜찮을까요?" 크리스틴의 심기가 불편해지진 않을까 걱정하며 조심스레 물었다.

"그럼요!" 크리스틴은 쾌활한 목소리로 기꺼이 대답하곤 전화를 끊었다.

시간이 그리 넉넉지 않단 사실을 깨닫곤 조급한 마음에 아침을 건너뛰기로 했다. 꺼냈던 달걀을 다시 냉장고에 넣고, 젖은 머리카락을 돌돌 말아 낮게 쪽을 지어 묶은 뒤 수술복 상의를 급히 걸쳤다. 그러고는 브로디가 옷을 적당히 여러 벌 겹쳐 입었는지 확인한 다음(그렇다, 아무리 플로리다 북부라도 겨울은 제법 춥다!) 차갑고 상쾌한 겨울 공기 속으로 걸어 나가 어린이집으로 발걸음을 옮겼다.

브로디를 교실까지 데려다주었지만 담임선생님은 나를 보는 둥 마는 둥 하며 휴대폰에서 눈을 떼지 않았다. "방해해서 미안한데요, 아이에게 아침 먹일 시간이 없었어요. 아침 좀 꼭 챙겨 주시겠어요?" 주뼛주뼛하며 선생님에게 다가가 말했다.

선생님은 아무런 대답도 하지 않고 귀찮단 듯 눈을 굴리며 식당에 연락해 오늘은 아침을 먹는 아이가 평소보다 한 명 더 많을 거라고 일렀다. 여느 때처럼 마음속에서 '간호사 해들리'와 '엄마 해들리'가 팽팽한 줄다리기를 벌였다. 호스피스 간호사란 직업이 매력적으로 다가온 현실적인 이유 중 하나는 근무 시간이 아침 8시부터 오후 5시까지로 비교적 일정해서 브로디와 보내는 시간을 어느 정도 가늠할 수 있단 점이었다. 하지만 매일같이 그런 건 아니었다. 오늘 같은 날이 바로 그런 예외에 속했다. 아직 아침 7시가 채 되지 않은 시각이었지만 벌써 엄마로서 실격이란 생각이 들었다. 하지만 직장을 잃을 수는 없는 노릇이었다. 호스피스 간호사란 새로운 직업을 얻은 지 몇 주밖에 되지 않아서 아직 수습 딱지도 떼지 못했다. 요즘 하루 일과는 크리스틴과 같은 선배 간호사와 함께 환자를 방문해 그들이 일하는 모습을 보고 그대로 따라 하는 게 다였다. 그러니 선배이자 관리자인 크리스틴의 기분을 맞추는 일이 제일 중요했다.

환자의 집으로 차를 몰며 내가 어렸을 때 살던 집을 꼭 닮은 아름다운 바닷가 주택을 수없이 지나쳤다. 코럴만灣 방향으로 좌회전하자 야자수 몇 그루가 아름답게 둘러싼 앞마당이 있었다. 초록색 덧문이 달린 목조 주택으로 들어가는 길목에 크리스틴의 현대 승용차가 주차되어 있었다. 우려했던 것만큼 으리으리한 집은 아니었다. 현관의 그늘지붕 아래에 있는 흔들의자 두 개가 어디선가 불어오는 산들바람에 앞뒤로 흔들렸고, 실내에서 새어 나오는 불빛은 따뜻하고 다정했다. 나는 크게 심호흡했다.

집 앞에서 크리스틴을 만났다. 크리스틴의 곱슬곱슬한 금발 머리는 이른 시간인데도 흠잡을 데 없이 손질되어 얼굴 주위로 아름답게 흘러내리고 있었다. "준비됐어요?" 크리스틴이 환하게 웃으며 물었다. 나는 희미한 미소로 답하면서 고개를 끄덕였다. 급하게 나오느라 제대로 말리지 못한 머리와 화장기 없는 얼굴이 나를 더 작아지게 했다.

솔직히 아직 준비가 덜 된 기분이었다. 호스피스 간호사 일을 하다 보면 어쩔 수 없이 환자의 임종을 지키는 경우가 생긴다는 건 알았지만 아직은 한 번도 그럴 일이 없었다. 그런데 이 환자는 왠지 지금까지와는 다르리란 생각이 들었다.

현관 앞 계단을 오르는데, 40대쯤 되어 보이는 빨간 머리 여자가 기진맥진한 모습으로 문을 열었다. 문을 두드리기도 전이었다. 여자는 방금 침대에서 일어난 듯한 모습인데도 한숨도 자지 못한 것 같았다.

"어서 들어오세요." 여자가 집 안으로 손짓하며 말했다. 조막만 한 푸들이 짖으며 달려와 새로운 시작을 축하하는 의미로 엄마가 선물해 준 새 운동화에 코를 박고 킁킁거렸다. 부엌에서는 커피 향기가 났다.

"어머니께서 죽은 사람과 대화를 나누신다고 했죠?" 푸들을 부엌에서 쫓아내 세탁실로 몰아넣으려고 애쓰는, 환자의 딸 마리아에게 크리스틴이 물었다. 나는 놀라서 눈을 크게 떴다. 예상이 맞았다. 늘 있는 '평범한' 가정간호가 아니었다. 영화나 방송에 자주 등장하는 모습과는 달리 대부분의 호스피스 간호사는 한 환자의 집을 방문해서 30분에서 한 시간가량 그 가정에 머무르며 환자의 상태를 확인한다. 그리고 보호자나 가족에게 환자를 편안하게 해줄 방법을 알려주고 나서, 또 다른 환자의 집으로 이동하며 하루를 보낸다. 마리아는 도움이 몹시 절실해 보였다. 그러나 그에게 필요한 건 자기 엄마가 알맞은 약을 먹는지 통증은 잘 조절되는지 확인하고 상처를 관리하는 등의 일반적인 호스피스 업무가 아닌 듯했다.

"네, 그렇게 표현해도 된다면요." 마리아가 부엌 찬장에서 머그잔을 꺼내며 대답했다. "저로선, 정신이 나갔다고밖엔 표현할 길이 없네요. 제가 태어나기도 전에 돌아가셨다는 이모랑 대화를 나누신다니까요. 제발 어떻게 좀 해주세요. 도저히 잠을 잘 수가 없어요." 마리아는 말하는 내용을 강조하려는 듯 커피를 길게 한 모금 마셨다. 마리아 옆에서 진한 커피 향을 깊게 들이마시자 혼란스럽게 들끓던 내 마음도 어느 정도 진정됐다. "하루 종일 쉴 새 없이 중얼거리시기만 해요. 엄마를 재울 수 있는 약 같은 게 있을까요? 그런 약이 없다면 911을 부를 수밖에 없겠어요."

"괜찮으실 거예요, 해들리와 제가 가서 한번 볼게요." 크리스틴이 마리아를 안심시키며 말했다.

복도를 걷고 있자니 희미하게 중얼거리는 여자 목소리가 들려왔다. 침실로 들어서자 뒤뜰로 향하는 유리 미닫이문과 묵직해 보이는 나무 옷장, 옷장과 비슷한 느낌의 협탁, 책이 높게 쌓인 작은 책상이 눈에 들어왔다. 천장엔 아름답게 장식된 커다란 샹들리에가 달려 있었다. 방을 쭉 훑어보던 내 눈길은 마침내 새하얀 곱슬머리를 짧게 자른 글렌다 할머니에게 멈췄다. 할머니는 큰 소리로 웃음을 터뜨렸다. 그러나 그 방엔 할머니의 웃음소리를 제외하면 어떤 소리도 나지 않았고, 할머니 외엔 아무도 보이지 않았다.

글렌다 할머니는 크리스틴과 내가 온 것도 모르는 듯 허공을 가리키며 깔깔거렸다. 나는 믿기지 않는다는 얼굴로 그 모습을 바라봤다.

"아냐, 그게 아니라니까!" 글렌다 할머니가 외쳤다. "내가 언제 그랬어. 아무튼 부풀려 말하기 선수라니까." 할머니의 웃음소리가 방 안에 울려 퍼졌다.

크리스틴이 할머니가 누워 있는 침대 옆으로 다가가 팔을 살짝 건드렸다. "안녕하세요, 글렌다 할머니! 저 기억하시죠? 크리스틴이에요. 이쪽은 이번에 새로 온 해들리 선생님이고요." 나는 침대 옆으로 한 발짝 다가가 어색하게 손을 흔들었다.

"아이고, 어서 와요." 글렌다 할머니가 우리에게 인사했다. "미안해요. 우리가 몇 년 만에 만나서 할 얘기가 많았네요."

"누구랑 얘기하고 계셨어요?" 크리스틴이 물었다.

"아이고, 내 정신 좀 봐. 내가 너무 예의가 없었구먼, 그죠?" 할머니는 남부 사람 특유의 느릿느릿한 말투로 대답했다. "이쪽은 우리 언니예요. 혈압 재려고 그러는 거죠, 우리 간호사 선생님?"

크리스틴은 고개를 끄덕이며 가방에서 혈압계를 꺼냈다. 눈에 보이지도 않는 죽은 언니를 방금 '소개받은' 사람치곤 너무 아무렇지도 않게 할 일에 집중하는 그 모습에 어리둥절해진 나는 그저 옆에 서서 물끄러미 바라보기만 했다. 내가 호스피스 간호사가 되기 전에 일한 요양원에서 이런 일이 일어났다면, 글렌다 할머니는 말을 마치기도 전에 항정신병약을 맞았을 것이다.

크리스틴은 글렌다 할머니의 활력징후를 측정하고 나서 수치에 문제가 없음을 확인한 다음 마리아를 부르러 갔다. 잠시 동안 방엔 나와 글렌다 할머니뿐이었다. 무슨 말을 해야 할지, 어떤 행동을 해야 할지 떠오르지 않았다. 그래서 할머니를 바라보며 어설픈 미소를 짓다가 가방에 달린 애꿎은 지퍼만 만지작거렸다. 다행히도 크리스틴은 자리를 그리 오래 비우진 않았다. 그는 곧 마리아와 함께 방으로 돌아와 앞으로 어떻게 할지 '전략'을 세우기 시작했다.

"힘들죠? 걱정이 이만저만이 아닐 거예요." 크리스틴이 마리아에게 말했다. 그러더니 이어서 글렌다 할머니를 돌아봤다. "할머니, 오랜만에 만난 분들과 회포를 푸셔야 하겠죠? 그러니 두 분만 괜찮으시다면 지속간호continuous care에 들어갈까 해요."

지속간호란 환자의 증상이 어느 정도 조절되어 의료진이 없어도 괜찮을 때까지 간호사가 스물네 시간 내내 가정에 머무르며 환자를 보살피는 간호법을 의미한다. 가족 보호자가 더는 환자를 혼자 돌볼 수 없을 정도로 상황이 나쁠 때에만 개시된다. 아직 한 번도 지속간호가 필요한 상황을 마주한 적이 없었던 나는 그것을 어떤 식으로 진행하는지, 호스피스 업무에서는 어떤 항정신병약을 쓰는지 옆에서 보고 배울 생각에 무척 들떴다.

마리아가 알겠다며 고개를 끄덕이자 크리스틴이 이어서 말했다. "해들리가 내내 같이 있을 거예요. 교대 시간이 되면 다른 간호사가 와서 교대할 거고요. 상황이 괜찮아질 때까지 그렇게 진행해 볼게요."

깜짝 놀란 나는 눈을 동그랗게 뜨곤 크리스틴을 향해 보일락말락 하게 고개를 저었다. 아직 혼자서는 센 약물을 다룰 자신이 없단 뜻이었다. 크리스틴은 나를 안심시키려는 듯 미소를 지으며 입 모양으로 말했다. "이따 얘기해요." 그 미소에 나도 미소로 답하려 했지만 당황한 나머지 그럴 수가 없었다. 아직 모르는 게 너무 많은데……. 대체 뭘 믿고 호스피스 간호사가 나에게 딱인 직업이라고 생각한 걸까?

크리스틴이 복도로 나가며 내게 따라오라고 손짓했다. 될 수 있으면 침착하게 보이려 애쓰며 걸어 나간 나는 아직 호스피스 환자에게 정신병약을 써본 적이 없다고 말했다.

크리스틴이 새어 나오는 웃음을 참으려 애쓰는 얼굴로 나를 달랬다. "걱정하지 마요. 상황이 갑자기 나빠지지만 않는다면 약은 쓰지 않아도 돼요. 만일 그런 일이 생기면 나나 의사 선생님한테 전화하면 되고요."

약을 쓰지 않는다니, 무슨 말이지? 나는 당황해서 그게 무슨 뜻이냐고 물었다. 글렌다 할머니의 환각 증세는 분명 심각한 수준이었다.

"글렌다 할머니는 환영을 보시는 게 아니에요." 크리스틴이 설명했다. "떠나실 때가 돼서 죽은 언니가 보이는 것뿐이에요. 할머니께 아무 일이 생기지 않도록 그저 곁에 있어주기만 하면 돼요. 마리아가 조금이나마 쉴 수 있게요."

나는 이해한 척 고개를 끄덕였지만 사실 이 상황을 도무지 이해할 수 없었다.

몇 년 전에 간호학교에 다니며 응급실 인턴으로 일할 때도 임종을 목격한 적이 있었지만 그땐 상황이 전혀 달랐다. 머리로는 호스피스의 의미를 이해한다 해도, 증상을 완화하는 어떠한 조치도 취하지 않은 채 이토록 조용하고 평화로운 환경에 가만히 앉아만 있자니 무척 낯선 기분이 들었다. 병원에서 일하며 지금껏 마주한 임종은 대부분 급박하고 충격적이었다. 많을 때는 열다섯 명쯤 되는 의료진이 비좁은 병실에서 정신없이 뛰어다니며 환자에게 심폐소생술을 하고 약물을 투여하거나 산소를 공급하면서 심장박동이 돌아오는지 모니터하는 모습은 혼돈 그 자체다. 그러나 정작 가족은 병실에서 보이지 않는다. 혹여나 옆에 있던 가족도 내쫓기다시피 밖으로 나가야 하며, 더는 가망이 없을 때가 되어서야 비로소 병실로 다시 들어와 환자에게 마지막 인사를 건넨다. 모든 상황이 마무리되면 간호사는 잠시 자리로 돌아갔다가 곧바로 다음 환자에게로 넘어간다.

병원에서 겪은 임종이 내게 아무런 영향도 주지 않은 건 아니었다. 아니, 오히려 영향을 받는 쪽이었다. 응급실에서 일했을 당시 내가 가장 부러워했던 간호사는 한 환자의 죽음이 별일 아니란 듯 다음 환자에게로 바로 넘어갈 수 있는 이들이었다. 많은 의사와 간호사가 그런 동료를 부러워했다. 나도 그렇게 되어 부러움 섞인 시선을 받고 싶었지만, 내 앞에서 죽어가는 사람에게 감정이입을 하지 않기는 매우 어려운 일이었다.

하지만 지금은 달랐다. 환자가 훨씬 더 가깝고 친밀하게 느껴졌다. 나는 병원이 아닌 글렌다 할머니네 집에 있고, 마리아는 복도 끝에 있는 거실 소파에서 마침내 잠이 들었다. 집 안은 너무 고요해서 평화로울 지경이었다. 정신을 쏙 빼놓는 난리 통은 먼 나라 일이었고, 다음 할 일을 미리 걱정할 필요도 없었다.

몇 분 후 크리스틴이 떠나자 나는 그곳에 덩그러니 남겨졌다.

글렌다 할머니가 있는 방으로 돌아온 뒤 탁자 옆에 놓인 고풍스러운 의자를 하나 고른 다음 할머니에게 옆에 앉아도 되겠느냐고 물었다. 글렌다 할머니는 천장에 눈을 고정한 채 고개를 끄덕였다. 몇 분간 정적이 흘렀다. 달리 할 일이 없던 나는 태블릿을 꺼내 회사에서 준 직원 안내서를 읽기 시작했다.

20분쯤 흘렀을까, 글렌다 할머니가 내게로 주의를 돌렸다. "선생님도 내가 미쳤다고 생각하죠?" 할머니가 미소를 지으며 물었다. 글렌다 할머니는 내가 그렇게 생각할지도 모른다는 사실을 즐기는 눈치였다.

나는 화들짝 놀라서 대답했다. "그럴 리가요!"

"괜찮아요." 할머니가 말을 이었다. "내 딸도 내가 미쳤다고 생각하는데, 뭘."

어떻게 대답해야 할지 몰라 아무 말도 하지 않았다. 글렌다 할머니는 잠시 말을 멈추고 침대 위에서 몸을 움직여 편한 자세를 취한 뒤에 다시 입을 열었다. "난 미치지 않았어요. 지금도 우리

언니가 선생님 바로 옆에 서 있는걸요."

무심코 글렌다 할머니가 가리키는 쪽으로 고개를 돌렸지만, 그곳엔 협탁 하나만 놓여 있을 뿐이었다. 나는 그저 고개만 끄덕였다.

글렌다 할머니가 잠들고 온 집 안이 적막에 잠기자 이런 상황에 대처하는 법은 어디에서도 배운 적이 없다는 사실을 문득 깨달았다. 총 2년의 간호학교 과정에서 딱 하루 동안 가정간호와 임종간호 두 과목 중 하나를 골라 수업을 들을 기회가 있었는데, 나는 성격이 전혀 다른 이 두 가지 전공과목 중 가정간호를 택했다. 가정간호 환자도 호스피스 환자와 마찬가지로 집에서 간호받지만, 그들은 죽어가진 않는다. 바로 이 지점에서 두 환자는 극명하게 갈린다.

호스피스의 의미를 조금이나마 이해하게 된 건 이전 직장이었던 요양원에서 관리자로 일하면서부터였다. 내가 일한 요양원은 '임시간호respite'라는 프로그램을 운영해 닷새 동안 그곳에서 호스피스 환자를 보살펴 주며 보호자가 잠시나마 쉴 수 있도록 도왔다. 약만 배부하고 호스피스 환자를 직접 간호하진 않았지만, 임시간호 환자를 돌보려고 요양원을 방문하는 호스피스 간호사를 종종 볼 일이 있었다. 나는 그 간호사들을 좋아했다. 그들은 내가 꿈도 꾸지 못할 방법으로 환자 개개인에게 신경을 쏟는 것처럼 보였는데, 그런 모습이 몹시 매력적으로 다가왔다. 호스피스 간호사는 주어진 시간 안에 열두 명에서 열여덟 명가량 되는 환자를 돌봐야 하는데도 늘 앉아서 그들의 이야기를 들었다. 그것도 호스피스 간호사가 해야 하는 일이었다. 반면 요양원에서는 간호사 한 명이 마흔 명에 이르는 환자를 맡아야 했다. 그래서 나는 가끔 스스로가 이 방에서 저 방으로 바쁘게 옮겨 다니며 약을 나눠주는 자판기 같다고 우스갯소리를 하곤 했다. 환자에게 필요한 약을 나눠주기에도 시간이 빠듯해서 그들의 이야기를 들어줄 만한 여유 같은 건 없었다. 약을 나눠주어야 한다는 일념으로 복도를 뛰어다니다 보면 호스피스 간호사가 환자 곁에 앉아 담소를 나누는 모습이 가끔 눈에 띄었다. 고요하고 평화로운 광경이었다. 속으로 나도 저들처럼 환자와 가까워질 수 있다면 얼마나 좋을까 하고 생각했다.

이따금 호스피스 간호사가 내게 다가와서 환자의 상태를 설명한 다음 앞으로의 계획을 공유하곤 했다. 그때마다 내가 의사를 불러야 하느냐고 물으면 그 간호사는 고개를 저으며 아니라고, 담당 의사는 이미 모든 정황을 알고 있으며 문제될 건 아무것도 없다고 대답했다. 이런 점 또한 모든 의료진이 달라붙어 환자를 살리려고 애쓰는 다른 유형의 간호와 크게 달랐다. 그들은 온갖 치료법과 약물을 동원해 환자를 낫게 하려고 하는 대신, 어떻게 하면 환자가 남은 시간 동안 더 좋은 삶을 살 수 있을지를 고민했다. 호스피스 환자는 병원을 전전하느라 시간을 낭비하지 않았다. 그 시간을 아껴 가족과 함께 보냈다. 호스피스 간호사가 약을 써서 어떻게든 환자의 통증을 줄여주려고 애쓰는 모습을 본 적도 있지만 그게 다였다. 그 모습을 보며 나는 약의 쓸모란 바로 저런 게 아닐까 하고 생각했다.

호스피스 간호사가 환자를 간호하는 모습을 보면 볼수록 점점 그 직업에 빠져들었다. 그래서 구인 공고가 올라올 때마다 눈여겨보다가 가물에 콩 나듯 올라오는 호스피스 간호사 채용 공고에 지원해 보기도 했지만 잘되진 않았다. 당시 내가 사는 지역엔 호스피스 회사가 단 세 곳뿐이었고, 각 회사에 소속된 간호사는 세 명씩밖에 없었다. 어쩌다 공고가 올라오더라도 한결같이 경력을 필수로 요구했으니 지원을 하나 마나였다. 여러 행운(적어도 내게는 행운처럼 느껴졌다)이 겹치지 않았다면 이 자리를 무사히 얻을 수 없었을지도 모른다.

요양원에서 일할 때였다. 어느 날 누군가가 조용히 사무실 문을 두드렸다.

"들어오세요!" 내가 큰 소리로 답하자 얼굴에 근심이 가득한 여자가 방으로 들어왔다.

여자는 자신이 404호에 입원해 있는 뇌종양 환자 팀$^{Tim}$의 딸이라고 소개했다. 그리고 호스피스 간호사가 와서 등록 절차를 밟아주기로 한 지 한 시간이나 지났는데 아무 연락도 없이 오지도 않는다고 말했다. 나는 화가 나서 온몸이 뜨거워지는 걸 애써 숨기고 호스피스 회사에 전화해 보겠다며 빙긋 웃었다. 여자는 지쳐서 불평할 기운조차 없는 게 분명했지만, 상황이 심각하다 보니 어쩔 수 없이 이야기를 꺼낸 듯했다. 팀을 맡은 호스피스 회사는 환자에게 훌륭한 서비스를 제공하기로 정평이 나 있는 곳이었지만, 이건 분명 문제가 있었다.

여자가 사무실을 나가자마자 곧바로 그 회사에 전화를 걸었다. 연결음이 몇 번 울리더니 크리스틴이 전화를 받았다. 나는 자초지종을 이야기하고 팀과 그의 가족이 무척 걱정된다고 말했다. 그날따라 커피를 너무 많이 마셔서 그랬는지, 아니면 잠을 못 자서 그랬는지 몰라도 평소보다 직설적으로 내 생각을 털어놓았다. "호스피스를 받기로 마음먹는 건 결코 기분 좋은 일이 아니잖아요. 회사 측에서 환자 하나쯤은 아무것도 아니란 듯한 태도를 보이면 환자와 보호자는 더 힘들어질 테고요. 그럴 만한 이유가 있겠지만, 그래도 환자를 이렇게 대하면 안 되죠."

크리스틴은 간호사 한 명이 지난 주말 아무 말 없이 그만두는 바람에 회사가 평소와 달리 정신없는 상황이라고 설명했다. "제가 직접 가서 등록을 도울게요." 크리스틴이 덧붙였다.

나는 안도의 한숨을 내쉬었다. "곤란하게 해드려 죄송해요." 크리스틴에게 사과하고 전화를 끊었다.

한 시간 후 팀은 호스피스 환자가 됐다. 팀의 가족은 약속대로 직접 요양원으로 와준 크리스틴을 껴안고 배웅했다. 그제야 비로소 편안한 얼굴을 했다. 저쪽 복도에서 손을 소독하는 크리스틴을 바라보다가 눈이 마주쳤다. 그러자 이윽고 그가 내 쪽으로 걸어와 물었다.

"저랑 통화한 해들리 선생님 맞나요?"

"네, 방금 그 일은 정말 미안했어요."

"괜찮아요. 정말이에요." 크리스틴이 말했다. "환자를 진심으로 걱정하는 모습이 무척 좋았어요." 잠자코 있던 크리스틴은 말을 이었다. "내가 잘못 본 걸 수도 있지만, 혹시 우리 회사에 지원하지 않았었나요? 지원서에서 이름을 본 듯해서요."

나는 대화가 들릴 만한 거리에 혹시 동료가 있진 않나 둘러본 다음 대답했다. "네, 맞아요. 6개월 전쯤이었을 거예요. 결국 떨어졌지만요."

"지금도 생각 있어요?" 크리스틴이 물었다.

"당연하죠." 흥분해서 높아지는 목소리를 애써 낮췄다.

"일 끝나고 면접 보러 잠깐 들를래요?"

"5시까지 갈게요." 내가 말했다.

호스피스 간호사란 직업을 얻게 되어 무척 행복했다. 아니, 내 직업이 호스피스 간호사란 게 행복했었다. 그런데 이 방에서 글렌다 할머니 옆에 앉아 있자니, 내가 할 수 있는 일은 아무것도 없는 것만 같았다. 급기야 호스피스 간호사가 내게 맞는 일인지 의심까지 들었다. 이런저런 걱정으로 생각에 잠겨 있는데, 부스럭거리는 소리가 났다. 글렌다 할머니가 잠에서 깨어 나를 올려다보고 있었다. "깨셨어요?" 내가 빙긋 웃으며 말을 건넸다.

"방금 아주 기분 좋은 꿈을 꿨어요." 할머니가 행복에 겨워 한숨을 지으며 말했다. "부모님과 함께 꽃이 만발한 들판 위를 날았어요. 우리 엄만 눈부시게 젊고 아름다웠죠. 무척 행복하고 평화로운 순간이었어요."

"정말 좋으셨겠어요." 내가 맞장구치며 말했다. 진심이었다.

글렌다 할머니는 숨을 내쉬곤 내 옆에 있는 나무 책상을 가리켰다. "우리 언니가 아직도 거기에 서 있어요. 떠날 시간이 될 때까지 나와 함께 있겠다는군요."

나는 책상 쪽을 살펴봤지만, 그 위에 쌓인 책만 눈에 들어왔다. 별안간 궁금해져 글렌다 할머니에게 어디로 떠나느냐고 물었다.

"그건 나도 몰라요." 할머니는 덮고 있던 담요를 들어 올렸다가 다시 고쳐 덮으며 대답했다. 몇 분 후에 마리아가 방으로 들어왔다. 마리아는 침대로 다가가 자기 엄마의 이마에 입을 맞추곤 눈을 좀 붙였더니 기분이 훨씬 나아졌다며 숨을 길게 내뱉었다.

"나도 기분이 좋아졌단다." 글렌다 할머니가 미소 지었다.

"엄마, 아직도 이모가 보여요?" 마리아가 물었다.

마리아가 곧 듣게 될 대답을 좋아하지 않을 걸 알아챈 나는 글렌다 할머니의 입을 바라보며 마음의 준비를 단단히 했다.

"아니, 그냥 피곤했던 게지." 할머니는 이렇게 답하곤 고개를 돌려 나를 쳐다봤다. 내 눈을 뚫어질 듯 응시하는 할머니의 눈은 나더러 입도 뻥끗하지 말라고 말하고 있었다. 나는 한마디도 하지 않았다.

마리아는 숨이 트인 듯 눈에 띄게 안도하더니 글렌다 할머니의 손을 잡았다. 그러고는 내게로 몸을 돌려 엄마를 '고쳐주어서' 고맙다고 했다. 나는 어떻게 반응해야 할지 몰라 그저 입을 다물고만 있었다.

태블릿으로 진료기록을 작성하는 척하며 계속 글렌다 할머니를 살폈다. 할머니는 내 옆에 있는 책상을 흘끗거리다가 샹들리에가 달린 천장을 올려다보기를 반복했다. 죽은 언니가 여전히 여기에 있다고 말하면서 눈을 떼지 않던 바로 그 지점이었다. 나는 할머니가 흘끗거리는 방구석을 몇 번이나 봤지만 내 눈엔 아무것도 보이지 않았다. 글렌다 할머니의 눈에 보이는 게 무엇일지 궁금했다.

정오가 되자 마리아는 내게 이제 가봐도 좋다고 했다. 차로 돌아온 나는 크리스틴에게 전화를 걸었다.

"크리스틴, 마리아가 이제 엄마하고 둘이 있어도 괜찮겠대요. 어떡할까요?"

"잘됐네요! 뭐 더 필요한 건 없었어요?"

"네, 할머니께서 조금 주무시더니 잠에서 깨선 여전히 죽은 언니가 보인다고 하셨어요. 딸에겐 거짓말을 하시더라고요."

"내가 보기에 할머니께선 주변 상황을 잘 인지하고 계신 듯해요. 딸의 기분도 신경 쓰고 계시니까요. 사랑하는 사람이 우리를 데리러 온다는 게 참 신기하죠?"

"이런 일이 흔한가요?" 믿을 수 없었다.

"그럼요. 늘 일어나는 일이에요." 크리스틴이 대수롭지 않단 듯 대답했다. "그러니 사실 이럴 땐 지속간호도 필요 없어요. 환자와 가족을 귀찮게 하고 싶은 게 아니라면요. 회사 지침에선 간호사가 한 시간에 한 번씩 증상을 관리해 주어야 지속간호로 볼 수 있다고 나와 있는데, 전혀 그러지 않아도 되는 상황이었으니 이번엔 그냥 평소보다 길게 방문한 걸로 치죠."

전화를 끊고 나서 어리둥절한 채 차창 밖 도로를 응시했다. 할머니가 정말로 죽은 언니를 본다고? 다시 태블릿을 꺼낸 나는 담당 의사의 최근 소견을 읽기 위해 글렌다 할머니의 진료기록을 찾아 스크롤을 내렸다.

"이 86세 여성에게는 전이성흑색종이 확인되며, 수술 후 추가적인 치료가 필요하여 이를 권고하였으나 환자가 완강히 거부함. 심층 면담 결과 지남력이 있고 의식이 명료하다고 판단되어 호스피스로 연계하기로 함."

피부암은 착란상태나 환각증을 일으키는 병이 아니다. 스크롤을 내려 가장 최근에 촬영된 영상을 보며 답을 찾아보려 했다. 불과 일주일 전 촬영된 CT 영상을 발견한 나는 의사 소견을 읽어 내려갔다.

"간문에 큰 종양이 보이며, 좌장골와 소장 부위에 불규칙한 내벽 비후가 확인됨. 이로 인한 내강 팽창이 나타남. 장겹침증은 확인되지 않음."

요컨대 암세포가 위장까지 전이됐다는 말이었다. 하지만 이 또한 착란 증상을 설명할 순 없었다. 나는 당황하며 창밖을 응시했다. 말이 되지 않았다.

그러다 아직 배우지 못한 뭔가가 있으리라고 결론을 내렸다.

수습 기간에 받는 호스피스 교육은 일주일간 온라인 수업을 수강한 뒤 현직 간호사와 직접 훈련하는 순서로 이뤄지는데, 온라인 교육 기간에 신규 간호사는 컴퓨터 활용 능력 강의를 이수하고 필독서를 읽어야 한다. 대부분 교육과정은 진료기록 작성법 훈련을 포함한다. 이는 호스피스 업무에서 몹시 중요한 영역이라 메디케어* 지침에서도 명시하고 있다(이 지침에 나오는 진료기록 작성법은 상당히 복잡해서 나도 완전히 감을 잡기까지 3년이란 시간이 걸렸다). 그다음엔 이날 내가 크리스턴과 했듯이 현직 호스피스 간호사를 그림자처럼 따라다니며 모든 걸 배운다. 교육과정이 놀랍도록 짧게 느껴질지도 모르지만, 내 생각엔 이 정도면 충분하다. 호스피스 간호사로 일하다 보면 수많은 상황을 맞닥뜨리게 되는데, 책도 교육과정도 결코 모든 대처법을 가르쳐주진 않는다. 그런 종류의 지식은 선배 호스피스 간호사를 따라다니며 직접 얻거나 현장에서 오랫동안 일하며 쌓아 나가는 수밖에 없다.

그날 오후, 나는 선배 간호사인 어맨다를 따라다니기로 되어 있었다. 그래서 태블릿을 내려놓으며 한숨을 쉬곤 약속 장소인 환자의 집으로 출발했다. 어맨다와 함께 정기 방문을 마친 나는

---

* Medicare. 미국의 65세 이상 노인을 대상으로 한 의료보험제도.

그에게 글렌다 할머니를 만난 적이 있느냐고 물었다.

"그럼요, 내가 등록해 드렸는걸요. 사랑스러운 분이시죠?"

"네, 정말 사랑스러우세요." 내가 동의했다. "그런데 자꾸 오래전에 죽은 언니가 보인다고 하셔서요. 그때도 착란 증상이 있었나요?"

"아뇨. 내가 드린 모든 질문에 빠짐없이 답하셨어요. 성함이 뭔지, 지금 있는 곳은 어딘지, 대통령은 누군지 여쭤봤거든요. 대통령에 대해 물었을 땐 오히려 내가 깜짝 놀랐어요. 오바마라고 하셨을 땐 그러려니 했는데, 임기가 곧 끝난다는 것까지 아시더라니까요. 착란 증상은 전혀 없었던 거죠."

"그런가요?" 내가 믿을 수 없다는 듯 말했다. "그럼 환자가 정말로 먼저 세상을 떠난 사랑하는 사람을 보기라도 한단 말인가요? 게다가 그게 정상이고요?"

"그래요." 어맨다가 답했다. "누구에게나 똑같이 일어나는 일이에요. 인종이나 종교는 물론이고 선생님이 생각하는 그 어떤 요인과도 상관없이요."

놀란 티를 내지 않으려 노력하며 고개를 끄덕였다. 그러나 가슴은 미친 듯이 쿵쾅거렸다. 왜 모든 간호사가 이 상황을 대수롭지 않게 받아들이는 걸까?

그날 오후 어맨다와 나는 야간 당직 간호사에게 전화를 걸어 낮에 만난 환자들의 상태를 인수인계해 주었는데, 그 간호사 역시 글렌다 할머니 이야기에 전혀 동요하지 않았다.

"그러니 오늘 밤에 글렌다 할머니 댁에서 연락이 오더라도 놀라지 말라고요." 어맨다가 당직 간호사에게 말했다. "만일 연락이 없으면 해들리 선생님이 내일 아침에 제일 먼저 할머니의 상태를 확인하러 갈 거예요."

밤새 전화는 오지 않았다. 나는 다음 날 아침 8시 정각에 딱 맞춰 글렌다 할머니네 집에 도착했다.

내가 살그머니 침실로 들어가 소리 나지 않도록 조심하며 가방을 바닥에 내려둘 때까지 할머니는 잠에서 깨지 않았다. "안녕하세요, 할머니. 저 왔어요." 인사를 건네며 할머니가 덮은 이불을 살짝 젖혀 팔 상태를 살폈다. 할머니의 팔은 어제보다 훨씬 창백해서 이젠 푸른빛이 돌았다. 오른쪽 팔을 만졌더니 얼음장같이 차가웠다. 다시 한번 부드럽게 할머니를 불렀다. "글렌다 할머니?" 수술복 주머니에 대충 쑤셔 넣어뒀던 청진기를 꺼내 할머니의 가슴에 댔다. 심장이 매우 느리게, 소리가 거의 들리지 않을 만큼 희미하게 뛰고 있었다. 자동혈압계의 밴드를 할머니의 팔에 두르고 측정 버튼을 눌렀다. 삐 소리와 함께 밴드가 부풀어 오르기 시작했다. 할머니의 가냘픈 숨소리를 제외하곤 시끄러운 혈압계 모터 소리만이 방 안을 가득 채웠다. 부풀었던 밴드가 가라앉았다가 다시 부풀어 오르려는 찰나 오류 표시가 두 번 깜빡이더니 혈압계는 아예 작동을 멈춰버렸다.

"할머니, 등에 있는 붕대 좀 볼게요." 이번엔 더 큰 소리로 말하곤 할머니의 앙상한 몸을 들어 옆으로 뉘었다. 등 위쪽에 베개 자국이 선명하게 찍혀 있긴 했지만 붕대는 깨끗했다. 욕창은 나이가 있는 환자에게 매우 흔히 생기는 문제였다. 제때 치료하지 않으면 쉽게 감염될 위험이 있어 우리는 욕창 관리에 많은 신경을 쏟았다. 베개를 빼내어 할머니의 흉곽 밑에 넣고 들었던 몸을 천천히 낮춰 왼쪽으로 약간 기울어지게 눕혔다.

그러는 동안 글렌다 할머니는 몸을 움직이지도 소리를 내지도 않았다. 혼수상태에 빠진 듯했다. 마리아가 기다리는 복도로 나가, 최대한 조심스럽게 이 소식을 알렸다. 이내 마리아의 볼을 타고 눈물이 흘러내렸다.

"이제 어쩌죠?" 마리아가 물었다.

"들어가서 사랑한다고 말씀드리세요. 대답은 하지 못해도 다 듣고 계실 테니까요."

고개를 끄덕이며 마리아는 손등으로 얼굴에 흐르는 눈물을 닦았다. 나는 침대 옆에 무릎을 꿇고 앉은 마리아가 다정한 손길로 글렌다 할머니의 새하얀 곱슬머리를 쓰다듬는 모습을 지켜봤다.

"엄마, 나야. 어제 모질게 굴어서 미안해요. 마음이 너무 복잡해서 그랬어요. 엄만 내가 아는 모든 걸 가르쳐주었으면서 가장 중요한 거 하나를 빠뜨렸네. 내 인생에서 제일 중요한 사람이 세상을 떠나면 어떻게 이겨내야 하는지는 말해주지 않았잖아요. 엄마 없이 난 어떻게 살아?"

두 사람의 모습을 보고 있자니 눈시울이 붉어졌다. 이윽고 글렌다 할머니가 이전보다 훨씬 크게 숨을 한 번 들이마셨다. 이게 마지막 숨일까? 실제로는 고작 1분 정도에 지나지 않겠지만 마치 영겁 같았던 시간이 흐른 뒤, 글렌다 할머니는 숨을 한 번 더 크게 들이마셨다. 그러더니 한동안 아무 소리도 내지 않았다.

마리아는 자기 엄마의 팔에 얼굴을 묻었다. "엄마, 이제 이모한테 가세요. 이모 보고 싶어 했잖아." 마리아가 흐느끼며 말했다. "나 벌써 엄마가 그리워. 사랑해요, 엄마."

글렌다 할머니가 작고 평온하게 숨을 들이마시고, 마침내 온 세상이 고요해졌다. 몇 분 후 그의 딸은 모든 게 끝났단 사실을 깨달았다. 마리아는 세상을 다 잃은 표정으로 엄마의 얼굴을 더듬었다. 나는 본능적으로 마리아의 어깨에 손을 올렸다. 마리아가 내 손 위에 자기 손을 포갰다. 우리는 잠시, 그 상태로 가만히 있었다. 내가 먼저 손을 떼고 싶진 않았다. 시간이 조금 흐른 뒤 마리아가 나를 돌아보며 물었다.

"이제 어떡하죠?"

나도 잘 몰랐다. 혼자서 임종을 지킨 건 이번이 처음이다 보니 교육받으며 배운 내용이 하나도 떠오르지 않았다.

"얼른 확인해 볼게요. 죄송해요." 나는 가방을 찾으며 중얼거렸다. 서류를 샅샅이 뒤진 끝에 '임종 시 대응 절차'라고 적힌 체크리스트를 찾아냈다. 얼른 1단계를 확인했다.

"1단계: 2분간 환자의 심장소리를 듣는다. 2분이 경과하는 동안 심장박동이 없다면 시간을 확인하고 사망 선고를 한다."

나는 마리아를 돌아봤다. "이제 사망 선고를 할게요. 굳이 큰 소리로 하진 않겠지만, 그래도 힘드실 텐데 여기 있어도 괜찮겠어요?"

"네." 마리아가 답했다. "차라리 크게 말해줘요. 그래야 받아들이기가 좀 더 쉬울 것 같아요."

"그럴게요." 내가 청진기를 귀에 꽂으며 말했다. 할머니 곁으로 걸어가 청진기를 그의 가슴에 갖다 댔다. 완벽한 적막. 손목시계를 가만히 들여다보며 초침이 한 바퀴를 돌 때까지 기다렸다. 마리아는 내 옆에 서 있었다. 하지만 초침이 숫자 12를 가리킨 바로 그때, 샹들리에 불빛이 갑자기 깜박였다. 그 바람에 무심코 천장을 올려다보느라 1분이 지나는 순간을 놓치고 말았다.

마리아는 예상치 못한 상황에 얼굴을 찌푸렸다. 나는 이번엔 절대 놓치지 않겠다고 다짐하며 아무 말도 하지 않고 심장소리에 계속 귀를 기울였다. 조용히 초침을 응시하는데 샹들리에가 다시 한번 깜박이더니 불이 들어왔다. 심장박동이 들리지 않는 채로 꼬박 2분이 흘렀다.

마리아를 쳐다보자 그는 "난 괜찮아요"라고 말하려는 듯 고개를 한 번 끄덕였다.

"오전 8시 42분 사망하셨습니다." 내가 나지막하게 말했다.

바로 그 순간 방 한쪽 구석에서 무언가 펑 하고 터지는 소리가 났다. 샹들리에 불이 나가버린 것이다. 그렇게 우리는 칠흑 같은 어둠 속에 남겨졌다.

## 2

# 기다리는 것이
# 오직 죽음만은 아니기를

: 칼 :

선배 간호사가 하는 일을 그대로 따라 하기도 하고 후배 간호사에게 본보기를 보이기도 하면서 8개월이 흐르고 나서야 마침내 혼자서 첫 환자를 맡게 됐다. 들뜨면서도 긴장된 마음으로 칼 할아버지네 현관문을 두드렸다. 호스피스 업무에 꼭 필요한 기술이라면 뭐든 습득해 두긴 했지만, 준비해 봤자 결국 한계가 있단 걸 알았다. 조만간 한 번도 겪어본 적 없는 상황을 맞닥뜨릴 게 뻔했다.

트래비스가 칼 할아버지네 문 앞에서 할아버지의 상태를 요약해 일러주었다. 이번에 관리자로 승진하는 트래비스는 자신이 담당하던 환자 몇 명을 내게 넘겨주게 됐다. 그중 한 명인 칼 할아버지는 울혈성심부전 환자로, 트래비스의 간호를 받은 지는 벌써 넉 달이 됐다. 트래비스가 말하기를 칼 할아버지의 아내가 간호사라서 의료진의 결정에 이래라저래라 참견하기를 좋아한다고 했다. 고개를 끄덕이긴 했지만 심장이 점점 빠르게 뛰었다.

베테랑 간호사는 종종 경험이 얼마 없는 간호사를 괴롭히며 '텃세'를 부리곤 한다. 간호학교에 다닐 때부터 일찍이 알게 된 세태였다. 나 같은 인턴이 교육에 배정되면 대놓고 눈살을 찌푸리는 간호사도 있었다. 어떤 간호사는 훨씬 더 노골적으로 불만을 표출했다. "왜 매번 나한테만 저런 애들을 맡기는 거야? 싫어하는 거 알면서……." 그들은 일부러 들으란 듯 말하곤 했다. 어렵사리 간호사가 된다 해도 신규 간호사는 보이지 않는 서열을 의식해 누가 시키지 않아도 자진해서 당직을 서거나 주말 또는 야간 근무를 자처해야 했다.

칼 할아버지가 80대라고 했으니, 할아버지의 아내인 메리 할머니는 나보다 적어도 30년 이상의 간호 경력을 더 지녔을 터였다. 트래비스의 눈에도 내가 초조해 보였나 보다. "걱정하지 마요. 좋아하실 거예요." 나를 안심시키려는 말이었다.

바로 그때 80대로 보이는 자그마한 체구의 여자가 문밖으로 나왔다. 완벽하게 머리를 손질하고 화장을 끝낸 할머니는 선명한 분홍색 운동복을 입고 있었다. "왔군요, 선생님!" 할머니가 트래비스를 안으며 반갑게 외쳤다. 나는 속으로 생각했다. '큰일 났네. 트래비스 대신에 내가 할아버지를 맡게 됐다고 하면 무척 실망하실 텐데.'

트래비스는 옆으로 물러서며 나를 소개했다. 트래비스와 내 얼굴을 번갈아 바라보는 메리 할머니의 표정에 혼란스러운 감정이 묻어났다.

"할머니, 전 이제 관리자로 일을 하게 됐어요." 할머니가 묻기도 전에 트래비스가 말했다. "앞으로 싹싹한 해들리 선생님이 칼 할아버지를 보살펴드릴 거예요."

할머니는 조금도 주저하는 기색 없이 대답했다. "아쉽게 됐군요. 선생님이 그리울 테지만 그래도 잘돼서 기뻐요. 어서 안으로 들어와요! 푹푹 찌는 날씨네요. 시원한 차를 내줄게요."

우리는 메리 할머니와 칼 할아버지가 사는 작고 아늑한 집으로 들어갔다. 집은 식물과 책으로 가득했고, 해가 무척 잘 들었다. 메리 할머니가 건네는 차에 긴장이 조금 풀렸다. "할머니, 간호사로 일하고 계신다고 들었어요." 내가 쭈뼛대며 말했다.

할머니는 그런 말 하지 말란 듯 손사래를 쳤다. "어휴, 난 소아청소년과 간호사인걸요. 호스피스에 대해서라면 아는 게 하나도 없어요. 뭘 할 건지 미리 귀띔만 해줘요. 그럼 난 가만히 있을 테니까." 할머니는 나를 보며 눈을 찡긋하곤 미소를 지었다.

우리는 메리 할머니를 따라 복도를 지나쳐 햇빛이 가득한 거실과는 달리 훨씬 어두컴컴한 침실로 들어갔다. 의료용 침대에 누워 있는 칼 할아버지를 텔레비전 불빛이 어렴풋하게 비췄다.

"여보, 간호사 선생님이 새로 왔어." 메리 할머니가 쾌활한 목소리로 소식을 전했다. 칼 할아버지는 콧방귀를 뀌더니 곧바로 텔레비전 볼륨을 높였다. 트래비스는 혼자 조금 웃고는 할아버지에게 불을 켜도 되겠느냐고 물었다.

"켜지 마오." 할아버지가 퉁명스럽게 대꾸했다.

그러거나 말거나 트래비스는 10분 안에 얼른 끝내겠다고 사과하며 불을 켰다. 혹시나 치료해야 할 상처가 있을까 봐 트래비스가 칼 할아버지의 피부 구석구석을 살피는 동안, 할아버지의 얼굴엔 언짢은 기색이 역력했다. 나는 아무런 반응도 하지 않으려고 애쓰며 잠자코 그 모습을 지켜봤다. 선배 간호사에게 내 의견을 피력할 만한 처지가 아니긴 했지만, 트래비스가 칼 할아버지의 의사를 무시하고 불을 켤 생각이었다면 애초에 불을 켜도 되느냐고 묻지 말았어야 한다고 생각했다. 트래비스의 행동은 칼 할아버지처럼 이미 선택에 제한이 있는 환자에게 선택권이 있다는 착각을 불러일으킬 것 같았다. 나중에 내가 같은 입장이 된다면 트래비스처럼 하지 않고 무슨 일을 왜 하려고 하는지 안내한 뒤, 최대한 빨리 끝내겠단 말로 환자를 안심시키겠다고 다짐했다.

치료할 상처가 눈에 띄지 않자 트래비스는 어떤 약을 두고 갈 건지 메리 할머니에게 빠르게 설명했다. 할머니는 알겠다며 고개를 끄덕였다.

5분 후 트래비스와 나는 다시 이글거리는 태양 아래 서 있었다. "할아버지께서 좀 심술궂으시죠. 미리 말해줄 걸 그랬네요."

손차양을 만들어 햇빛을 가리곤 말없이 내 차로 시선을 돌렸다. 다른 간호사와 함께 일하며 그들이 환자를 대하는 모습을 보면, 저런 건 본받아야겠단 생각만큼이나 저런 건 절대 본받지 말아야겠단 생각도 많이 들었다.

이틀 후 다시 칼 할아버지와 메리 할머니의 집을 찾았다. 이번엔 나 혼자였다. 칼 할아버지는 이제 내 환자였으므로 이전과는 다르게 내 방식대로 할아버지를 간호할 생각이었다. 칼 할아버지가 호스피스를 탐탁지 않게 여길 건 뻔한 사실이었는데, 나는 그 마음을 충분히 이해할 수 있었다. 할아버지는 방해받지 않고 그저 혼자서 조용히 텔레비전을 보고 싶어 했다. 하지만 젊고 열정 넘치는 간호사였던 나는 할아버지의 마음을 꼭 돌려보리라 결심했다.

메리 할머니가 문을 열며 나타났다. 이번엔 새파란 색의 운동복을 갖춰 입은 모습을 보자 나도 덩달아 기분이 좋아졌다. 머리도 화장도 역시나 완벽했다. 나도 50년 뒤에 그처럼 멋지게 늙고 싶었다. 내게 들어오라 손짓한 할머니는 곧 따라가겠다며 할아버지가 있는 방으로 먼저 가 있으라고 말했다.

칼 할아버지는 지난번에 방문했을 때와 똑같은 자리에 누워 있었다. 전과 마찬가지로 텔레비전 불빛만이 희미하게 방을 밝혔고, 하얀 이불은 할아버지의 턱밑까지 끌어 올려져 있었다.

"안녕하세요, 할아버지. 들어가도 될까요?" 침실 문을 조심스레 두드리며 나직하게 물었다. 할아버지는 나를 슬쩍 보곤 잠시 헷갈려하는 듯하더니, 곧 말없이 고개를 끄덕였다. 불을 켜지 않고 침대 옆 의자에 앉아 할아버지에게 뭘 보는지 물었다.

"스포츠 중계." 할아버지가 심드렁하게 대답했다.

잠시 가만히 앉아 칼 할아버지와 함께 텔레비전을 보는 동안 할아버지는 몇 초에 한 번씩 내가 앉은 쪽을 흘끗거리다가 못 참겠단 듯 물었다. "선생, 할 일 있지 않소?"

"네, 그래도 광고 나올 때까진 기다릴 수 있어요. 급한 일 없어서 괜찮아요."

할아버지는 놀랍단 듯 눈썹을 치켜올렸지만, 아무 말도 하지 않고 텔레비전으로 다시 눈을 돌렸다.

광고가 나오자 칼 할아버지에게 피부를 좀 더 잘 살펴볼 수 있도록 불을 켜도 되겠느냐고 물었다. 할아버지는 고개를 끄덕였고, 나는 검진을 잘 마무리했다. 할 일을 다 끝내고 나서 불을 끄려는데 할아버지가 그대로 두라고 했다. 할아버지의 말대로 해주곤 진료기록을 작성하려고 다시 자리에 앉았다. 적막 속에서 몇 분 동안 진료기록을 작성하는데, 내 남자친구인 크리스가 제일 좋아하는 미식축구팀의 경기가 중계되는 게 눈에 들어왔다.

"어머, 어젯밤에 제 남자친구가 보던 경기예요!" 반가운 마음에 외쳤다. "제 남자친구는 스포츠 얘기만 나오면 신이 나서 떠드는데 전 하나도 못 알아듣겠다니까요."

칼 할아버지가 슬며시 웃었다. 할아버지를 감싸고 있던 딱딱한 껍데기에 조금은 금이 간 것 같았다.

"터치다운이 뭔지는 알겠어요. 그런데 퍼스트다운은 뭔가요, 할아버지?" 이 정도 선의의 거짓말은 해도 괜찮을 터였다.

"공을 경기장의 어떤 지점까지 가지고 가면 터치다운을 노릴 수 있는 공격권이 4회 더 생겨요. 그걸 퍼스트다운이라고 해요." 할아버지가 설명했다.

"아하, 이제 알겠어요!"

"내 간호사를 해도 될 만큼 똑똑하긴 한 거요?" 할아버지가 쿡쿡 웃으며 물었다.

나는 어깨를 으쓱했다. "그건 앞으로 할아버지께서 고생해 가며 알아내서야겠죠?"

칼 할아버지가 박장대소하는 바람에 놀란 메리 할머니가 무슨 일이냐고 물으며 정신없이 방으로 뛰어왔다. 하지만 우리가 웃는 모습을 보자 걱정이 눈 녹듯 사라진 듯했다.

방을 나오는데 메리 할머니가 나를 껴안으며 할아버지를 웃게 해주어 고맙다고 인사했다. 할아버지가 웃는 모습을 본 게 몇 달 만이라고 했다.

그날 밤 크리스와 저녁을 먹으며 칼 할아버지와 있었던 일을 신나게 이야기했다. 새로 맡게 된 일이 마음에 드느냐는 크리스의 물음에 이렇게 대답했다. "응, 좀 달라지는 거 같거든."

"당신이 정말 자랑스러워." 크리스는 내 이마에 입을 맞춘 뒤 식탁을 치우려고 자리에서 일어났다.

크리스는 내가 호스피스 간호사가 되기 전 요양원에서 일할 때 만난 물리치료사였다. 처음 그곳에서 일하기 시작했을 무렵 어째서인지 그의 이름을 들을 일이 많았다.

"선생님, 여기서 일하는 물리치료사 만난 적 있어요?" 스튜어트 할머니가 물었다. 나는 할머니의 가냘픈 몸을 살짝 들어 올리고 침대보를 갈던 중이었다.

"아뇨, 아직이요." 할머니의 피부에서 눈을 떼지 않고 건성으로 대답했다.

"그 선생님이 자기 점심시간을 빼가면서 내 다리를 봐주거든요. 내 보험으론 이제 물리치료를 받기가 어려워서 공짜로 해주는 거예요."

지금껏 한 번도 그렇게까지 하는 의료인이 있단 이야기를 들어본 적이 없었다. "잘됐네요, 할머니. 그 선생님도 대단하고요." 내가 말했다.

"아주 좋은 사람이에요." 할머니는 의미심장한 미소를 지으며 눈을 찡긋했다.

크리스를 처음 만났을 때 나는 동료 간호사에게 환자의 상태를 전달받고 있었다. 크리스는 잘생긴 30대 남자로, 수술복을 입었는데도 그 위로 근육이 드러나 보였다. 외모가 조금 독특했는데 나중에 들으니 그리스와 일본 혈통을 물려받았다고 했다. 우리는 동료 간호사의 소개로 인사를 나누곤 서로 바라보며 수줍게 웃었다. 요양원 환자인 모건 할머니가 우리를 뚫어지게 바라보다가 휠체어를 타고 복도 저편으로 멀어지는 모습이 잠깐 보였다.

그날 늦게까지 간호사실에 혼자 앉아 진료기록을 작성하고 있으려니 모건 할머니가 휠체어를 밀며 들어왔다.

"선생님, 싱글이에요?" 할머니가 물었다.

"네, 그런데요." 나는 영문도 모른 채 대답했다.

"크리스 선생님이랑 얘기 좀 많이 해봐요."

내가 웃었다. "그럼 좋겠지만 전 크리스 선생님이 일하는 병동에 갈 일이 없는걸요, 할머니." 요양원의 거주 시설과 재활센터는 구내식당을 가운데에 두고 양쪽으로 나뉘어 전혀 다른 방향에 자리했다. 식당에서 우연히 마주치는 걸 제외한다면 우리가 다른 곳에서 만날 확률은 극히 희박했다.

모건 할머니는 눈썹을 찌푸리고 뭔가 일을 꾸미는 듯한 표정을 잠깐 짓더니 이윽고 재빨리 휠체어를 돌려 방에서 나갔다. 문틈 사이로 밖을 엿보며 할머니가 요양원 친구들인 '빨간모자협회여사들(Red Hat Society Ladies, 미국 요양원에서 흔히 보이는 사교 클럽 성격의 협회)'에게 가서 멈추는 모습을 지켜봤다. 그들은 킥킥거리며 이야기를 주고받다가도 몇 번이고 내 쪽을 돌아봤다. 나는 고개를 푹 숙이고 다시 집중해서 진료기록을 작성했다.

다음 날 복도를 걸어가는데, 별안간 모건 할머니가 휠체어에서 내려오더니 바닥에 주저앉았다. 깜짝 놀라 할머니에게 다가갔다. "할머니, 어디 불편하세요?"

"아이고, 실수로 휠체어에서 떨어졌지 뭐야. 물리치료실에 가서 진찰받아 봐야겠어요. 우리 간호사 선생님이 날 좀 데려다줄래요?"

할머니가 일부러 휠체어에서 '떨어진' 척했단 걸 이미 아는 나는 눈을 동그랗게 뜨고 그를 바라봤다. 할머니는 아픈 척하며 얼굴을 찌푸렸지만 괴로운 기색은 전혀 찾을 수 없었다. 오히려 눈이 기대감으로 초롱초롱하게 빛났다. 어쩔 수 없이 할머니를 휠체어에 다시 앉혀 물리치료실로 향했다.

책상에 앉아 있던 크리스는 우리를 보자마자 바로 벌떡 일어났다.

"할머니, 무슨 일이세요?" 크리스가 모건 할머니 곁에 무릎을 꿇으며 물었다.

"내가 칠칠치 못해서 그래요. 휠체어에서 떨어졌는데 이 상냥한 간호사 아가씨가 부축해서 이리로 데려와 줬지 뭐야."

나는 굳이 반박하고 싶지 않아서 그저 이렇게 말했다. "할머니, 선생님이 잘 치료해 줄 테니 전 이따 오후에 약 드실 시간이 되면 모시러 올게요."

"어휴, 아냐! 얼마 안 걸리니까 잠깐 기다렸다가 나랑 같이 가지 그래요?" 모건 할머니가 천연덕스럽게 권했다.

어깨를 으쓱하곤 근처 파란색 매트 더미 위에 앉아 크리스가 할머니를 진찰하는 모습을 지켜봤다. 나중에야 크리스가 말해주어 알게 됐지만, 그는 처음부터 모건 할머니에게 아무 문제도 없단 사실을 눈치챘다고 한다. 그걸 알면서도 할머니의 연극에

장단을 맞춰준 것이었다.

"새 직장은 마음에 들어요?" 크리스가 모건 할머니의 팔을 회전시키면서 물었다.

"여기서 오래 일한 사람들뿐이라 그런지 다들 무척 친해 보이더라고요. 그래서 가끔 소외감이 들 때가 있어요."

"저도 여기서 4년이나 일해서 모두와 친해요. 원한다면 소개해 줄게요. 휴대폰 번호 좀 알려줄래요?" 크리스가 책상에서 집어 든 종잇조각을 내게 건네며 물었다. 나는 날아갈 듯한 기분을 애써 감추며 종이에 내 번호를 적어서 크리스에게 돌려주었다.

그 뒤 2년이 흘렀고, 우리 사이는 여전히 굳건하다.

처음으로 혼자서 칼 할아버지네 집에 들른 지 사흘이 지나 다시 그곳을 찾은 나는 훨씬 자신감이 넘쳤다. 메리 할머니가 자신의 트레이드마크인 운동복 차림으로 나를 맞이했다. 칼 할아버지는 평소와 똑같은 자리에 누워 있긴 했지만, 이번에는 미소를 지어 보였다.

"제 미식축구 지식을 뽐냈더니 남자친구가 깜짝 놀라더라고요." 내가 말을 꺼냈다. "전부 할아버지 덕분이에요!"

"뭘 그런 걸 가지고." 할아버지가 답했다. "할 얘기가 산더미 같구먼. 우사인 볼트가 누군지 알아요?"

"아뇨, 누군지 전혀 모르겠는데요." 내가 웃으며 말했다.

검진하는 동안 할아버지는 우사인 볼트가 올림픽경기 두 종목에서 세 번 연속 금메달을 딴 최초의 육상선수란 사실을 비롯해 그에 관한 모든 걸 알려주었다. 청진기로 심장과 폐 소리를 듣는데 할아버지가 입을 열었다. "남자친구한테 내가 말해줬단 얘기는 하지 말고 뭐라고 하는지 살펴봐요."

웃으며 그러겠다고 했다.

차로 돌아와 다음 환자를 만나러 가는 길에 크리스에게 전화를 걸어 할아버지가 해준 우사인 볼트 이야기를 들려주었다.

"그런 애길 어떻게 알아?" 크리스는 들뜬 목소리로 우사인 볼트의 올림픽 기록에 관해 잘 알려지지 않은 사실을 줄줄 읊었다. 나는 다음 환자의 집으로 이동하는 15분 동안 크리스가 하는 이야기를 흐뭇하게 들었다.

며칠 후 칼 할아버지를 만났을 때 내가 스포츠에 새롭게 관심을 보이자 크리스가 무척 반기더란 소식을 기쁜 마음으로 전했다. 우리는 깔깔 웃으며 이건 우리만의 비밀로 남겨두자고 약속했다. 하지만 입은 웃고 있어도 목구멍에서는 뭔가가 울컥 올라왔다. 칼 할아버지와 나 사이에 이대로 유대감이 생겨버린다면, 언젠가 가슴이 미어지듯 아플 게 뻔했다. 나는 미래를 두려워할 시간에 오늘을 살자는, 호스피스 일을 시작할 때 나 자신과 했던 약속을 떠올렸다.

  몇 주가 지난 어느 날이었다. 침실에 들어선 나에게 칼 할아버지는 인사 대신 직접 쓴 쪽지를 건넸다. 의아해하며 종이를 펼치자 지난 며칠 동안의 뉴스가 알아보기 쉬운 필기체로 빼곡히 쓰여 있었다. "직접 써서 모아두기로 했어요." 할아버지가 말했다. "매번 선생님이 떠나고 나서야 말해주고 싶은 게 떠오르더군요. 이렇게 적어놓으면 깜빡할 일도 없을 거 아니에요."
  "정말 좋은 생각인걸요!" 내가 동조했다. "이제 저도 깜빡할 일 없겠어요."
  몇 시간 후 나는 어린이집에서 브로디를 데리고 집으로 왔다. 그렇지만 바로 집에 들어가지 않고 진입로에 차를 세운 다음 잠시 그 안에 가만히 앉아 있다가, 오는 길에 잠들어 버린 브로디 옆에서 수술복 주머니 속 꼬깃꼬깃해진 종이를 꺼내 읽었다. 내 입가에 슬며시 미소가 번졌다. 그 무렵 칼 할아버지의 뉴스 업데이트는 비단 스포츠 소식뿐 아니라 요긴한 시사 상식까지 영역을 넓혀 나가고 있었다. 할아버지는 내가 느긋하게 앉아서 뉴스를 시청하거나 신문을 읽을 시간이 없는 싱글 맘이란 사실을 알고 대신 소식을 알려주기로 한 것이었다. 내가 고맙다고 하자 할아버지는 덕분에 소일거리도 생기고 과업을 찾게 되어 오히려 좋다고 했다. 종이를 다시 접어 운전석 옆 작은 서랍에 넣은 나는 브로디를 부드럽게 흔들어 깨워 집으로 들어갔다. 그날도 저녁 식사를 하며 크리스와 최신 스포츠 소식을 주고받았다. 나를 온갖 정보에 밝은 사람으로 만들어준 칼 할아버지에게 마음속 깊이 감사했다.

미식축구 시즌이 지나가고 추운 겨울이 찾아왔다.

몹시 추운 어느 수요일 아침, 뜨거운 커피를 들고 책상에 앉아 동료와 이야기를 나누면서 오랜만에 여유로운 시간을 보내고 있었다.

한창 수다를 떠는데 트래비스가 들이닥치는 바람에 웃음소리가 뚝 끊겼다. "해들리 선생님, 칼 할아버지 일이에요. 메리 할머니께서 선생님을 찾으세요." 동료가 안됐단 듯 나를 바라봤다. 그도 내가 칼 할아버지를 얼마나 아끼는지 잘 알고 있었다. 나는 고개를 끄덕이고는 두툼한 외투를 걸치고 서둘러 사무실을 나섰다.

그 뒤에 생긴 일은 절대 준비할 수 없는 일이었다.

이젠 익숙해진 칼 할아버지와 메리 할머니의 집으로 들어가 외투를 벗는데 집 뒤편에서 소란스러운 소리가 들렸다. 할머니겠거니 짐작하며 할아버지의 침실로 갔는데, 침대가 텅 비어 있었다. 빈 침대를 보자 온몸이 분노로 뜨거워졌다. 칼 할아버지가 세상을 떠나고 장례식장 직원들이 벌써 왔다 간 건가? 트래비스는 왜 나한테 말하지 않은 거지?

치밀어 오르던 화는 누가 내 뒤로 와서 부딪히면서 순간 당혹감으로 바뀌었다. "선생님, 왔어요?" 칼 할아버지의 목소리를 듣고 몸을 획 돌렸다.

밝은 빛 때문에 순간 눈앞이 새하얘졌다. 모두가 말하는 그 빛이 아니라 칼 할아버지가 들고 있는 무겁고 까만 손전등에서 나온 빛이었다. 할아버지는 무슨 임무라도 수행하는 사람처럼 내 곁을 지나쳐 침실로 들어갔다.

어리둥절한 얼굴로 메리 할머니를 바라봤다. 할머니는 할아버지가 뒤로 넘어질세라 그의 바로 뒤에서 팔을 앞으로 뻗은 채 걷고 있었다. 할머니도 나만큼이나 혼란스러워 보였다.

"할머니, 이게 대체 무슨 일이에요?" 내가 속삭였다. "할아버지께서 침대 밖으로 나오신 적은 한 번도 없었잖아요. 걸으실 수 있는지도 몰랐어요!"

"나도 마찬가지예요." 충격에 휩싸인 할머니는 나직하게 대꾸했다.

"이러신 지 얼마나 됐어요?"

"한 시간쯤 됐어요. 나한텐 도통 말을 안 하네요. 이이가 저 손전등을 들고 집 안 곳곳을 누비고 다니면서 커튼 뒤나 좁은 틈새에서 뭔가를 찾아요. 선생님이라면 무슨 일인지 알 거라고 생각했는데."

눈이 휘둥그레진 나는 고개를 저었다.

급기야 바닥에 엎드려 침대 밑을 살피는 칼 할아버지를 돌아보며 물었다. "뭐 하세요, 할아버지?" 최대한 아무렇지 않은 척했지만 떨리는 목소리를 숨길 수는 없었다.

"애나랑 숨바꼭질하고 있잖소." 할아버지가 뭐 그리 당연한 걸 묻느냐는 듯한 투로 대답했다. 애나에 대해 들어본 적이 없어서 메리 할머니에게 물어보려고 몸을 돌렸는데, 할머니가 눈물을 글썽이며 두 손으로 가슴을 움켜쥐고 있었다. 할머니는 잠시 감정을 추스르고 나서 이야기를 들려주었다. "애나는 두 살 때 물에 빠져 죽은 우리 딸이에요. 칼은 자기 잘못이라며 자책했어요. 누구의 잘못도 아니었지만, 칼은 딸을 살리지 못했단 죄책감에 스스로를 용서하지 않았어요."

이야기를 들으면서 온몸에 소름이 쫙 돋았다. 뭐라고 말해야 할지, 어떻게 반응해야 할지 아무 생각도 나지 않았다. 그러다 문득, 간호학교에 다닐 때 내가 좋아했던 교수님의 목소리가 머릿속에 들려왔다. "환자가 있는 그곳으로 가세요."

하지만 문제는 칼 할아버지가 있는 곳이 어딘지 모른다는 점이었다. 할아버지는 마치 두 시공간에 존재하는 듯했다. 육체는 메리 할머니와 나하고 같이 이 방에 있지만 정신은 애나와 함께 다른 곳에 가 있는 듯했다. 글렌다 할머니가 숨을 거둔 뒤, 삶의 끝자락에 이른 몇몇 환자에게 먼저 세상을 떠난 지인이 찾아오는 일을 종종 목격해 온 터였다. 시간이 흐를수록 이런 현상은 점점 예상할 수 있는 자연스러운 일이 되어갔다. 하지만 어린아이가 환자를 찾아온 적은 이번이 처음이었다. 지난 몇 달 동안 칼 할아버지를 간호했는데도 이때까지 이들 부부에게 아이가 있었단 사실을 알지 못했다. 게다가 그동안 할아버지가 침대에서 일어난 모습은 한 번도 보지 못했기에 더욱 당혹스러웠다. 그러나 칼 할아버지는 지금 내 앞에 보란 듯이 서 있었다. 그것도 아주 기운 넘치는 모습으로.

'괜찮아.' 나는 마음속으로 생각했다. '할 수 있어.' 칼 할아버지를 돌아봤다. 할아버지는 이제 욕실 수납장을 뒤지고 있었다.

"애나 찾으시는 거 제가 좀 도와드릴까요?" 할아버지에게 물었다.

할아버지는 눈물이 가득한 눈으로 나를 똑바로 바라보며 말했다. "애나가 어디에 있는지 난 이미 알아요."

"그러세요?"

"아직은 때가 아닐 뿐이에요. 그래도 곧 만나게 될 것 같군요. 우리 엄마가 그렇게 말했으니까."

"어머니도 만나신 거예요?" 내가 물었다.

"그럼요." 할아버지가 당연하단 듯 대답했다.

"그럼 우리 이제 뭐 할까요, 할아버지?"

"이제 누워서 좀 쉬어야겠군요." 할아버지가 어깨를 으쓱하며 대답했다.

나는 고개를 끄덕이고는 칼 할아버지를 조심스레 침대로 데려가 다시 눕혔다.

칼 할아버지가 안정을 되찾자 메리 할머니를 안아주면서 밤중에 무슨 일이 생기면 꼭 전화하라고 당부했다. 현관문을 나서자 차가운 공기가 몸을 휘감았다. 때마침 지는 해가 온 세상을 붉은빛, 주황빛, 보랏빛으로 물들여 숨 막히는 광경을 연출하고 있었다. 한동안 하늘을 멍하니 보다가 근처 나무 위에 가만히 앉아서 나를 지그시 응시하는 파랑새에게 순간적으로 마음을 빼앗겼다. 혹시 저 새가 애나일 수도 있지 않을까 하는 생각이 잠깐 들었지만, 곧 떨쳐내 버렸다. 바보 같은 생각이었다. 그냥 전부 우연일 뿐이야. 아니면 환영이나 뭐 그런 비슷한 거겠지.

차에 올라타 히터를 틀고 회사의 호스피스 의사인 쿠마르 선생님에게 전화를 걸었다. 쿠마르 선생님은 무척 똑똑하고 붙임성 있는 데다 남의 이야기를 잘 들어주는 분이었기에 나는 선생님과 대화하는 게 좋았다. 그는 내가 아는 여느 의사와는 달랐다. 그들보다 훨씬 느긋했고 함께 일하는 간호사를 무척 신뢰했다.

"무슨 일이에요, 해들리 선생님?" 쿠마르 선생님이 전화를 받았다.

"선생님, 지금 바쁜가요? 급한 일은 아니에요."

자동차 앞 유리 너머로 그 파랑새를 찾았다. 파랑새는 여전히 나뭇가지 위에 앉아 미동도 없이 나를 뚫어지게 보고 있었다. 이상한 일이었다.

"괜찮아요. 말해봐요."

"칼 할아버지에 대해 얘기할 게 있어서요. 할아버지께서 오늘 일어나서 걸으셨어요. 그런 일은 지금껏 한 번도 없었거든요."

"아, 회광반조廻光返照 말이군요." 쿠마르 선생님은 전혀 놀랄 일이 아니란 듯 태연하게 말했다.

"회…… 뭐라고요?"

"거의 모든 사람한테 나타나는 건데, 임종 전에 일시적으로 기력을 회복하는 현상이에요." 마치 잘 알려진 의학적 사실인 것처럼 선생님이 대답했다. 이젠 나도 회광반조가 흔히 일어나는 현상이란 걸 잘 안다. 가끔 이런 광경을 목격한 환자의 가족은 환자의 병세가 무슨 이유에서인지는 몰라도 기적적으로 호전되고 있다고 믿는다. 그러나 사정을 잘 아는 사람에게 이는 환자가 앞으로 며칠 안에 임종을 맞이할 가능성이 크단 신호다.

"그런 일도 있군요." 대답하면서도 여전히 나는 감을 잡지 못하고 있었다. "아직은 잘 모르겠네요. 돌아가신 어머니와 어릴 때 죽은 딸도 보인다고 하셨어요."

"할아버지께서 괴로워하시던가요?"

"아뇨. 오히려 침착하시던걸요."

"돌아가실 때가 된 것 같네요." 쿠마르 선생님의 말과 함께 파랑새가 나뭇가지에서 날아오르더니 사라졌다.

"제 말 제대로 들은 거 맞아요, 선생님?" 내가 목소리를 높였다. "걸으셨다니까요! 나아지고 있는 거예요. 활력징후도 전부 정상이었고요. 돌아가실 리가 없어요."

"선생님도 곧 알게 될 거예요." 쿠마르 선생님이 나지막하게 말했다. 우리는 곧 전화를 끊었다.

그날 하루 내내 마음이 불편했다. 어렵게 잠자리에 들었지만 밤새도록 금발 머리를 예쁘게 땋은 여자아이가, 행복한 듯 지저귀며 날아다니는 파랑새와 함께 들꽃이 가득한 들판을 뛰어다니는 꿈을 꿨다. 결국 한숨도 못 잔 기분으로 잠에서 깼다.

다음 날, 여느 화요일 아침과 다름없이 칼 할아버지네 집을 찾았다. 이번엔 또 무슨 일이 나를 기다릴지 짐작조차 할 수 없었다. 칼 할아버지는 다시 이전처럼 침대에 누워 메리 할머니의 보살핌을 받고 있었다.

"이제 아주 잠깐씩만 정신을 차려요." 할머니가 말했다.

그 순간 칼 할아버지가 눈을 뜨고 나를 향해 미소를 지었다. "내가 제일 좋아하는 간호사 선생님이 왔구먼." 할아버지는 이제 너무 쇠약해져서 평소처럼 눈을 제대로 뜨고 대화를 나눌 기운조차 없는 듯했다.

"할아버지도 제가 제일 좋아하는 환자예요." 내가 답했다. 정말이었다. 그 무렵 열두 명쯤 되는 환자를 맡고 있었지만, 칼 할아버지 부부에게는 유난히 애정이 갔다. 물론 할아버지가 유독 길게 몇 달 동안 호스피스를 받아서 그런 것도 있겠지만 분명 그 이상의 뭔가가 있었다. 유대감도 유대감이지만 그들과 함께 있으면 마음이 편안해졌다. "어제는 정말 엄청난 날이었죠, 할아버지?" 내가 부드럽게 말했다. "얼른 검진 끝내고 쉬시게 해드릴게요."

지금까지 수없이 해온 것처럼 청진기로 할아버지의 심장과 폐 소리를 들었다.

"고마워요, 선생님." 할아버지가 말했다.

"뭐가요?"

"죽음이 아닌 다른 걸 기다리게 해줘서요." 그 순간 뜨거운 눈물이 내 양 볼을 타고 흘러내렸다. 갑작스러운 눈물에 얼굴이 확 달아올랐다. "보고 싶을 거예요, 선생님." 할아버지는 그 말을 하면서도 거의 눈을 뜨지 못했다.

"저도 보고 싶을 거예요, 할아버지." 눈물이 앞을 가렸다.

나를 배웅하던 메리 할머니가 할아버지에게 남은 시간이 얼마나 되는지 물었다.

"솔직히 말씀드리면 저도 잘 모르겠어요." 나는 감정을 가라앉히려고 애쓰며 대답했다.

그날 밤 무거운 마음으로 잠자리에 누웠다. 나는 칼 할아버지의 죽음을 받아들일 준비가 되어 있지 않았다. 칼 할아버지는 내게 친할아버지와 같은 존재였다. 인스타그램 피드를 내리며 딴생각을 하려 해봤지만 소용없었다. 밤 10시쯤 겨우 잠들었다가 새벽 4시에 울린 벨 소리를 듣고 깜짝 놀라 벌떡 일어났다. 당직 간호사였다.

"깨워서 미안해요, 해들리 선생님. 제가 지금 좀 먼 곳에서 응급환자를 보고 있는데, 메리 할머니께서 급한 목소리로 전화하셨어요. 혹시 저 대신 가줄 수 있을까요?" 그날 밤 내가 예비 간호사이긴 했지만, 지난 1년 동안 호스피스 일을 하면서 한 번도 밤에 환자를 보러 가달라는 호출을 받은 적은 없었다. 야간 당직 간호사가 둘이나 있어서 예비 간호사는 그 둘이 모두 바쁠 때만 호출되는데, 그런 일은 좀처럼 없었다.

"당연히 가야죠." 급히 대답하고 전화를 끊었다.

"무슨 일이야? 오늘 당직 아닌 줄 알았는데." 크리스가 잠에서 덜 깬 목소리로 물었다.

"칼 할아버지께 가봐야 할 거 같아." 몸은 이미 침대 밖으로 나가고 있었다. "예비라도 호출이 온 적은 없었는데 급한 일인가 봐."

크리스가 안쓰러운 눈길을 보내며 말했다. "그럼 어서 가. 브로디 걱정은 하지 말고 마음 편히 다녀와."

크리스에게 입을 맞춘 뒤 집을 나섰다.

칼 할아버지와 메리 할머니의 집으로 운전해 가는 내내 가슴이 돌덩이처럼 무거웠다. 칼 할아버지와 처음 만난 날을 떠올리자 지난 몇 달간 할아버지가 내게 말해준 갖가지 스포츠 상식은 물론이고, 할아버지 부부와 차를 마시며 나눴던 수많은 이야기가 머릿속을 스쳐 지나갔다. 어제 아침 할아버지가 내게 건넨 마지막 말도 떠올랐다.

집에 도착하자 분위기가 평소와는 사뭇 달랐다. 내키지 않는 마음을 누르며 침실로 가니 메리 할머니가 문 앞에서 나를 기다리고 있었다.

"죽었어요." 메리 할머니가 충격을 덜려는 듯 남의 이야기처럼 말했다.

"돌아가셨군요." 나는 땅이 꺼져라 무겁게 한숨을 쉬었다. 하지만 이 죽음으로 상실을 겪은 건 메리 할머니라는 사실을 문득 깨닫곤 부끄러워져서 곧장 그에게 사과했다. 나는 할머니를 위해 강해져야 했다.

메리 할머니와 나는 함께 침실로 들어갔다. 텔레비전 불빛이 사라진 방은 칠흑같이 깜깜했다. 나는 등을 켜고 생기 없는 칼 할아버지의 몸을 내려다봤다. 지금껏 수없이 그랬듯 청진기를 할아버지의 가슴으로 가져갔지만 이번엔 친숙하고 규칙적인 **쿵, 쿵, 쿵** 소리가 들리지 않았다. 미소 지으며 나를 올려다보는 야윈 얼굴도 없었다. 이제 그런 건 어디에도 없었다. 정적뿐이었다. 허무했다.

눈물이 주체할 수 없이 흘러내렸지만 울음을 겨우 삼키며 갈라진 목소리로 사망 선고를 했다. "오전 4시 47분 사망하셨습니다." 눈물이 가득한 눈으로 메리 할머니를 올려다봤다. 할머니가 다가와 나를 껴안자 슬픔이 북받쳤다.

"미안해요. 할머니, 정말 미안해요. 제가 할머니를 위로해 드려야 하는데." 내가 흐느끼며 말했다. 할머니는 몸을 떼고 내 눈을 들여다보며 단호하게 말했다. "서로 위로해야죠. 사과는 하지 마요. 우리 둘 다 선생님을 얼마나 사랑하는데요. 신이 우리에게 준 선물 같았다니까. 칼도 그렇게 생각했어요."

나는 말없이 고개를 끄덕였다. 눈물이 계속 흘러서 입을 떼기가 어려웠다. 메리 할머니의 품에 안겨 처음에 할머니를 보고 겁을 먹었던 순간을 떠올렸다. 이제 그때 일은 우습게 느껴졌다. 메리 할머니는 내 능력을 한 치도 의심하지 않았을 뿐 아니라 늘 사랑이 넘치고 너그러운 태도로 나를 대했다. 몇 분 후 겨우 감정을 추슬렀다.

"다음은 뭔가요?" 메리 할머니가 물었다.

"장례식장에 전화할 차례예요."

할머니는 한숨을 내쉬며 고개를 끄덕였다.

장례식장에 연락하고 나서 메리 할머니와 나는 칼 할아버지의 옷을 할아버지가 집을 떠날 때 입고 싶어 하던 감색 정장으로 갈아입혔다. 둘이 힘을 합쳐 칼 할아버지에게 간신히 양복 윗도리를 입힌 후, 내가 수없이 앉았던 의자 위에 놓인 짙은 빨간색 넥타이를 집어 들어 메리 할머니에게 건넸다. "할머니, 제가 넥타이 매는 방법을 몰라서요."

할머니는 내 손에 있던 넥타이를 가져가며 쿡쿡 웃었다. "나도 몰라요." 그러다 어느 순간 할머니가 배꼽을 잡고 깔깔거리며 웃기 시작했다. "칼이 살아 있었다면 넥타이 하나 맬 줄 모르는 사람한테 어떻게 환자의 생명을 믿고 맡기겠냐고 했겠죠."

나까지 웃음보가 터졌다. 우리는 초인종이 울리고 나서야 겨우 웃음을 멈췄다. 웃음기가 채 가시지 않은 얼굴로 문을 여는 내 뒤로 메리 할머니의 웃음소리가 들렸다. 장례식장 직원들은 우리가 조금 미쳤다고 생각했을 것이다.

직원들이 칼 할아버지를 바퀴 달린 들것에 옮기고 나서 하얀 천을 덮으려는 순간, 갑자기 메리 할머니가 뭔가 떠오른 듯 그들을 저지했다.

"양말!" 할머니가 외쳤다. "양말을 신겨야 해요!" 나는 할머니를 쳐다봤다. "애나 때문에요. 애나가 죽었을 때 장례식장으로 옮기기 전에 칼이 양말을 신겨줬거든요. 애나 발이 차가워지는 게 싫다고 하더군요."

나는 이해한단 뜻으로 고개를 끄덕이곤 넥타이와 양말을 장례식장 직원에게 건넸다.

할아버지를 장례식장으로 데려가기 전에 직원들에게 내가 서명해주는 것이 통상적인 절차였다. 하지만 수중엔 아무것도 없었다. 메리 할머니에게 부담을 주고 싶진 않아 펜을 하나 찾을 요량으로 바깥에 주차해 둔 차로 향했다. 펜을 찾으려고 차를 뒤지던 와중에 꼬깃꼬깃한 종이 한 장이 손끝에 잡혔다. 뭔지 몰라 궁금해하며 종이를 꺼내서 봤더니, 수개월 전 칼 할아버지가 내게 처음으로 써준 쪽지였다. 할아버지의 손 글씨를 어루만지며 깊은 한숨을 내쉬었다.

서둘러 집 안으로 들어가 장례식장 직원에게 서명을 하고 직원들이 나갈 때 현관문을 잡아주었다. 그리고 그대로 서서 문틀에 머리를 기댄 채 칼 할아버지가 떠나는 모습을 지켜봤다.

장례식장 직원들이 들것을 밀고 내려가 진입로에 대기하는 영구차에 할아버지를 실은 바로 그 순간, 가까운 곳에서 지저귀는 소리가 들려 나무 위를 올려다보니 파랑새가 있었다. 파랑새는 몇 번 명랑하게 노래하더니 이윽고 날갯짓을 시작했다. 나는 파랑새가 영구차와 나란히 날아가는 광경을 경외심에 차서 바라봤다.

눈물을 글썽이며 살며시 웃었다. 그리고 속삭였다. "나 대신 아빠 잘 보살펴 드리렴, 애나."

# 3

## 결국
## 모든 것이 지나간다

: 수 :

칼 할아버지가 세상을 떠난 그해 가을, 만성폐쇄성폐질환을 앓는 수 할머니를 담당하게 됐다. 만성폐쇄성폐질환은 호흡이 힘들어지는 질병으로, 이 병에 걸린 환자는 단 몇 발짝만 방을 가로질러 걸어도 방금 마라톤을 끝낸 사람처럼 호흡곤란 증상에 시달린다.

수 할머니를 처음 만난 건 어느 상쾌한 가을 아침이었다. 할머니의 아들 프레드가 나를 따뜻하게 맞아주었다. 그는 쉰 살이 채 안 되어 보였지만, 수 할머니가 아흔여덟 살인 걸 감안한다면 쉰을 넘겼을 게 분명했다. 프레드의 아내 리앤도 남편과 함께 친절하게 나를 맞이했다.

의례적인 인사를 주고받은 뒤 프레드가 먼저 본론을 꺼냈다. "미리 말하자면 우리 엄마는 불같은 성격에 고집이 무척 센 분이세요. 폐질환을 앓으신 지는 몇 년 됐는데, 며칠 전 밤중에 갑자기 증세가 심해져서 911을 불렀거든요. 응급실에서 응급처치를 받고 괜찮아지자마자 엄마는 어떤 치료나 검사도 받지 않겠다며 고집을 부리셨죠. 그러자 의사 선생님이 호스피스를 추천했어요."

"무슨 말씀인지 알겠어요. 얼른 어머니를 뵙고 싶네요. 성격이 불같은 분은 이미 많이 만나봐서 괜찮아요." 내가 자신 있게 대답했다. 여전히 배울 게 산더미 같지만 그래도 이제 혼자서 환자를 돌본 경험이 꽤 쌓였다. 게다가 만성폐쇄성폐질환은 호스피스 세계에선 제법 흔한 질병이라 이전에도 몇 번 맡은 적이 있었다.

옆방으로 들어가니 수 할머니가 푹신해 보이는 커다란 소파에 거의 파묻힌 모양새로 앉아 있었다. 할머니는 40킬로그램도 채 되지 않을 듯했다. 너무 말라 뼈가 그대로 보일 지경이었다. 그가 앓는 병의 부작용이었다.

환자를 처음 만날 때마다 늘 그러듯 수 할머니에게 활기차게 인사를 건넸다. "안녕하세요, 할머니! 전 해들리라고 해요. 앞으로 잘 부탁드려요!"

"나한테 그쪽이 왜 필요한지 모르겠구먼." 수 할머니가 성난 목소리로 말했다.

머릿속이 새하얘졌다. 그쪽이 왜 필요하냐고? 말이 되는 대답을 생각해 내느라 한참 후에야 입을 열었다. "전 할머니께서 편안하게 지내실 수 있도록 도와드리러 왔어요."

"난 지금도 편안해요." 할머니가 무뚝뚝하게 대꾸했다.

나는 할머니의 아들에게 도움을 청하는 눈빛을 보냈다.

"엄마, 호스피스에서 나온 분이에요." 프레드가 거들었다. "엄마가 응급실에 가지 않아도 되도록 의사 선생님이 호스피스 선생님을 불러드리겠다고 했잖아요. 기억나죠?"

"나도 알아." 수 할머니가 아들의 말을 단칼에 자르곤 덧붙였다. "너한테도 여기 있어달라고 한 적 없어."

프레드를 슬쩍 쳐다봤다. 그는 자기 엄마의 가시 돋친 말에 전혀 신경 쓰지 않는 듯했다. 나는 어떻게 반응해야 할지 몰라 잠자코 있었다. 예민할 대로 예민해진 환자와 그 가족에게 상처를 주지 않으면서도 상황을 주도하려면 그 사이에서 균형을 유지하는 일이 무엇보다 중요했다. 나는 이 상황을 반드시 잘 타개해 나가고 싶었다. 몇 초가 흐른 뒤 마침내 수 할머니가 나를 돌아보며 말했다. "할 일 있으면 해요. 하지만 계속 내 간호사로 둘 거라고 장담하진 못해요."

안도하며, 수 할머니가 호스피스 서비스를 받을 수 있도록 필요한 서류를 작성하기 시작했다. 등록을 마치고 나서 할머니에게 바로 다음 날 정기 방문을 하러 한 번 더 들러도 되겠느냐고 물었다. 또 호스피스 간호사는 기본적으로 하루 스물네 시간 내내 대기하고 있지만, 당직을 서는 사람이 내가 아니라 다른 간호사일 때도 있다고 설명했다.

"내일 제가 올까요, 아니면 저 대신 다른 간호사를 보낼까요?" 내가 물었다.

수 할머니는 한숨을 푹 쉬었다. "내일은 선생님이 와요. 그때그때 정하는 걸로 하고요."

프레드는 슬며시 웃으며 곁눈을 주었다. 나를 배웅하며 프레드가 말했다. "엄마가 선생님을 마음에 들어 하시는 것 같네요."

미치지 않고서야 어떻게 그리 느낄 수 있을까 싶었지만, 겉으로는 티 내지 않았다.


다음 날 수 할머니의 집으로 정기 방문을 하러 갔다. 혈압과 맥박, 호흡, 체온을 측정하고 피부에 압박이 가진 않는지, 멍이 든 곳은 없는지 살폈다. 소화는 잘되는지, 약물 복용으로 나타나는 부작용은 없는지, 먹고 자는 데 문제없는지도 물었다. 할머니는 모든 질문에 단답형으로 퉁명스럽게 대꾸했고 내가 진료기록을 작성하는 동안 텔레비전으로 골프 중계를 봤다. 말은 별로 하지 않았다.

우리의 만남은 매번 비슷했다. 일주일에 두 번씩 만난 지 한 달쯤 지났을 무렵 수 할머니가 텔레비전 소리를 낮추더니 내게로 시선을 옮기고는 물었다. "할 일도 다 했으면서 안 가는 이유가 뭐예요? 15분이면 다 끝내고도 남을 텐데."

"회사 규정상 환자 집에 적어도 30분은 있어야 하거든요. 권장 시간은 45분이고요." 수 할머니 말이 맞긴 했다. 나는 가끔 할 일을 다 끝내고도 시간이 남아서 환자 옆에 앉아 그들이 해주는 이야기를 들었다. 내가 무척 좋아하는 시간이었다.

"그냥 차에 앉아서 15분쯤 때운대도 아무도 모를 텐데 그래. 아무튼 우리 같은 늙은이 말에 귀 기울이는 사람은 아무도 없어요. 단지 늙다리란 이유로 내가 제정신이 아니라고 생각하지."

쿡쿡 웃고 이렇게 말했다. "전 싱글 맘이에요, 할머니. 직장을 걸고 도박을 할 순 없어요." 이런 이야기를 환자에게 털어놓는 경우는 거의 없었다. 환자에게 개인적인 이야기를 하면 안 된다는 암묵적인 규칙 때문이었다. 한번은 환자의 보호자가 관리자에게 전화해 간호사의 개인적인 고충이 전가되는 기분이라며 불평한 적도 있었다. 우리가 상대하는 가족은 이미 나름의 골칫거리를 품고 있어서 또 다른 골치 아픈 일이 더해지는 걸 원치 않는다는 말에도 일리가 있었다. 하지만 호스피스 간호사가 환자나 그 가족과 상당한 시간을 함께하다 보면 유대감이 생기기도 해서, 개인적인 이야기를 전혀 나누지 않는 게 오히려 이상하게 느껴졌다. 환자와 공감대를 형성하는 일과 규칙을 따르는 일 사이에서 균형을 지키려 노력하다가도, 몇 주 동안 입을 꾹 다물고 침묵을 지키는 수 할머니와 꼭 친해지고 싶다는 마음이 들기도 했다.

하지만 모든 노력이 수포로 돌아갔다. 내가 말을 걸면 할머니는 대화를 이어나가는 대신 고개만 끄덕이고 텔레비전 소리를 다시 올렸다.

그러고 나면 다시 묵언 수행이 시작됐다.

다음 방문에서도 수 할머니는 평소와 똑같은 자리에 앉아 있었다. 할머니는 신고 있던 실내화와 어울리는 실내복을 입고 있었다. 새하얀 머리는 늘 그렇듯 흐트러짐이 없었다. 그런데 평소와 달리 내가 자리에 앉기도 전에 할머니가 먼저 입을 뗐다.

"여섯 시간 잤어요. 대변은 아침에 봤고요. 마지막 식사는 어제저녁에 했어요. 남김없이 다 먹었고. 아침은 생각 없어서 건너뛰었어요. 스웨터도 미리 벗어뒀으니까 얼른 혈압 재고 피부 확인해요."

할머니의 말을 놓칠세라 서둘러 태블릿을 꺼내 모든 정보를 입력했다. 그런 다음 청진기를 꺼내 검진을 시작했다. 할 일을 다 마치고는 태블릿을 내려놓았다.

"아직 시간 많죠?" 할머니가 물었다.

"네, 20분도 더 남았어요."

"그럼 화분에 물 좀 주겠어요?"

화분에 물 주기는 간호사의 업무라기보다는 보통 간호조무사에게 맡겨지는 잡무에 속했다. 그렇지만 꼭 내가 하지 말아야 할 이유도 없었다. "그럼요!" 흔쾌히 대답하자 수 할머니는 물뿌리개가 어디에 있는지 알려주었다. 물을 채우다 보니 벽에 걸린 사진들이 눈에 띄었다. 할머니가 훨씬 젊었을 때 찍은 결혼사진도 보였다. 체구는 똑같이 아담했지만, 그때는 소파가 아니라 어마어마하게 풍성한 웨딩드레스에 파묻혀 있었다. 할머니 옆엔 군복을 입은 남자가 서 있었다. 주변을 둘러보니 할머니의 남편인 듯한 이 남자가 군복을 입은 사진이 벽에 한가득 걸려 있었다.

수 할머니는 식물을 하나씩 가리키며 물을 얼마나 주어야 하는지 일일이 일러주었다. 물을 많이 주어야 하는 식물도 있었고, 아주 조금만 주어야 하는 식물도 있었다. 물뿌리개에 물을 몇 번이나 다시 채우고 나서야 일이 끝났다.

"일주일에 한 번씩 이렇게 해줄 수 있어요?"

"물론이죠." 나는 할머니의 부탁을 기꺼이 수락했다. 할머니가 드디어 내게 입을 열었단 것만으로도 기뻤다.

"좋아요. 이렇게 일을 도와주기만 한다면 계속 내 간호사로 있어도 되겠어. 다음엔 우체통에서 편지도 좀 가져다줘요."

"분부대로 하겠습니다!" 내가 환하게 웃으며 대답했다. 솔직히 말하면, 똑같이 되풀이되는 업무에서 벗어나 새로운 일을 하게 되어 오히려 더 좋았다.


그다음 방문에서 내가 편지를 챙겨 들고 와서 책상 위에 놓자 수 할머니는 답례로 고개를 까딱했다. 할머니로서는 엄청난 감사의 표시였다. 할머니는 지난번에 방문했을 때처럼 내가 평소에 건네는 질문의 답을 줄줄이 읊었다. 잠을 자고, 화장실에도 가고, 밥도 먹었다고. 나는 검진을 마무리하고 난 뒤 가방에 태블릿을 넣으며 심부름을 수행할 준비가 됐음을 넌지시 알렸다.

"침대 위에 빨래가 있을 거예요. 빨래는 갤 줄 알아요?"

잠시 내 빨래 개기 실력이 어떤지 곰곰이 생각해 본 후에 천천히 고개를 끄덕였다. "엄마한테 배웠어요. 할 수 있을 것 같아요."

내 말이 끝나자마자 수 할머니는 빨간 매니큐어를 칠한 얇고 긴 손가락으로 침실 쪽을 가리켰다. 할머니의 새하얀 침대는 말끔하게 정돈된 상태였는데, 침대 아래쪽엔 물결 모양으로 주름이 잡힌 섬세한 레이스가 장식되어 있었다. 근사한 방이었다. 침대 옆 협탁 위에는 결혼사진이 하나 더 있었다.

빨래 바구니를 들고 거실로 돌아와서 바닥에 털썩 주저앉아 빨래를 개다가, 내 운을 시험해 보기로 했다. "할머니 결혼사진 봤어요. 정말 아름다우시던걸요. 결혼 생활은 얼마나 하셨어요?"

"그리 길진 않았지." 할머니가 텔레비전 화면에 눈을 고정한 채 대답했다. "남편은 서른 전에 죽었어요. 전쟁 때문에."

"아드님이 형제자매가 세 명 더 있다고 하더라고요. 재혼을 하셨던 거예요?" 나는 비단처럼 부드러운 잠옷 상의 하나를 개면서 물었다. 수 할머니가 텔레비전을 끄고 나를 돌아봤다.

"남한테 관심이 많네요."

할머니의 기분을 상하게 했을까 봐 걱정됐다. "죄송해요. 그냥 할머니에 대해 알고 싶었을 뿐이에요." 내가 개다 만 잠옷에서 눈을 떼지 못하고 말했다.

"지금껏 나한테 그런 걸 물은 사람은 아무도 없었는데. 이 약 먹어라, 저 약 먹어라, 다른 의사한테 가봐라, 늘 그런 얘기만 했지." 할머니는 깊은 생각에 잠긴 듯 창밖을 응시하며 말했다.

나는 입을 다물고 빨래를 계속 개켰다. 조금 후에 수 할머니가 나를 바라보며 이야기를 시작했다. "재혼은 안 했어요. 우리가 결혼할 때 난 열여섯 살이었어요. 부모님들끼리 잘 아시는 사이였죠. 내 인생에 하나밖에 없는 사랑이었어요. 남편이 입대할 무렵 난 넷째 프레드를 임신하고 있었고요. 그이가 남산 같은 내 배에 손을 올리고 나한테 입을 맞추며 작별 인사를 하던 모습이 아직도 눈에 선해요. 남편을 다신 보지 못하리란 걸 알고 있었죠."

나는 수 할머니의 마지막 말에 빨래를 개던 손을 멈추고 고개를 들었다. 할머니는 입을 꼭 다문 채 생각에 빠져 있었다. 옛일을 떠올리는 듯했다. "상상도 할 수 없네요, 어떻게⋯⋯." 나는 말끝을 흐렸다. 해도 되는 말인지 확신이 없었다.

"그렇게 개키는 게 아니에요, 아가씨. 이리 줘요. 내가 하는 걸 봐요." 수 할머니는 대뜸 이렇게 말하더니 내 손에 있던 상의를 가져갔다. 나는 할머니가 한 치의 오차도 없이 완벽하게 옷을 개는 모습을 지켜봤다. 그 동안에도 방금 할머니에게 들은 이야기가 뇌리에서 떠나지 않았다. 뒷이야기가 궁금했다.

다음번에 수 할머니의 집을 찾았을 때, 할머니는 평소보다 숨 쉬는 데 어려움을 겪고 있었다. 눈에 보일 정도였다.

"할머니, 이러신 지 얼마나 됐어요?" 내가 물었다.

"어제부터요. 난 괜찮으니 걱정하지 마요."

청진기를 꺼내서 수 할머니의 가슴에 갖다 대기가 무섭게 호루라기를 불 때처럼 쌕쌕거리는 소리가 들렸다. 혈액 내 산소포화도를 측정하기 위해 맥박산소측정기를 꺼내 할머니의 싸늘한 손가락에 고정했다. 87퍼센트가 나왔다. 수치가 그리 나쁘지 않아 한숨이 놓였다. 그러나 그것도 잠시, 곧 할머니에게 내가 한 번도 다뤄본 적 없는 증상이 나타나고 있다는 사실을 깨닫곤 우왕좌왕하기 시작했다. 극심한 호흡곤란이었다. 마치 뭍으로 나왔다가 물로 돌아가는 길을 찾지 못한 물고기를 보는 듯했다.

잠시 방에서 나와 쿠마르 선생님에게 전화를 걸었다. 침착하게 행동하려고 했지만, 할머니가 새파랗게 질려가고 있어서 얼른 조치를 취하지 않으면 이대로 세상을 떠나겠다 싶었다.

"어떡해요, 선생님?" 나는 발을 동동 구르며 쿠마르 선생님에게 물었다.

"통증이 있으신가요? 어디가 불편하시대요?"

"아뇨, 통증은 없다고 하셨어요. 할머니께선 괜찮다고 하시지만 숨도 못 쉬고 쌕쌕거리시는 걸 그냥 두고 볼 수만은 없잖아요!"

"그래도 괜찮아요." 쿠마르 선생님이 차분한 목소리로 말했다. "간호학교에서 치료가 제일 중요하다고 배운 거 알아요. 학교에서 배운 대로라면 지금 같은 상황에선 몸에 커다란 바늘을 쑤셔 넣고, 피를 한 바가지 뽑고, 병원에 데려가서 수십 가지 약을 삼키게 해야 할 거예요. 더할지도 모르죠. 할머니께선 그런 걸 원하시는 게 아니에요. 그저 집에서 편안히 지내고 싶어 하실 뿐이죠. 배운 것과 달라서 당황스럽겠지만, 선생님은 해야 할 일을 하고 있는 겁니다. 할머니께선 이미 집에서 편안하게 계시니까요."

고개를 끄덕인 나는 쿠마르 선생님의 말이 제대로 와닿을 때까지 잠시 기다렸다. 어쩌면 더 필요한 게 없을지도 모른다. 아니, 오히려 덜어내야 할지도. 그들에게 필요한 건 그저 약간의 위안뿐일 것이다.

물론 쿠마르 선생님이 이야기한 호스피스의 역할 중에 내가 모르는 부분은 없었다. 하지만 그 일을 겪고 나서야 깨달았다. 검사를 더 하든 약을 늘리든 무슨 방법을 써서라도 무조건 환자를 치료해야 한다는 강박이 내 안에 뿌리 깊이 박혀 있었다는 사실을. 간호학교는 환자의 병을 완치하는 방법 혹은 완치하려고 노력하는 방법만 가르칠 뿐, 환자를 위안하는 방법은 거의 가르치지 않았다.

간호학교 2학년에 재학할 때였다. 반에서 단 네 명을 선정해 1년 동안 지역 병원에서 인턴으로 일할 기회를 주었다. 여름방학 때는 상근으로, 학기 중엔 시간제로 월급을 받으면서 선배 간호사에게 일을 배울 수 있었다. 나도 네 명 안에 들었기에 날아갈 듯 기뻤다.

매일 아침 나머지 인턴 셋과 함께 출근 시간을 찍고 나면 게시판에서 나에게 배정된 과제를 확인해야 했다.

인턴으로 일을 시작한 지 얼마 되지 않은 어느 날이었다. "난 내·외과 병동이야." 내가 앓는 소리를 내며 말했다. 별로 좋아하지 않는 곳이었다.

"난 중환자실." 이어서 친구 서머가 말했다. "헤더는 또 분만실이래." 서머와 나는 둘 다 분만실에 배정되기를 희망했었다.

"오늘 나랑 짝이죠?" 머리를 아래로 질끈 모아 묶은 중년의 간호사가 출근 시간을 찍으며 내게 이리로 오라고 손짓했다. 응급실에서 일하는 테리사였다. 지난주에 같이 일할 기회가 한 번 있었는데, 나는 그가 무척 마음에 들었다.

"그럼 좋겠지만 오늘은 내·외과 병동이에요." 내가 바로 앞의 게시판을 가리키며 대답했다.

"그러지 말고 나랑 있어요. 오늘 나하고 다니면 훨씬 많이 배울걸요? 어서요." 나는 테리사가 종종걸음으로 응급실로 가는 모습을 지켜보다가 고개를 돌려 서머를 봤다. 서머는 어깨를 으쓱해 보였다. 나도 똑같이 어깨를 으쓱하곤 서머에게 손을 흔들어 인사한 뒤 테리사를 따라잡기 위해 발걸음을 재촉했다.

"관리자님이 별로 안 좋아하실 텐데요." 내가 테리사와 속도를 맞추려고 애쓰면서 말했다.

"내가 시켰다고 해요. 관리자보다도 내가 여기서 더 오래 일했으니까 뭐라고 못 할 거예요." 테리사는 출입 카드로 잠긴 문을 열고 응급실로 들어갔다. 그러고는 내가 짐을 내려놓기도 전에 8호실로 급하게 달려갔다.

"테리사 선생님, 에피* 줘요. 당장요." 수술복을 입은 의사가 어깨 너머로 외쳤다. 어떻게든 다시 환자를 살려보려고 애쓰느라 이마엔 땀이 송골송골 맺혀 있었다. 테리사는 의사가 말하기도 전에 심정지가 왔을 때 필요한 온갖 도구와 약품을 보관하는 카트를 이미 뒤지고 있었다.

테리사가 손짓으로 나를 부르더니 침착하게 말했다. "에피 찾아봐요."

식은땀을 흘리며 카트를 뒤적거렸지만 에피는 도통 보이지 않았다. "전 그냥 뒤에서 보고 있을게요. 아직 준비가 덜 됐나 봐요." 나는 쩔쩔매며 뒤로 한 걸음 물러섰다.

테리사가 좀 전에 내게 일러준 바로 그곳에서 에피네프린을 집어 들더니 환자와 가장 가까운 곳에 있는 간호사에게 건넸다. "다음엔 시키는 일은 꼭 해요." 테리사가 명령했다. 당장이라도

---

* 에피네프린(epinephrine). 줄여서 'epi'라고도 하며 주로 응급실에서 환자의 혈압과 심박수를 급하게 올리고자 할 때 사용하는 약.

기절할 것만 같았다.

"반대 팔 혈관도 확보해야겠어요." 방에 있는 누군가가 말했다. 정맥주사를 놓을 때 필요한 물품을 챙기러 가던 테레사가 내 어깨를 힘주어 잡았다. 테리사는 고개를 저으며 거부하는 내게 가져온 물품들을 무작정 떠맡겼다.

"잘 들어요. 지금 내가 도와줄 때 하든지 나중에 혼자 하든지 둘 중 하나니까 알아서 해요." 나는 고개를 끄덕였다. 그리고 이 많은 사람이 지켜보는 와중에 혈관을 못 찾으면 어쩌나 걱정하며 떨리는 손으로 포장을 뜯었다. 테리사의 도움으로 다행히 한 번만에 혈관을 찾는 데 성공했다. 하지만 해냈다는 뿌듯함과 성취감은 뒤이은 의사의 사망 선고로 온데간데없이 사라져 버렸다.

"선고하겠습니다. 오전 7시 17분 사망하셨습니다." 모두 일제히 하던 일을 멈추고 방 밖으로 우르르 몰려 나갔다.

방에 남은 사람은 환자와 테리사, 나밖에 없었다. 테리사가 침대 옆 컴퓨터에 접속하는 동안 나는 방금 죽은 남자를 멍하니 바라봤다. 남자는 엉망진창이었다. 피부는 푸르죽죽하고, 옷은 다 뜯겨 나가서 너덜너덜했으며, 입에서는 튜브가 삐져나와 있었다. 침대보는 핏자국으로 얼룩덜룩하고 바닥엔 약병, 붕대, 포장재 등 온갖 쓰레기가 널브러져 있었다. 그가 어쩌다 이곳에 오게 됐는지, 이름이 뭔지, 몇 살인지 아무것도 아는 게 없었다.

미닫이문이 열리는 소리가 나서 뒤돌아보니 작은 체구의 여자가 방으로 들어오고 있었다. 여자의 얼굴은 눈물에 번진 마스카라로 얼룩덜룩했다. 그가 사망한 환자와 가까운 사이임이 분명해도 어떤 사이인지는 알 길이 없었다.

"유감입니다." 위로해야겠단 생각이 들어 여자에게 말을 건넸다.

"천천히 작별 인사 하시고 끝나면 알려주세요." 테리사가 말하며 내게 따라오라고 손짓했다.

"위로하고 있을 시간 없어요. 지금 당장 우리가 도와야 하는 환자가 셋이나 더 있다고요."

테리사의 말을 듣고도 잠시 망설였다. 문 뒤에서 여자가 우는 소리가 들렸다. 뭔가 단단히 잘못된 듯했다.

하지만 우리를 기다리는 환자가 많다는 테리사의 말도 옳았다. 그날 우리는 쉬지도 못하고 체감상 수백 명은 되는 환자를 돌봤다. 그들 모두 제각기 인생 최악의 날을 보내고 있을 터였다. 테리사는 나보다 나이가 훨씬 많은데도 육체적으로나 정신적으로나 결코 지치지 않는 것처럼 보였다. 그는 아무런 감정 소모 없이 이 환자를 돌보다가 곧바로 다음 환자에게 넘어갈 수 있었다. 반면 나는 지금 내 앞에 있는 환자의 가슴 아픈 사연을 들으면서도 그전 환자에 대한 생각을 떨쳐버리지 못했다. 환자에게 감정이입을 하지 않는 테리사의 능력이 부러웠고, 감정에 치우치지 않는 그의 태도를 닮고 싶었다. 나도 테리사처럼 동료 간호사와 의사에게 존경받는 간호사가 되고 싶었다.

그해 여름 내내 테리사가 하는 일을 그대로 따라 하며 그에게 배울 수 있는 모든 걸 배웠다. 그러면서 차츰 환자에게 감정이입을 하지 않고 당장 해야 할 일에 집중할 수 있게 됐다.

하루는 테리사와 함께 당뇨에 걸려 발통증을 호소하는 환자를 보고 있었다. "담당 선생님이 한 시간 내로 와서 봐줄 거예요." 테리사가 말했다.

"그럴 필요 없어요. 수술은 안 받을 거니까." 환자가 대꾸했다. 나는 환자의 발을 쳐다봤다. 분명 수술해야 하는 상태인 듯한데 왜 거부하는지 이해할 수 없었다.

"수술받지 않으면 돌아가실 거예요." 환자의 진료기록을 살펴본 테리사는 화면에서 한시도 눈을 떼지 않은 채 무덤덤하게 말했다.

"살 운명이라면 신이 날 살려주시겠죠."

"알았어요, 그럼." 테리사는 어깨를 으쓱하더니 방을 나갔고, 나도 그 뒤를 따랐다.

"멍청하긴." 나란히 복도를 걸어가며 테리사가 말했다.

"수술받아야 하는 건 저도 알겠어요. 근데 저분 말은 안 믿으세요?" 내가 물었다.

"전혀요. 응급실에서 일하는 사람치고 신을 믿는다는 사람은 단 한 명도 못 봤어요. 응급실에서 생기는 이런 끔찍한 일이 일어나도록 놔두는 신이라면 단 1초도 함께 있고 싶지 않아요."

내가 자라면서 배운 것과 병원에서 겪는 일 사이에 충돌이 일었다. 모두 신과 종교의 의미를 달리 생각하는 듯했다. 누가 맞고 누가 틀린지 어떻게 알겠는가. 나는 자라는 내내 신에게 늘 의지했고, 결코 신의 계획을 의심해서는 안 된다고 배웠다. 방금 응급실에서 만난 남자처럼 말이다. 하지만 테리사의 견해도 이해가 갔다. 내가 응급실에서 보낸 시간은 테리사가 그곳에서 보낸 시간에 비하면 아무것도 아니지만, 그렇게 짧은 기간에도 응급실에서 벌어지는 끔찍한 일을 충분히 경험할 수 있었다.

하지만 호스피스 간호사가 된 지금 나는 응급실에서 겪은 일과 전혀 다른 경험을 하고 있었다. 어떤 신을 믿든 신 자체를 믿지 않든 환자들은 영혼과 만나는 일을 경험하고 있었고, 나는 이런 현상을 차마 못 본 척할 수 없었다. 모두들 나와 인연을 맺고 점점 가까워지면서 믿고 사랑하게 된 사람들이었다. 나는 지금까지 믿어왔던 것처럼 이 문제가 흑과 백으로 딱 잘라 말할 수 있는 게 아님을 점차 깨닫게 됐다. 삶과 죽음 사이에 우리가 모르는 어떤 중간 세상In-Between이, 분명 존재했다.

응급실에서 인턴 간호사로 일할 때 배운 걸 전부 떨쳐버리려고 고개를 좌우로 세게 흔들었다. 그 당시의 나는 환자가 나를 찾으면 그들에게 위안이 아니라 치료를 해줘야 한다고 단단히 정해두고 있었다. 그리고 그 선을 넘지 않으려 안간힘을 썼다. 쿠마르 선생님과 내가 나눈 대화를 테리사가 듣는다면 어떤 반응을 보일지 잠시 상상해 봤다. 그러자 코웃음 치며 눈알을 굴리는 테리사의 모습이 선하게 그려졌다.

내가 마침내 입을 열었다. "그럼 선생님 말은…… 아무것도 하지 말라는 건가요?"

"네, 가족에게 전화해서 상황을 알려주기만 해요. 할머니께서 드시고 싶은 음식은 마음껏 잡수시게 해드리고, 하고 싶은 일을 하실 수 있도록 도와드리세요. 통증은 없는지 한 번 더 확인하고요. 혹시 통증이 느껴진다고 하시면 그때 다시 전화해요. 편찮으시면 안 되니까요. 그것만 하면 돼요. 할머니께서 만족하실 때까지요. 중요한 일을 하고 있다는 걸 잊지 마요. 세상이 인정해 주지 않더라도 말이에요."

쿠마르 선생님과 작별 인사를 나누고 전화를 끊었다. 내가 환자를 간호하는 일을 점차 새로운 시각에서 보기 시작한 순간이었다. 그때부터 '손을 놓는 일'도 뭔가를 하는 거라는 관점으로 내 일을 바라보게 됐다(간호학교나 이전 직장이었다면 결코 그렇게 생각하지 않았을 것이다). 그저 곁에 있어주는 것, 위로하고 연대하는 것, 중요한 건 바로 그것이었다. 이는 내게 엄청난 변화였다. 호스피스 간호사 일을 시작한 지 1년 반이 넘은 그 무렵까지도, 나는 내 역할이 환자를 살리는 게 아니란 사실을 알면서도 통증을 완화해 주는 등 환자에게 늘 뭔가를 해주려고 했기 때문이다. 하지만 이 순간 내가 할 수 있는 일은 할머니 곁에 있어주는 것 말곤 정말 아무것도 없었다.

수 할머니에게 돌아가서 담당 의사는 할머니를 편안하게 모시는 일에만 관심이 있다고 전했다.

"아, 이제야 안심하겠군요. 선생님이 응급차를 불러서 날 싣고 가려는 줄 알고 걱정했어요." 수 할머니의 목소리에 안도하는 기색이 역력했다. 옳은 결정을 내렸다고 생각하며 미소를 지었다.

"할 일 끝내고 나면 샌드위치 좀 만들어줄래요?" 할머니가 물었다.

"그럼요!" 내가 밝은 목소리로 대답했다. 쿠마르 선생님이 방금 한 말이 머릿속에서 들리는 듯했다. 우선 검진을 빠르게 진행하며 수 할머니에게 통증이 느껴지거나 불편한 곳이 없는 게 확실한지 세 번도 더 물어봤다. 할머니는 여전히 숨을 가쁘게 쉬면서도 이 정도는 이미 익숙해서 어떤 치료도 원치 않는다고 딱 잘라 말했다. 검진을 마무리하고 나서 태블릿을 치우며 할머니에게 어떤 샌드위치를 먹고 싶은지 자세히 말해달라고 했다. 세상에서 제일 맛있는 '칠면조 고기·스위스 치즈·토마토·마요네즈' 샌드위치를 만들겠다는 각오를 다지며 부엌으로 간 나는 식빵을 찾으려고 찬장을 열었다. "할머니, 식빵 더 없나요? 이건 유통기한이 지나서요." 내가 외쳤다.

"곰팡이가 피었어요?" 수 할머니가 소리쳤다.

나는 장갑을 낀 손으로 식빵 몇 조각을 꺼내 뒤집어 봤다. "곰팡이는 없어요. 그래도 새로 사 오는 게 낫겠어요."

"선생님, 괜찮으니까 그냥 그 식빵으로 만들어요. 샌드위치 가져오면 해주고 싶은 얘기가 몇 가지 있어요." 할머니가 말했다.

수 할머니가 하란 대로 샌드위치를 만들어 티 없이 하얗고 우아한 접시에 조심스레 옮겨 담았다. 간단히 끼니를 때우며 할머니는 대공황 시기에 자란 탓에 음식을 낭비하지 않는 습관이 생겨 지금까지도 그렇게 산다고 말해주었다. 또 집안 형편이 어려워 돈을 버느라 학교에 나가지 못하기도 했다고 덧붙였다. 대공황이 끝나고 20대에 들어선 할머니는 교사가 되기로 결심했었단다.

샌드위치를 다 먹고 난 수 할머니는 오늘은 여기까지라고 생각한 듯 이야기를 멈췄다. 그러고는 내게 빈 접시를 넘겨주며 이제 갈 시간이 됐다고 말했다. 접시를 깨끗이 씻어두고 떠나기 전 할머니에게 인사를 건넸지만, 대답은 돌아오지 않았다.

화분에 물 주는 날이 됐다. 도착해서 보니 수 할머니는 평소에 즐겨 입는 실내복과 실내화 대신 재킷과 치마를 아래위로 맞춰 입고 스타킹에 굽이 낮은 구두를 신고 있었다.

"오늘 아주 멋지신데요! 중요한 일이 있으세요?"

"글쎄요, 내 나이쯤 되면 중요한 일이랄 게 없어요. 그래도 교회 행사에 갈 생각을 하니 제법 신나는구먼. 이 나이 먹으면 하느님께 얼굴을 비치는 일이 점점 중요해지니."

"쭉 종교가 있으셨어요?" 내가 물었다.

"그럼, 난 늘 종교에서 위안을 찾았어요. 남편이 죽고 나선 더 그렇게 됐지. 선생님은 종교 있어요? 이 늙은이한테 뭐가 그리 궁금한 게 많은지, 원."

잠시 물뿌리개를 들고 서서 답을 고민해도 뭐라고 해야 할지 여전히 확신할 수 없었다. "독실한 집안에서 자라긴 했어요. 하지만…… 아직 잘 모르겠어요. 답을 알고 싶어요."

"이 세상엔 선생님하고 비슷한 사람이 생각보다 훨씬 많을 거예요. 난 곧 진실을 알게 되겠군요."

"두려우세요?" 질문하고 나서야 내가 말실수를 했다는 사실을 깨달았다.

"아뇨." 대답은 간단했다. 화분에 물을 주고 검진을 마무리하는 내내 자신이 곧 죽는다는 사실을 안다는 건 어떤 느낌일까,

하는 생각과 할머니가 신앙을 통해 마음의 평화를 찾아 다행이란 생각이 머릿속을 떠나지 않았다.

무척 오래전 일이었지만, 나도 한때는 수 할머니처럼 종교에서 마음의 평화를 찾았던 때가 있었다. 할머니와 대화를 나누다 보니 두렵고 막막했던 임신 초기에 교회가 내게 얼마나 큰 위안이 되었는지가 떠올랐다.

대학교 1학년을 마치고 여름방학을 보내려 집으로 막 돌아왔을 때였다. 장염 증상이 있었는데 나을 기미가 보이지 않았다. 내가 거듭 헛구역질하는 모습을 보다 못한 엄마가 말했다. "안 되겠다. 억지 부리지 말고 응급치료 센터에 가보자."

센터에 도착한 나는 로비에 앉아 건강상태를 묻는 질문지를 작성했다. 마지막 생리가 언제였느냐는 질문을 읽은 순간 머릿속에 온갖 생각이 다 들었다. 평소에도 생리가 불규칙한 편이긴 했지만, 지난달에도 심지어 지지난달에도 생리한 기억이 없었다. 그러다 갑자기 또 속이 울렁거리는 바람에 마지막 질문은 빈칸으로 남겨뒀다.

검사실에 들어가자 진한 분홍색 수술복을 입고 곱슬머리를 정수리까지 올려 묶은 키 큰 간호사가 투명한 컵을 내밀며 말했다.

"좋아요, 아가씨. 할 건 해야죠? 임신검사 먼저 할게요."

나는 엄마 눈을 피하며 화장실로 갔다.

내가 돌아오자 엄마가 나를 보고 물었다. "가능성 있니?"

"아니, 임신은 아니야."

내 말이 끝나자마자 기다렸단 듯 간호사가 검사실로 들어와 큰 소리로 검사 결과를 알렸다. "임신이네요."

내 두 눈에 눈물이 고였고, 엄마는 내 등을 토닥였다.

간호사는 서류에 뭔가를 쓰면서 나를 위로했다. "울지 마요, 아가씨. 선택할 수 있어요. 선택권이 없다고 하는 사람 말은 듣지 마요. 우리 몸이잖아요. 알겠죠?"

고개를 끄덕였다. 엄마와 나는 건물에서 나와 눈부신 햇살 속으로 걸어 들어갔다. 차를 타고 돌아가며 엄마가 내게 한 말은 이것뿐이었다. "엄만 널 평가할 생각도 없고, 내 생각을 너한테 강요하지도 않을 거야. 낳고 싶으면 낳으렴. 난 그것도 좋으니까. 낳기 싫다고 해도 비밀은 무덤까지 가져갈 테니 걱정하지 말고."

집에 돌아오자마자 어렸을 때 쓰던 방으로 곧장 올라가 침대에 누워 창밖을 내다봤다. 우리 집과 똑같이 생긴 집들이 바닷가 길을 따라 죽 늘어서 있었다. 그 집에 사는 가족들처럼 나도 내 가족이 생기기를 바랐다. 대학에서 만난 두 사람이 사랑에 빠지고, 졸업하고, 결혼하고, 아이를 낳아 이뤄진 가족. 그리고 그들이 바닷가에 마련한 작고 완벽한 집.

"나도 아직 저렇게 될 수 있어." 나는 다짐하듯 중얼거렸다. "지우면 아무도 모를 거야." 임신중절수술을 해주는 집 근처 병원을 검색해 봤다. 집에서 가장 가까운 병원을 찾아서 절차를 살펴본 뒤 월요일에 수술을 예약해야겠다고 결심했다. 엄마가 볼까 봐 전화번호를 적은 종잇조각을 협탁 서랍 안에 넣어뒀다. 엄마에게 병원에 같이 가달라고 부탁할 자신이 없었다. 그러기엔 너무 부끄러웠다.

다음 날 아침 잠에서 깨니 창문 사이로 햇빛이 흘러들어 오고 있었다. 욕실로 가서 샤워할 생각으로 옷을 벗었다. 거울에 비친 내 모습을 바라보며 뱃속에 있을 아기의 모습을 상상했다. 너무 생소해서 현실처럼 느껴지지도 않았다. 아래층으로 내려갔더니 엄마가 교회에 가려고 차 열쇠를 꺼내고 있었다. 엄마는 늘 일요일을 교회에서 보냈다. 집에 혼자 있다가는 쓸데없이 생각만 많아질 듯해 엄마에게 같이 가도 되느냐고 물었다. 그 무렵 나는 어쩌다 교회에 나가더라도 마치 남 이야기를 듣는 것처럼 한 귀로 듣고 한 귀로 흘리면서 몇 년을 보냈었다. 그래서 예배에 참석하더라도 내 결정이 흔들릴 일은 없다고 생각했다. 그저 혼자 있기는 싫었다. 엄마는 내 부탁에 놀란 듯했지만 별말 없이 고개를 끄덕였다. 아마도 엄마는 내 생각이 아이를 낳는 쪽으로 기울어서 내가 교회에 가고 싶어 한다고 생각했겠지만, 사실 그렇지 않았다.

우리가 도착한 교회는 내가 열일곱 살 때 부모님이 이혼하면서 엄마가 다니기 시작한 곳이었다. 나는 이번이 처음이었다. 살면서 본 교회 중 가장 아름다웠다. 사방이 유리인데, 가만히 귀를 기울이면 해변에 부딪치는 파도 소리가 들려왔다. 엄마와 나는 뒤쪽에 자리 잡고 앉아 찬송가를 따라 불렀다. 따분해서 자꾸 딴생각이 났다. 내가 여기를 왜 따라온다고 했는지 후회되기도 했다.

마침내 나이가 좀 있고 매끄러운 사제복을 입은 톰 신부님이 한 손엔 성경을, 다른 한 손엔 수첩을 들고 하늘로 두 팔을 치켜올렸다. 잠시 후 신부님은 손에 들고 있던 것들을 앞에 놓인 연단 위에 펼쳤다.

톰 신부님은 완벽한 침묵 속에서 성경과 수첩을 내려다보더니, 이윽고 수첩을 덮고 설교를 시작했다. "오늘 하려고 준비해둔 설교가 있었습니다. 꼬박 하루 동안 준비한 설교였어요. 그러나 하느님께서 제 도움이 필요한 누군가가 이곳에 와 있으니 그 사람을 위한 설교를 하라고 말씀하십니다."

톰 신부님의 말이 사람들의 이목을 끌려는 손쉬운 방편일 뿐이라고 생각한 나는 심드렁히 눈알을 굴렸다.

"하느님께서 우릴 위해 준비하신 계획은 때때로 우리를 힘들게 합니다." 본격적인 설교가 시작됐다. "우린 그럴 때마다 이렇게 불평하죠. '왜 하필 저인가요, 하느님? 왜 제게는 이런 삶을 주시고 저들이 누리는 쉬운 삶은 주지 않으시나요?'"

'꼭 내 얘기 같네.' 속으로 생각했다. '근데 뭐, 여기 있는 사람 절반한테 해당하는 말일걸.'

"예배당으로 들어오는 길에 아이 둘을 데려온 부부를 만났습니다." 신부님이 설교를 계속했다. "부부가 사진을 찍어달라고 부탁하더군요. 전 사진을 찍다가 신의 부름을 받았습니다. 지금 이곳에 있는 누군가는 이 부부의 삶을 우러러봅니다. 그 사람은 평범하고 안정적인 삶을 원합니다. 대학을 졸업하고, 결혼해서 아이를 둘 낳고, 평생 행복하게 사는 그런 삶 말이죠. 그러나 하느님께선 그 사람을 위해 다른 길을 계획하고 계십니다."

톰 신부님이 설교하는 동안 나는 곁눈질로 엄마를 슬쩍 쳐다봤다. 엄마는 신부님에게서 한순간도 눈을 떼지 않고 있었다. 급기야 나는 벗겨지고 깨진 손톱의 매니큐어를 긁어내기 시작했다.

"하느님께서 당신을 위해 계획하신 삶을 살려면 당신이 생각하는 이상적인 삶은 포기해야 할지도 모릅니다. 대학 생활도, 동아리 활동도, 지금 하는 일까지도 내려놓아야 할지 몰라요."

이번엔 아예 대놓고 옆을 돌아봤다. 엄마가 놀라서 입을 딱 벌리고 있었다. 놀라기는 나도 마찬가지였다. 내가 처한 상황의 아주 세세한 부분까지도 딱 들어맞은 것이었다. 하지만 주변을 슬쩍 둘러보니 내 또래 여자애들이 심심찮게 눈에 띄었다.

"그 아이를 꼭 낳아야 합니다." 설교는 계속 됐다. '잠깐, 이건 말이 안 되잖아!' 그러다 교회가 집과 무척 가깝단 사실이 뇌리를 스쳤다. 엄마가 꾸민 일이란 생각에 엄마를 흘겨봤다. 하지만 오늘날까지도 엄마는 교회에 있는 그 누구에게도 입도 뻥긋하지 않았으며, 그날 아침에 내가 교회에 같이 가겠다고 따라나설 줄은 꿈에도 몰랐다고 맹세한다.

"처음엔 쉽지 않을 테지만, 그 삶이야말로 당신을 위해 준비된 길입니다. 시간이 흐르면 알게 될 것입니다." 설교가 끝났다.

엄마와 함께 교회를 나서는 내 마음은 어느 때보다 혼란스러웠다. 우리 둘은 말없이 집으로 돌아왔다. 집에 도착한 나는 월요일이 될 때까지 깨어 있는 순간 내내 어떤 선택을 내려야 할지 고심했다.

월요일 아침, 병원 전화번호가 적힌 종이를 집어 들었지만 차마 전화를 걸 수 없었다. 톰 신부님 말이 맞으면 어떡하지? 이 길이 정말 내가 가야 할 길이라면? 아이가 있는 삶은 쉽지 않을 게 뻔했다. 그리고 그건 결코 내가 꿈꾸던 삶이 아니었다.

며칠이 몇 주가 됐다. 나는 결국 병원에 전화하지 않았다. 엄마가 내게 이제 산부인과에 가봐야 할 때가 됐다고 하기 전까지 우리는 아무도 이 문제에 관해 입도 떼지 않았다. 하지만 배는 점점 불러왔고, 결정을 내릴 수 있는 시간은 빠르게 줄어들어 갔다.

산부인과에 전화를 걸어 태아 검진을 예약하는 것으로 이제 내 운명이 바뀔 여지는 영영 사라져 버린 듯했다. 하지만 그제야 비로소 모든 일이 제자리를 찾은 듯한 기분이 들었다. 웬일인지 전혀 뜻밖의 장소에서 마음의 평화를 찾은 것이다.

시간이 흐르면서 결국 모든 게 지나간다는 말이 틀리지 않다는 사실을 알게 됐다. 그러나 그 여정은 무척 힘겹고 막막하다. 수 할머니와 맺은 관계에서도 이 사실이 여실히 증명되는 듯했다. 내가 수 할머니를 간호한 지 몇 달이 지나자 할머니는 어쩌다 내가 없는 날이면 검진을 거부해 버렸다. 할머니의 마음속에 간호사는 오로지 나 하나뿐이었다. 그래서 내가 갈 수 없으면 할머니는 통증이 있어도 그냥 참으며 내버려뒀다. 당연히 할머니가 아프지 않기를 바랐지만, 한편으로는 나를 포함해 호스피스 자체에 회의적이던 사람의 신뢰를 얻었단 사실에 자신감이 생겼다. 내가 할머니에게 온 마음을 쏟는다는 점을 할머니도 알고 있었다. 그걸 확실히 느낄 수 있었다. 이는 내가 옳은 길로 가고 있다는 징표 같았다. 더불어 쿠마르 선생님이 내게 했던 말에 힘을 실어주었다. 때로는 그저 곁에 머물면서 편히 쉴 수 있는 환경을 조성해 주는 것만으로도 충분하다는 것, 아니, 그게 전부라는 것 말이다.

수 할머니를 보살피는 동안 할머니는 자기가 살아온 인생 전부를 내게 이야기해 주었다. 나는 세계여행 이야기를 가장 좋아했다. 수 할머니와 할머니의 단짝 친구는 수년간 교사로 일하다가 돈이 넉넉히 모이자마자 일을 그만두고 2년 동안 함께 세계를 여행했었단다. 자식을 남겨두고 여행해서 마음이 쓰이지 않았느냐고 묻자 할머니가 말했다. "난 에펠탑을 봤고 애들은 엽서를 받았으니, 그거면 된 거 아닌가요?"

수 할머니는 행동이 빠르고 과감했다. 할머니의 나이와 몸 상태를 고려한다면 더더욱 그랬다. 처음에 차갑다고 생각했던 할머니의 태도는 사실 버려지거나 뒤에 남겨지고 싶지 않은 마음에서 오는 자기방어와 독특한 유머 감각이 합쳐져서 나온 것임을 차츰 알게 됐다. 나는 수 할머니 덕분에 세상이 나이 든 사람을 얼마나 외롭게 하는지 이해할 수 있었다.

할머니는 죽음을 두려워하지 않았다. 여기엔 신앙이 큰 역할을 했다. 그러나 죽음을 바라보는 할머니의 이런 자세는 신앙보다는, 당신의 표현을 그대로 옮기자면 "친구가 모두 골로 갔다"라는 사실을 바탕으로 한 것이었다.

"친구분이 모두 돌아가신 게 확실하긴 해요?" 내가 참다못해 물었다.

알고 보니 수 할머니도 확실하게는 몰랐다. 할머니와 이야기를 나누다 할머니가 인터넷을 써본 적이 한 번도 없단 사실을 알게 됐다. 그래서 어떤 날은 수 할머니가 나를 옆에 앉혀두고 친구가 정말로 전부 죽었는지 확인해 보기 위해 내게 구글에 친구 정보를 모두 검색하게 했다. 인터넷에 정보가 없으면 자식들의 연락처를 찾아내게 해서 직접 전화를 걸어 그 친구가 골로 간 게 맞는지 물어봤다(그렇다. 수 할머니는 한 글자도 틀리지 않고 정확히 이렇게 표현했다).

그러다 수 할머니의 친구 중 한 명이 죽지 않았다는 걸 알아냈다. 그것도 보통 친구가 아니라 교사로 같이 일하고 세계여행까지 함께한 그 친구였다. 그때부터 두 사람은 편지를 주고받기 시작했는데, 그 내용이 말도 안 되게 웃겼다. 둘은 마치 부모를 흉보는 10대 소녀 같았다. 다만 욕하는 대상이 부모가 아니라 자식이란 점만 달랐다. 수 할머니는 자식들이 자기를 억지로 플로리다주로 옮겨놓았다고 불평하고, 할머니 친구는 자식들이 자기를 요양원에 처박아 놓았다고 구시렁거렸다.

그렇게 편지를 주고받으며 생긴 세상과의 연결고리는 수 할머니에게 무척 큰 의미를 가졌다. 이를 통해 할머니의 삶이 확장

되는 모습을 옆에서 지켜보는 일 또한 아름다운 경험이었다. 간호학교에서는 한 번도 배운 적이 없었지만 화분에 물을 주고, 샌드위치를 만들고, 할머니에게 인터넷 사용법을 알려주고, 할머니를 위해 편지를 부치는 건 내가 하는 다른 업무와 똑같이 중요했다.

어느 날 아침 8시 정각, 야간 당직 간호사에게서 다급한 전화가 걸려왔다. 수 할머니가 밤새도록 숨을 잘 쉬지 못했다는 것이었다. 당직 간호사가 할머니를 도와주려고 할머니의 집으로 갔지만, 당연하게도 할머니는 도움을 거부하고 응급차도 부르지 못하게 했다. 당직 간호사는 수 할머니가 나를 찾고 있으며, 내가 언제쯤 집으로 와줄 수 있는지 알고 싶어 한다고 말했다.

25분도 채 안 되어 수 할머니의 집에 도착했다. 고속도로를 그렇게 질주했는데도 속도위반 딱지를 떼지 않은 게 다행이었다. 할머니는 잠옷 차림으로 침대에 누워 있었다. 언제나 새벽 6시면 옷을 갖춰 입고 립스틱까지 바르고 있었던 분이라 뭔가 심상치 않은 기분이 들었다. 할머니는 산소호흡기를 끼고 있으면서도 여전히 호흡이 불안정했다. 당황스러웠다. 그 무렵 수 할머니와 나는 몇 개월을 함께한 사이였다. 아직 할머니를 떠나보낼 자신이 없었다. 할머니가 아픈 것도 보기 싫었다. 잠시 감정이 북받쳐 올랐지만, 곧 그간 받은 교육이 효과를 내기 시작해 바로 '간호사 해들리' 모드로 전환할 수 있었다. 약물을 투여하고 산소 공급량을 조금 늘리자 다행히 호흡이 정상으로 돌아왔다. 오늘은 그날이 아니란 걸 알고 나서야 우리는 비로소 긴장을 늦출 수 있었다.

수 할머니의 침대에 걸터앉아 안도하며 한숨을 내쉬었다.

"얼마나 무서웠는지 몰라요. 내 믿음을 단 한 번도 의심한 적이 없는데, 곧 죽는다고 생각하니 딴생각이 들더군요." 할머니가 내 눈을 바라보며 말했다.

고개를 끄덕인 나는 수 할머니 손 위에 내 손을 포개면서 몇 달 전 할머니가 내게 해주었던 말을 그대로 되풀이해 들려주었다. "이 세상엔 할머니하고 비슷한 사람이 생각보다 훨씬 많을 거예요."

얼마 지나지 않아 수 할머니의 아들이 도착했다. 나는 할머니의 통증을 조절하려면 약을 어떻게 줘야 하는지 알려주었다. 다음 환자가 있어 계속 그곳에 있을 수는 없지만, 할머니에게 내가 스물네 시간 대기하고 있을 테니 언제든 연락하라고 당부하며 집을 나섰다. 할머니가 고통에 시달리다가 세상을 떠나는 모습을 생각하면 견딜 수가 없었다. 칼 할아버지의 임종을 지켜주지 못한 게 못내 아쉬워, 수 할머니의 마지막 순간은 꼭 함께하고 싶었다. 그래서 회사 사람 모두에게 할머니의 임종이 가까워진 듯하면 내게 꼭 연락해 달라고 말해둘 작정이었다. 야간 당직 간호사에게 호출이 올 때까지 기다리고만 있을 수는 없었다.

다음으로는 우리 회사 소속 스티브 목사님에게 연락을 취했다. 할아버지뻘인 스티브 목사님은 벌써 40년째 성직자로 활동하고 있었다. 내가 아는 한 단 하루도 일을 빠지지 않았을 정도로 믿음직스러운 사람이었다. 그는 쉬는 날엔 낚시를 즐기곤 했다. 사적인 이야기는 많이 하지 않았지만, 어쩌다 한 번씩 목사님의 오래된 휴대폰에서 물고기를 들고 있는 흐릿한 사진을 보게 될 때면 사진 속 그와는 전혀 다른 사람 같았다. 끝단을 대충 자른 반바지와 선글라스, 슬리퍼는 목사님이 일할 때 입는 반듯한 정장과 극명한 대비를 이뤘다. 나는 호스피스 회사로 오기 전에 근무한 요양원에서부터 목사님과 함께 일했다. 스티브 목사님은 만나는 모든 이에게 진심으로 마음을 쏟는 사람이었다. 여러 해가 지나면서 나와 크리스도 목사님과 점차 가까운 관계가 됐다. 스티브 목사님은 당연히 신앙심이 깊었지만, 종교와 상관없이 모든 환자에게 그 시점에 필요한 걸 제공하며 긍정의 기운을 불어넣는 역할을 했다. 스티브 목사님은 지난 몇 달간 일주일에 한 번씩 방문하며 수 할머니와 웬만큼 가까워졌다. 그러나 함께 성경을 읽고 기도를 올린 그조차도 굳게 닫힌 할머니의 마음을 열고 진정으로 친해질 수는 없었다고 고백했다.

"수 할머니께 시간이 얼마 남지 않은 것 같아요." 내가 목사님에게 알렸다.

"그럼 얼른 신부님께 연락해서 마지막 예배를 드릴 때 와줄 수 있으신지 여쭤볼게요." 목사님이 나를 안심시키며 말했다.

다음 날 아침, 나는 스티브 목사님과 함께 수 할머니의 침대 옆에 서 있었다. 할머니의 호흡은 여전히 불안정했지만, 그래도 모르핀 투여량을 늘린 덕분에 어제보다는 나았다.

"신부님께서 곧 오실 거예요." 스티브 목사님이 말했다.

말이 끝나기가 무섭게 긴 사제복을 입은 노인이 방으로 들어왔다. 나는 곧바로 그 노인을 알아봤다. 내 삶이 송두리째 바뀐 바로 그날, 수년 전 엄마와 함께 교회에 갔던 그날 이후 신부님을 만난 건 처음이었다.

"오셨군요, 톰 신부님. 와주셔서 고맙습니다." 스티브 목사님이 톰 신부님을 맞이했다. "이쪽은 간호사인 해들리 선생님이에요. 이분은 수 할머니시고요."

"할머니, 안녕하세요." 톰 신부님이 수 할머니의 침대 곁에 무릎을 꿇으며 말했다. 그들이 만나는 모습을 지켜보고 있자니 몸이 떨렸다. 톰 신부님은 내가 누군지 전혀 모르겠지만, 어쨌거나 그는 내 인생에 엄청난 영향을 미친 사람이었다. 고개를 숙인 채 기도하는 신부님의 목소리를 들었다. 지난 몇 년간 머릿속에서 수없이 울리던 바로 그 목소리였다.

나는 이제 톰 신부님의 예배에 참석했던 임신 중인 열아홉 살 소녀와는 무척 다른 삶을 살고 있었다. 아이를 낳고, 간호학교를 졸업하고, 집을 마련하고, 전문 간호사로 생계를 이어나가고 있었다. 언젠가 결혼하고 싶은 남자친구도 있었다. 신부님 덕분에 내 인생이 얼마나 바뀌었는지, 그를 붙잡고 그동안 살아온 이야기를 하고 싶었지만 지금은 그럴 때가 아니었다. 이 순간은 오직 수 할머니를 위한 것이었으므로 신부님이 할머니를 위해 기도하는 목소리에 집중하려고 모든 노력을 다했다.

예배가 막바지에 이르자 우리는 톰 신부님이 시키는 대로 다 함께 손을 맞잡고 주기도문을 외웠다. 내게도 너무나 친숙한 기도문을 모두 한목소리로 읊고 있자니 가슴이 벅차올랐다. 종교적인 이유 때문이 아니었다. 이 방에 함께 있는 세 사람에게 내가 품은 진실한 사랑 때문이었다.

이틀 밤이 지난 뒤에 응급 호출이 왔다. 수 할머니가 숨을 못

쉰다는 소식이었다. 할머니의 집으로 운전하면서 생각했다. 환자의 죽음을 두려워하는 내가 과연 좋은 호스피스 간호사라 할 수 있을까? 하지만 그런 의문은 수 할머니의 집에 발을 디디는 순간 흔적도 없이 사라져 버렸다. 전엔 느껴보지 못한 평화로운 공기가 나를 감싸안았다. 수 할머니는 침대에 누워 힘겹게 숨을 몰아쉬면서도…… 얼굴엔 미소가 가득했다. 아마도 모르핀 때문이겠지 싶었다.

"할머니, 좀 어떠세요?" 내가 수 할머니의 코에 삽입된 산소호흡기를 바로잡으며 물었다.

"곧 남편과 같이 있을 생각에 무척 신나요. 지금 선생님 바로 옆에 와 있거든." 할머니가 말했다.

내 옆에 아무도 없단 걸 알아도 그 무렵엔 이런 일이 낯설지 않아서 할머니에게 어떤 질문도 하지 않았다. 그래도 여전히 찌릿한 느낌이 내 몸을 훑고 지나갔다. 하지만 이번엔 할머니가 죽은 남편이 보인다고 해서 그런 게 아니었다. 이것이 할머니에게 시간이 얼마 남지 않은 것을 알려주는 신호이기 때문이었다. 할머니가 곧 잠들겠다는 예감이 들어 서둘러 물었다. "두려우세요, 할머니?"

"남편이 날 데리러 왔는데 두려울 리가 있나요? 드디어 이 사람과 함께할 수 있는걸요." 할머니는 눈을 감은 채 희미한 미소를 지으며 말했다.

　나도 미소를 지어 보이려고 했다. 수 할머니에게는 잘된 일이었지만, 곧 할머니를 잃는다는 생각에 슬픔이 몰려왔다. 우리가 함께한 아홉 달은 처음 예상보다 몇 달은 더 긴 시간이었다. 그러나 나는 여전히 할머니를 떠나보낼 자신이 없었다. 약병을 열어 주사기에 약을 채운 다음 양이 맞는지 확인했다. 주사를 놓으려고 수 할머니 곁에 무릎을 꿇고 앉자 할머니가 눈을 뜨고 나를 바라봤다.

　"그이가 오늘 밤이라고 하는군요." 할머니가 거칠게 숨을 몰아쉬며 말했다.

　내 볼을 타고 눈물이 흘러내렸다. "네, 할머니." 나직하게 대답했다. 무슨 말이든 더 하면 눈물이 터져버릴 것만 같았다.

　수 할머니는 얼굴에 미소를 띠고 있었다. 할머니가 여전히 눈을 감은 채 말했다. "언젠가 선생님이 세상을 떠날 때가 되면 천국에서 선생님을 마중 나갈 사람이 줄지어 기다리겠지만, 전부 비켜야 할 거예요. 내가 제일 먼저 선생님을 안아줄 거니까요." 수개월 동안 수 할머니에게 위안이 되려고, 내가 할머니를 진심으로 위한다는 사실을 전하려고 온 힘을 다해 노력했더니 지금은 되레 할머니가 날 위로하고 있었다.

　더는 참지 못하고 흐느껴 울기 시작했다. 얼굴에 흐르는 눈물과 콧물을 애써 닦아냈다. 할머니에게 내 기분을 전가하고 싶진 않았다. 몇 분 후 조금 진정되자 마지막으로 다시 한번 할머니가 통증을 느끼진 않는지 확인했다. 할머니는 천사처럼 쌔근쌔근 자고 있었다. 완벽히 평온한 얼굴이었다.

그날 밤 잠자리에 드는데, 금방이라도 호출이 올 것 같은 불길한 예감이 들었다.

아침 7시에 알람이 울리는 소리를 듣고 화들짝 놀라 잠에서 깼다. 간밤에 온 전화를 받지 못한 건 아닌지 당황해하며 휴대폰을 확인했지만 부재중 전화는 없었다. 커피를 한 잔 따르고 출근할 준비를 하면서도 휴대폰 소리가 최대로 올라가 있는지, 놓친 전화는 없는지 몇 분마다 확인했다. 오전 8시 정각이 되자 수 할머니의 아들에게 전화를 걸었다.

"프레드, 저 해들리예요. 할머니께선 좀 어떠신가요?" 내가 물었다.

프레드는 잠자코 있더니 차분한 목소리로 말했다. "오늘 새벽 3시쯤 돌아가셨어요. 평화로운 임종이었습니다. 다른 간호사 선생님이 다 처리해 줬어요."

"죄, 죄송해요. 전혀 몰랐어요. 임종을 지켜드리고 싶어서 꼭 연락해 달라고 회사 사람들에게 신신당부했는데…… 전달이 안 됐나 봐요. 정말 죄송해요." 내가 당혹스러워하며 더듬거렸다.

"엄마가 돌아가시면서 선생님한테 전화하지 말라고 당부하셨어요. 선생님이 많이 힘들어할 거라고 아빠가 그러셨대요."

프레드의 말을 듣자 내 눈에서 눈물이 하염없이 흘러내렸다. 맞는 말이었다.

모든 환자의 시간이 그렇듯 수 할머니의 시간도 한정되어 있음을 늘 알고 있었다. 그래도 할머니는 내 인생의 일부이자 일상 그 자체가 된 지 오래였다. 매주 월, 수, 금요일 오후 3시만 되면 수 할머니의 집으로 가서 화분에 물을 주고, 샌드위치를 만들고, 도움이 될 만한 일은 뭐든 하며 할머니의 인생 이야기에 귀를 기울이곤 했었는데 이제 그 시간을 어떻게 보내야 할지 상상조차 할 수 없었다.

며칠 후, 스티브 목사님이 신문 한 부를 손에 들고 사무실로 들어왔다. "선생님이 꼭 봐야 할 게 있어요." 목사님이 신문을 내게 건네며 말했다.

수 할머니의 부고 기사였다. 기사엔 놀랍게도 내 이름과 함께 그동안 간호해 주어서 고맙단 말이 쓰여 있었다. 기사를 읽으면서도 믿기지 않아 눈물이 났다. 6년 동안 호스피스 간호사로 일하며 내가 환자의 부고 기사에 언급된 건 딱 세 번뿐인데, 그중 첫 번째가 바로 수 할머니의 부고 기사였다. 수 할머니의 긴 인생을 짤막하게 요약한 단 몇 줄 안에 내 이름을 올릴 수 있어서,

사람들이 영원토록 기억할 할머니의 마지막과 함께할 수 있어서 무척 각별하게 느껴졌다.

  나 또한, 수 할머니를 영원토록 기억할 것이다.

시간이 흐르면서 결국 모든 게 지나간다는 말이
틀리지 않다는 사실을 알게 됐다.

# 저마다 누군가의
# 사랑이었음을

: 샌드라 :

그날 방문할 예정이던 두 번째 환자의 집 앞에 차를 세우고 잠시 앉아 있는데, 트래비스에게서 전화가 걸려 왔다. "저예요, 해들리 선생님! 오늘도 많이 바쁜가요?"

"정신없이 바쁘네요." 내가 답했다. 이미 예정보다 늦어져서 점심 식사는 건너뛰어야 할 판이었다.

"그래도 뭐 어쩌겠어요. 신규 가입이 한 건 잡혔어요. 지금 선생님 있는 곳 근처예요."

"오늘 볼 환자가 네 명이나 돼요. 다른 분이 해주시면 안 될까요?" 내가 한 옥타브 높아진 목소리로 항의했다.

"네, 안 돼요." 트래비스는 단칼에 거절하곤 전화를 끊었다.

짜증이 치솟아 오르는 걸 느끼며 오늘 방문하려던 환자 네 명의 연락처를 찾았다. 시간 약속 하나는 잘 지키는 편이란 사실에 자부심을 느꼈던 터라 일정을 변경해야 하는 이 상황이 몹시 거슬렸다. 곧 만날 참이었던 환자의 아들에게 전화를 걸어 오늘 약속을 다음 주로 미뤄야겠다고 말했다. "선생님의 환한 얼굴만 볼 수 있다면 약속을 언제로 미루든 상관없어요." 심한 남부 억양의 대답이 돌아왔다. 그 말을 듣자 곧바로 긴장이 풀렸다.

잠시 호흡을 고르고 정신을 가다듬었다. 그리고 태블릿을 열어 새로 맡게 된 환자 샌드라에 관한 정보를 읽기 시작했다. 샌드라는 유방암을 앓는 50세 여성으로, 지금 당장 호스피스 환자로 받아준다 해도 전혀 이상할 게 없는 상태였다. 죄책감이 몰려들었다. 누군가의 아내이자 엄마이고, 또 다른 누군가에게는 가장 친한 친구이기도 할 사람이 죽어가는데 고작 일정을 바꾸는 작은 번거로움 때문에 짜증을 냈다니. 샌드라의 진료기록을 쭉 훑어봤다. 석 달 전 암을 진단받아 항암 치료를 시도했지만 그때는 이미 뼈와 폐, 간까지 암이 전이된 상황이었다. 황폐해질 대로 황폐해진 몸 상태에 담당 의사가 결국 호스피스를 제안하게 된 것이었다. 비공식 소견엔 샌드라가 심각한 통증에 시달리고 있으며, 일주일도 채 살지 못할 거라고 쓰여 있었다. 나는 내비게이션에 집 주소를 입력하고 샌드라의 집으로 향했다.

몇 분 후 바닷가 바로 옆 완만한 경사를 이룬 진입로에 차를 세웠다. 진입로 한가운데엔 거품을 내며 물을 뿜는 분수가 있고, 테슬라 자동차 한 대가 차고 밖에 주차되어 있었다(차고 밖에 있는 차가 테슬라라면 차고 안엔 어떤 차가 있을지 궁금했다). 집은 예상대로 으리으리했다. 누구나 한 번쯤 살아보기를 꿈꾸는 그런 집이었다. 흠잡을 데 없이 완벽했다.

문득 주눅이 들었다. 이런 집에 사는 사람은 대체로 스물몇 살 먹은 간호사가 하는 조언은 잘 듣지 않기 마련이니까. "글쎄요, 의사 친구에게 한번 물어보고 결정할게요." 나는 이런 반응을 듣는 데 익숙했다. 이토록 부유한 부부라면 이번에도 똑같겠지 싶어 덜컥 겁이 났다.

서비스업 종사자 모드로 내가 지을 수 있는 가장 밝은 미소를 장착한 뒤에 마음을 다잡고 현관문을 두드렸다. 피곤한 기색이 역력한 50대 남자가 나를 맞이했다. 샌드라의 남편 조지였다. 조지는 한마디도 하지 않고 안으로 들어오라고 손짓하더니 곧바로 뒤돌아서서 집 안으로 다시 들어갔다. 나는 쭈뼛대며 조지를 따라 널찍한 현관에 들어섰다. 진입로에 세워진 테슬라 자동차 크기만 한 거대한 샹들리에에 시선을 빼앗겨, 조지가 경황이 없어 미안하다고 사과하고 있다는 걸 한참 뒤에야 깨달았다.

"괜찮으니 걱정하지 마세요." 조지를 안심시켰다. 혹시 주방을 청소하거나 바닥을 닦는 가사도우미나 다른 가족이 있을까 싶어 주변을 둘러봤지만 아무도 보이지 않았다.

바닥부터 천장까지 통유리로 된 거실 창을 통해 손을 뻗으면 닿을 것처럼 아름다운 바다 풍경이 펼쳐졌다. 샌드라는 소파에 앉아 창밖을 응시하고 있었다. 말할 것도 없이 몹시 쇠약해진 몸이었지만 자세엔 흐트러짐이 없었다. 소심하게 호스피스에서 나온 간호사라고 나를 소개했다. 나를 돌아보는 샌드라의 눈엔 눈물이 그렁그렁했다.

"와줘서 정말 고마워요." 샌드라가 말했다. "통증이 너무 심했거든요."

걱정이 몰려왔다. 병원에서는 필요하면 자체적으로 운영하거나 근처에 있는 약국에서 곧바로 약을 구할 수 있지만, 집에서는 그렇게 간단히 약을 처방받을 수 없었다. 샌드라가 불필요한 통증을 느끼지 않기를 바랐다.

통증에 무슨 약을 썼는지 묻자 샌드라는 남편이 방금 노르코를 주었다고 대답했다. 노르코는 아세트아미노펜(타이레놀)과 히드로코돈(오피오이드)이 함유된 약물로, 효과는 좋아도 암성통증을 줄여줄 만큼 센 약은 아니었다. 더욱이 암이 뼈까지 전이된 상황이라면 약효는 훨씬 줄어들 터였다. 샌드라가 처방전대로 노르코 최소량을, 그것도 여섯 시간마다 한 번씩 쓴다는 말을 듣고 내 눈이 휘둥그레졌다.

깜짝 놀라 의사와 잠시 전화로 상의해 봐도 괜찮겠느냐고 물었다. 샌드라가 고개를 끄덕였다.

쿠마르 선생님에게 전화를 걸어 자초지종을 설명했다.

"맙소사." 선생님이 놀라며 말했다. "2분 안에 모르핀 처방전을 써서 약국에 팩스로 보낼게요."

안심한 나는 쿠마르 선생님에게 고맙다고 했다. 그러고는 조지에게 몸을 돌려 우리가 호스피스 등록 서류를 작성하는 동안 약국에 가 약을 타 올 사람이 있는지 물었다.

"저뿐이에요." 조지가 답했다. "남한테 맡길 일은 아니지 않나요. 제 아내니 제가 해야죠." 처음 듣는 대답이었다. 부자들은 대체로 부릴 사람을 늘 가까이에 두니까.

집에서 가장 가까운 약국에 전화를 걸자 자동응답기가 로봇 같은 목소리로 영업시간과 장소를 안내하더니, 이윽고 독감예방접종 할인 광고가 흘러나왔다. 약국 직원과 직접 통화하려고 연신 0번을 눌러도 아무 소용이 없었다. 눈물을 흘리는 샌드라를 앞에 두고 전화기를 붙들고 있자니 광고를 들으며 기다리는 1분이 한 시간처럼 느껴졌다.

마침내 약국 직원이 전화를 받았다. "약사 선생님과 통화할 수 있을까요?" 내가 다급하게 물었다. "저희 담당 선생님이 곧 팩스로 처방전을 보낼 거예요. 호스피스 환자에게 필요한 약이니 최대한 빨리 준비해 주세요." 딸깍하는 소리가 들렸다. 약국 직원이 전화를 끊은 줄 알고 놀라서 입이 딱 벌어졌다. 하지만 다행히도 곧 다른 사람이 전화를 받았다. 약사였다. '감사합니다, 하느님!' 내가 상황을 설명하자 약사는 15분 안에 약을 준비하겠다고 했다. 고맙다고 말하며 전화를 끊었다. 약사가 호스피스 일에 발 벗고 나서야 하는 건 아니라서, 그들이 적극적으로 도와주면 우리는 늘 그 노고에 감사한다.

조지가 약국으로 출발하자마자 쿠마르 선생님에게 전화해 남편을 기다리는 동안 샌드라가 안정할 수 있도록 도울 만한 일이 있는지 물었다. 그리고 선생님이 말한 대로 샌드라에게 노르코를 조금 더 주었다. 약효가 나타날 때까지 샌드라의 등을 쓸어내리며 차분한 목소리로 말을 건넸지만, 그는 여전히 통증 때문에 끙끙 앓았다. 소파 앞에 놓인 탁자에서 리모컨을 집어 들고 재생 버튼을 눌렀다. 노라 존스의 부드러운 목소리가 거실을 가득 채웠다. 쉬지 않고 샌드라의 등을 쓸며, 창밖으로 파도가 몰려와 해변에 부서지는 모습을 함께 말없이 바라봤다. 어느 정도 도움이 되는 듯했지만 그리 큰 효과는 없었다. 조지가 약국에서 약을 가지고 돌아왔을 때 나는 샌드라에게 지금도 통증이 여전한지 물었다. 샌드라는 눈물을 흘리며 고개를 끄덕였다. 나는 모르핀 부작용이 있는 건 아닌지 확인하려고 최소량만 주사했다.

샌드라는 내가 도착한 지 한 시간이 지나서야 비로소 통증 없이 편안하게 잠들었다. 샌드라의 남편도 겨우 한시름 놓은 듯했다. "고맙습니다." 조지가 조용히 말했다. "샌드라가 이렇게 편해 보이는 건 몇 달 만에 처음이네요. 저도 죽을 것처럼 힘들었어요." 조지는 황급히 고개를 돌렸지만, 나는 그가 단어 선택을 후회하며 얼굴을 찌푸리는 모습을 놓치지 않았다. 이해한다는 뜻으로 고개를 끄덕였다.

"약은 한 시간 반쯤 지난 뒤에 한 번 더 주세요. 주의해야 할 것과 약물 투여 시간도 적어줄게요. 다 기억하긴 어려우실 테니까요."

"고맙습니다. 큰 도움이 될 것 같군요. 실은 지금 정말 피곤하고 정신이 없어요."

가방에서 공책과 펜을 꺼냈다. "샌드라가 처음으로 모르핀을 맞은 게 30분 전이에요. 지금은 오후 2시고요. 의사 선생님이 필요하다면 두 시간에 한 번씩 모르핀을 줘도 괜찮다고 했어요." 조지가 고개를 끄덕였다. "한 가지 더요." 내가 덧붙였다. "샌드라가 말을 못 하게 될 때를 대비해 통증 강도를 판단하는 법을 알려드릴게요."

"샌드라가 말을 못 하다니요?" 조지가 물었다.

나는 잠시 머뭇거렸다. 안쓰럽게도 조지는 이미 너무 많은 일을 겪은 상태였다. 어쩌면 오늘은 여기서 마무리하는 게 나을지도 몰랐다. 그러다 문득 암 전문의가 진료기록에 남겨둔 소견이 떠올랐다. "일주일을 넘기지 못할 것으로 추정됨."

"세상을 떠날 때가 되면 의사소통 능력을 잃기도 해요." 최대한 부드럽게 말했다. "대개 그냥 잠만 자는 것처럼 보이죠."

잠든 아내를 바라보는 조지의 눈이 커졌다.

"물론 아직 그 정도는 아니에요." 나는 조지를 얼른 안심시켰다. 조지는 한시름 놓은 듯했지만, 여전히 마음이 쓰이는 눈치였다. "오늘 많이 힘들었죠? 제가 내일 다시 오는 건 어떨까요?" 내가 제안했다.

"그럼 저흰 너무 감사하죠, 선생님."

차로 돌아가 메시지를 확인했다. 크리스에게서 전화해 달라는 문자가 와 있었다. 심장이 빨리 뛰기 시작했다. 크리스는 내가 일하는 시간엔 절대 이런 문자를 보내는 법이 없었다.

연결음이 두 번 울리고 나서 크리스가 전화를 받았다. "해들리, 우리 엄마 일이야. 지금 응급실에 와 있어." 곧바로 두려움이 나를 덮쳤다. 크리스의 엄마 바베트는 우리가 만나기 전 악성 뇌종양의 한 종류인 교모세포종을 진단받았다. 당시 바베트는 고작 쉰세 살이었으나, 첫 진단에서 살날이 몇 달밖에 남지 않았단 말을 들었다. 그 뒤 거의 2년이 흘렀지만 바베트는 여전히 살아 있었다. 그래서 우리는 지금 이 순간을 덤으로 주어진 시간으로 여기며 살았다. 바베트가 검사받는 날이면 늘 축하할 일이나 절망할 일이 생겼는데 마지막 MRI 검사에서는 종양이 커지지 않았기에 당시 우리는 그의 상태가 안정적인 줄 알았다.

어떨 때는 바베트가 아픈 사람이란 사실마저 쉽게 잊곤 했다. 전직 간호사답게 성격이 불같은 바베트는 겉보기엔 전혀 환자 같지 않았다. 내가 일하면서 만나는 뇌종양을 앓는 호스피스 환자들이 한눈에 아픈 사람처럼 보이는 데 비해 바베트는 너무 건강해 보여서 늘 깜짝 놀랐다. 하지만 얼마 남지 않은 그의 죽음은 불길한 먹구름처럼 우리에게 서서히 어두운 그림자를 드리웠다. 비가 언제 쏟아질지는 정확히 알 수 없지만, 얼른 피난처를 찾지 않는다면 곧 그 비에 쫄딱 젖을 게 분명했다. 하지만 피난처나 탈출구 같은 건 세상에 존재하지 않았다. 그래서 우리는 가만히 서서 그저 비가 내리기를 기다렸다. 오늘 같은 이런 전화 말이다.

우리가 데이트를 한 지 몇 주도 채 되지 않아 크리스의 부모님을 처음으로 만나게 됐을 때, 나는 잔뜩 겁을 먹었다. 연애 초반에 비치발리볼을 하다가 만난 어떤 커플이 뉴올리언스에서 주말을 함께 보내자며 우리를 초대한 적이 있었다. 연애를 시작한 지 얼마 되지 않았던 때라 망설여졌지만, 재미있을 듯하고 브로디도 우리 엄마가 봐주기로 해서 결국 초대에 응했다. 그런데 크리스가 부모님에게 나와 둘이 여행을 가게 됐다고 말하자 두 분은 그 전에 기필코 나를 봐야겠다며, 그 고집을 꺾지 않았다.

남자친구의 가족을 만나는 것 자체가 부담되기도 했다. 하지만 무엇보다 크리스의 부모님이 내가 싱글 맘이란 사실을 탐탁지 않게 여길까 봐 걱정스러웠다. 미혼의 의료인 아들을 둔 엄마가 이런 조건의 여자친구를 반길 리는 없었다. 바베트가 전직 간호사란 사실도 나를 긴장하게 했다. 보건교사로 경력을 쌓기 시작한 바베트는 차근차근 한 단계씩 올라간 끝에 조지아주 전역의 보건교사를 위한 조직인 조지아보건교사협회의 회장이 됐다. 뇌종양을 진단받고 얼마 지나지 않아 그 자리에서 물러나야 했으니, 바베트가 얼마나 참담한 기분일지는 쉽게 예상할 수 있었다.

크리스의 부모님을 만나기로 한 날 저녁이었다. 크리스가 바닷가 바로 앞 식당에 주차하는 동안 나는 초조해하며 원피스 치맛자락을 만지작거렸다. "좋아하실 테니까 걱정 마." 내가 긴장한 걸 눈치챈 크리스가 말했다.

크리스의 말대로 될 리는 없다고 생각했지만, 그래도 미소를 머금고 고개를 끄덕였다. 그런 다음 차에서 내려 크리스와 팔짱을 끼고 식당으로 들어갔다.

좌석이 점점 가까워지자 회색빛 머리카락을 매끈하게 정리해 뒤로 넘기고 근사한 셔츠를 입은 남자와, 체구가 아주 작은 금발 머리 여자가 함께 앉아 있는 모습이 눈에 들어왔다. 맞은편엔 두 자리가 비어 있었다. 우리를 먼저 알아본 크리스의 아빠 톰이 바베트에게 우리가 도착했다고 손짓으로 알렸다. 크리스는 우리를 맞이하러 자리에서 일어난 톰과 바베트에게 나를 소개했다.

"안녕하세요." 내가 얼마나 어색해하는지 그들이 알아채지 못하기를 바라며 미소를 지었다. 톰과 바베트가 돌아가며 크리스와 나를 한 번씩 안아주자 내 마음은 훨씬 편안해졌다.

자리에 앉은 바베트가 나를 돌아보며 말했다. "간호사라고 들었어요."

"네, 맞아요." 나는 물을 한 모금 마시며 고개를 끄덕였다.

"간호학교 생활은 어땠는지 말해줄래요?"

스스럼없는 바베트의 태도에 약간 놀라 크리스를 쳐다봤지만, 그는 톰과 대화하느라 여념이 없었다. "아, 정식으로 간호사가 된 지는 1년쯤 됐어요." 내가 입을 뗐다.

"앞으로도 계속 간호사로 일할 생각이에요? 아이가 있다고 들었는데."

"네, 그럴 계획이에요." 내가 답했다.

"난 아이들이 어렸을 땐 집에 있었어요." 바베트가 자기 경험을 털어놓았다. "중요한 문제죠. 경력은 어디 가지 않지만, 육아는 때를 놓치면 안 되니까요."

크리스가 들었는지 우리 대화에 황급히 끼어들어 톰에게 하던 뉴올리언스 여행 이야기로 화제를 돌렸다.

저녁 늦게 식사를 마치고 헤어질 때 바베트는 크리스에게 사랑한다고, 그가 자랑스럽다고 말했다. 크리스가 무척 훌륭한 분들을 부모로 됐다는 사실은 충분히 알게 됐다. 그러나 내게 아이가 있단 사실을 바베트가 어떻게 생각할지는 짐작이 가지 않았다. 더구나 그들은 누가 봐도 끈끈한 가족이었기에 나와 브로디가 낄 자리는 어디에도 없어 보였다. 이런 이야기를 하면 크리스는 말도 안 되는 걱정이라고 말할 게 뻔했다. 하지만 나는 젊은 싱글 맘으로 살며 어쩔 수 없이 타인의 시선에 극도로 예민해질 수밖에 없었고, 그런 우려는 종종 현실로 드러났다.

함께한 시간은 얼마 되지 않았지만, 크리스는…… 여느 남자와는 확실히 달랐다. 벌써 나는 크리스와 결혼할 생각까지 하고 있었다. 그러나 그날 같은 일이 있을 때면, 내가 브로디와 나를 위해 꿈꿔온 지극히 평범한 삶에 우리가 닿을 수나 있을까 하는 의문이 어쩔 수 없이 머릿속을 채웠다.

처음으로 톰과 바베트를 만났던 그해를 보내며, 나와 브로디는 그들과도 차츰 가까운 사이가 됐다. 병원으로 차를 몰고 가며 아직 바베트를 떠나보낼 준비가 되지 않았음을 실감했다.

응급실로 들어서는데 위에서 비추는 밝은 불빛 때문에 순간적으로 앞이 보이지 않았다. 이 병원은 내가 간호사가 되려고 교육을 받은 곳이자 1년 동안 응급실에서 유급 인턴으로 일한 바로 그곳이기도 했다. 응급실 안쪽으로 들어가며 크리스네 가족을 찾아 두리번거리다가 간호사실에 모여 수군거리는 한 무리를 발견했다. 거의 다 내가 아는 얼굴이었다.

나를 등지고 선 간호사가 하는 말이 귀에 들려왔다. "우리더러 대체 뭘 어쩌란 건지……. 암 환자라 할 수 있는 게 없잖아요. 시간 낭비라고요." 내가 다가가자 간호사가 인기척을 느꼈는지 뒤를 돌아봤다. 나는 걸음을 멈추고 우뚝 섰다. 테리사였다. 내게 많은 걸 가르쳐준 간호사. 내가 존경하고, 우러러보고, 닮고 싶었던 사람. 테리사가 말하는 환자가 바베트란 건 의심할 여지가 없었다.

테리사와 나는 눈이 마주쳤지만, 둘 다 아무 말도 하지 않았다. 나는 테리사가 어떤 사람인지 너무나 잘 알았다. 응급실에서 일할 때 테리사가 환자를 대하는 모습을 옆에서 지켜봤으니 당연히 그럴 수밖에 없었다. 그러다 문득 그 시절의 내가 얼마나 큰 잘못을 저질렀는지 똑똑히 깨달았다. 내가 돌본 환자들은 저마다 누군가의 바베트이자 누군가의 사랑이었다. 뼈아픈 깨달음이었다. 간호사실 주변에 빙 둘러서서 테리사의 말에 동조하지도, 그렇다고 그 말을 비난하지도 않는 간호사들이 보였다. 그러자 테리사가 환자와 보호자를 대하는 태도가 마음에 들지 않을 때조차 그들처럼 나도 별말 없이 순응했던 시절이 저절로 떠올랐다.

크리스의 목소리가 들려서 돌아봤다. 그가 4호실 문 앞에 서서 나를 부르고 있었다. 나는 그쪽으로 가기 전 한 번 더 테리사를 바라봤다. 그렇게 눈길을 주고받는 내내 우리는 단 한마디도 하지 않았다.

방으로 들어가자 침대에 누운 바베트가 나를 보고 희미한 미소를 지었다. 눈에 띄게 쇠약해진 상태였다. 톰이 침대 옆 의자에 가만히 앉아 감정을 억누르고 있었다. 바베트의 손을 잡은 톰은 그의 혈압을 측정하고 있는 병원 활력징후 모니터에서 눈을 떼지 않았다.

"뭐가 문제였을까요?" 내가 바베트에게 물었다.

"독감이나 그런 비슷한 것에 감염된 게 아닌가 싶어." 바베트가 대답했다. "주치의한테 연락했더니 여기로 가라고 하더라고. 응급실엔 오기 싫었는데, 항암 치료를 계속하려면 우선 제대로 된 처치를 받으라나 뭐라나."

나는 고개를 끄덕인 다음 마침 방으로 들어온 테리사에게 자리를 비켜주었다. 테리사는 바베트의 최근 활력징후 측정값을 불러오려고 모니터의 버튼을 눌렀다.

"아주 좋아요." 테리사가 투명한 액체가 든 주사기를 바베트의 정맥에 찔러 넣으려고 하며 말했다.

바베트가 테리사의 손을 살짝 밀쳤다. "잠깐만요, 무슨 약이죠?" 바베트가 물었다.

"마음에 안 드시면 굳이 놓진 않을게요." 주사기를 떼며 테리사가 말했다.

"그게 아니라 그냥 무슨 약인지 알고 싶을 뿐이에요." 바베트가 바로잡았다.

"담당 의사 선생님이 처방한 약이에요. 직접 선생님한테 얘기해 보시든가요."

테리사에게 교육받을 때, 그가 '헛소리 금지'라고 직접 이름 붙인 간호 방식을 무척 멋지다고 생각했다. 하지만 이젠 깨달았다. 그 방식은 그저 무례한 태도일 뿐이었다. 바베트는 금방이라도 테리사와 싸움을 시작할 기세였지만, 평화의 수호자인 톰이 중재에 나섰다.

"무슨 약인지 이름만 알려주면 고맙겠습니다. 그거면 돼요." 테리사에게 톰이 말했다.

다음 날 아침, 전날 밤 당직이었던 간호사에게 전화를 걸어 밤새 내 환자에게서 응급 호출이 오지 않았는지 확인했다. "베티 할머니께서 넘어지셨어요. 제가 가서 보긴 했는데, 오른쪽 팔에 상처가 나셨으니 오늘 한 번 더 확인해 줘요. 붕대는 내일 교체하면 될 거예요. 그리고 한 시간 반쯤 전에 로버트 할아버지께서 선생님을 찾으셨어요. 아직 아침 7시밖에 되지 않았으니 9시경에 선생님이 연락할 거라고 말씀드렸어요. 그게 다예요." 샌드라에게서 온 전화가 없다는 게 놀라웠다.

당직 간호사와 통화를 끝내고 나서 샌드라의 남편에게 전화를 걸었다.

"선생님, 안녕하세요!" 조지가 어제와는 전혀 다른 목소리로 전화를 받았다.

"어젯밤에 별일 없었나요?" 내가 물었다.

"아무 일도 없었습니다! 이렇게 잘 잔 게 얼마 만인지 모르겠네요. 약 먹을 시간이 돼서 샌드라를 두 번 깨운 걸 제외하면 우리 둘 다 아주 푹 잤거든요. 지금은 바깥에서 아침을 먹고 있어요. 아니 글쎄, 샌드라가 커피를 달라고 했다니까요. 지난 몇 달 동안 입에도 안 댔거든요." 조지가 신나서 말했다. 통증 조절의 힘이 얼마나 대단한지 새삼 깨달은 나는 슬며시 미소를 지었다.

"아침에 잠깐 들러도 될까요?" 내가 물었다.

"기다릴게요!"

한 시간 후, 어제와 전혀 딴판인 남자가 커다란 현관문 앞에서 나를 맞이했다. 정장 차림으로 커피를 든 조지에게서 더는 피곤한 기색을 찾아볼 수 없었다.

소파에 앉은 샌드라가 미소를 짓기에, 나도 미소를 띠었다. 내가 평소처럼 샌드라의 활력징후를 재고 신체 기능에 문제가 없는지 확인하는 동안 조지는 전화상으로 사업 관련 이야기를 나눴다.

"오늘은 바쁜가 봐요?" 내가 조지에게 말을 걸었다.

"일이 끝나질 않네요!" 조지가 큰 소리로 말했다. 나는 샌드라를 돌아보며 물었다. "샌드라는요? 아프기 전엔 직장에 다녔나요?"

"아, 아뇨." 샌드라가 답했다. "전 전업주부였어요. 저에겐 일거양득이었죠. 사랑 그리고 돈, 둘 다 가질 수 있었으니까요." 통증에서 벗어나니 샌드라는 상냥하고 온화한 기운을 자아내는 사람이었다. 나는 샌드라와 함께 웃고는 진료기록을 마저 작성한 다음 며칠 내로 다시 오겠다고 약속하며 집을 나왔다.

이렇다 할 일이 없이 몇 주가 흐르는 동안, 샌드라는 일주일을 넘기지 못하리란 의사의 예상을 뒤엎고 계속 삶을 이어갔다. 이로써 통증 조절이 얼마나 큰 역할을 하는지 또 한번 깨달았다. 물론 그렇다고 해도 샌드라가 말기암 환자란 사실은 변하지 않았다. 하지만 이제 그는 일상을 살고 있었다. 그리고 행복해했다. 화기애애한 정기 방문이 계속되면서, 나는 내 환자가 얼마나 대단한 사람인지 처음 알게 됐다. 사실 샌드라는 입양 아동을 후원하는 비영리 지역단체 여럿을 운영해 오던 사람이었다. '전업주부'는 겸손한 표현이었던 셈이다.

두어 달이 흐르며 서서히 기력을 잃어가는 동안에도 샌드라의 통증은 비교적 잘 조절됐다. 샌드라는 결국 걷는 능력을 잃었지만, 그 곁엔 항상 조지가 있었다. 조지는 내가 알려준 대로 샌드라를 휠체어에 안전하게 앉히는 법까지 배웠다. 남편이 사랑으로 보살핀 덕분에 샌드라의 얼굴에서는 웃음이 사라지지 않았다. 게다가 조지는 처음에 내게 했던 말대로 아내의 몸에 절대 다른 사람이 손을 대도록 내버려두지 않았다. 병문안을 온 친척들 또한 한 명도 빠짐없이 친절했으며, 호스피스 덕분에 샌드라가 잠깐이나마 삶다운 삶을 살 수 있게 된 걸 고마워했다.

샌드라와 조지는 권력과 지위가 있는데도 내가 그들에게 도움이 되는 결정을 내릴 수 있도록 나를 믿고 따라주었다. 그들과 함께 있을 때면 내 판단에 힘이 실리는 게 느껴졌고, 간호사로서의 자신감도 점점 쌓여갔다. 또 그들을 보고 있자면 처지가 어떻든 간에 그 누구도 죽음을 피해 갈 수 없단 사실을 매번 깨닫게 됐다. 어떤 울타리도 자연의 섭리로부터 우리를 보호할 만큼 튼튼하진 않았다. 죽음이 임박하면 사람은 모두 한결같이 같은 걸 원했다. 그건 바로 관심과 위로 그리고 유대감이었다.

샌드라가 호스피스를 받은 지 세 달쯤 지난 어느 날이었다. 사무실에 앉아 점심을 먹는데 전화벨이 울렸다. 샌드라네 집 전화번호가 뜨기에 조금 놀랐다. 샌드라 부부는 지금껏 단 한 번도 내게 전화를 건 적이 없었던 데다가, 한두 시간 전에 이미 그를 검진하고 왔기 때문이었다.

"선생님!" 전화를 받자 조지가 말했다. "샌드라가 평소 같지 않아요."

샌드위치를 내려놓고 차 열쇠를 챙기는데 목이 메어왔다. 차를 몰면서 환자와 감정적으로 지나치게 가까워지는 게 아니라고 이전처럼 나 자신을 타일렀다. 환자와 정서적 유대를 쌓으면 호스피스 간호사는 번아웃증후군을 겪고 결국 일을 그만두게 되곤 했다. 길을 건너는 여행객을 미처 보지 못해서 급하게 브레이크를 밟았다. 여행객이 내게 소리를 지르며 손가락으로 욕을 날렸다. 나는 그를 보며 생각했다. '해변에 놀러 갈 정도로 건강해서 좋겠군.'

이젠 익숙해진 진입로에 차를 세웠다. 차에서 내리며 손차양을 만들어 눈부신 햇살을 가렸다. 그러고는 잠시 지저귀는 새소리와 기분 좋은 산들바람에 흠뻑 젖어들었다. 우리 주변에서 벌어지는 온갖 비극에도 불구하고 세상은 평소처럼 잘만 굴러간다는 사실이 매번 놀라웠다.

문을 두드리기도 전에 조지가 현관문을 열고 나를 안쪽으로 안내했다. 샌드라는 창밖의 아름다운 바다 풍경을 마주보도록 놓인 의료용 침대에 누워 있었다. 분명 뭔가 달랐다. 집 안에 감도는 정적이 손에 잡힐 것만 같았다. 아침에 방문했을 때까지만 해도 샌드라에게는 말할 기운이 남아 있었다. 지금은 아니었다. 팔을 뻗어 샌드라의 손을 잡았다. 얼음장 같았다. 이미 숨을 거둔 건 아닐지 걱정하던 찰나 그가 거칠게 숨을 들이마셨다. 샌드라는 빠른 속도로 생명을 잃어가고 있었다. 어휘를 신중히 선택해 조지에게 이 사실을 전했다. 샌드라가 통증을 느끼지 않도록 약을 주사하고 나서 조지의 맞은편에 앉았다.

"얼마나 남았을까요?" 조지가 물었다.

"지금 상황으론 일흔두 시간도 채 남지 않은 것 같네요."

조지는 땅이 꺼져라 한숨을 쉬곤 얼굴을 쓸어내렸다. "우리 딸이 지금 시카고에서 오고 있어요. 제시간 안에 도착해야 할 텐데."

"전 여기에 있으면서 샌드라를 지켜볼까 해요. 물론 괜찮으시다면요."

"그렇게 해주면 좋겠어요. 또 할 수 있는 게 있을까요?"

"샌드라가 좋아하는 음악을 틀어두면 어떨까요." 내가 제안했다.

고개를 끄덕이며 방을 나간 조지가 조금 후 자그마한 휴대용 라디오와 에센셜 오일 디퓨저를 들고 돌아왔다. "샌드라가 좋아하는 거예요."

"완벽해요." 내가 격려하듯 미소를 보내며 말했다.

우리는 디퓨저를 켜고 노라 존스의 노래를 은은하게 틀어뒀다. 바다가 떠오르는 향이 공기 중에 퍼져 나갔다. 조지는 내 맞은편에 앉아 샌드라가 어떤 엄마인지 들려주었다. 샌드라가 딸에게 어찌나 헌신적인 엄마인지, 그 둘이 얼마나 닮았기에 다들 붕어빵이라고 하는지, 딸이 성인이 되고 나서도 둘이 얼마나 대화를 많이 하는지 이야기해 주었다. 곧 인생에서 가장 힘든 나날을 보내게 될 그들의 딸을 생각하니 가슴이 아팠다.

딸이 이제 차를 빌려서 공항을 출발한다고 전화했을 때, 조지가 딸에게 엄마의 죽음이 임박했음을 알리지 않았다는 사실을 알아챘다. 내 마음을 읽은 듯 조지가 말했다. "괜히 말했다가 차 사고라도 날까 봐요." 그 마음이 이해되어 고개를 끄덕였다. 조지는 아내의 손을 잡은 채 이야기를 계속했다. 눈엔 눈물이 그렁그렁해도 행복했던 시절을 추억하는지 얼굴엔 미소가 떠올랐다.

이야기하는 도중 방 안의 공기가 별안간 무거워졌다. 조지는 하던 말을 멈췄다. 우리는 일제히 고개를 돌려 샌드라를 바라봤다. 잠시 침묵이 흐른 뒤 조지가 입을 열었다. "이제 어떡하죠?"

중요한 결정을 내릴 때면 늘 그랬듯, 곧바로 확신에 찬 목소리로 말했다. "계속 그렇게 손을 잡고 말을 걸어줘요." 나는 샌드라의 다른 쪽 손을 잡고 그의 딸이 한시라도 빨리 도착하기를 조용히 기도했다.

조지가 샌드라에게 사랑한다고 말하는데 현관문이 열리는 소리가 들렸다. 안도감이 몰려왔다.

"엄마, 아빠! 저 왔어요!" 현관에서부터 목소리가 울려 퍼졌다. "방에다 가방만 내려놓고 갈게요. 잠깐이면 돼요!"

여전히 샌드라의 손을 잡고 있던 내 입에서 나도 모르게 말이 튀어나왔다. "지금 바로 와요!" 단호한 말투에 스스로도 깜짝 놀랐다.

잠시 후 나는 딸이 엄마의 손을 잡을 수 있도록 샌드라의 곁을 내어주었다. 샌드라를 본 딸은 너무 놀라 울부짖었다. 그리고 자기 엄마의 이마에 입을 맞추고서 사랑한다고 말했다.

바로 그 순간, 사랑받는 엄마이자 아내였던 샌드라가 마지막 숨을 거뒀다.

오늘날까지도 그날 얼마나 큰 기적이 일어났는지를 떠올리곤 한다. 딸이 도착하자마자 기다렸단 듯 숨을 거둔 샌드라. 죽기 전 마지막으로 한 번이라도 자식의 손을 잡아보려고 온 힘을 다해 버텼던 그는 마지막 순간까지 뼛속 깊이 엄마였다. 딸이 도착하자마자 샌드라가 세상을 떠난 게 결코 우연이 아니란 사실을, 나는 한 치도 의심하지 않는다.

호스피스 간호사로서 일하며 목격한 정경 중 가장 놀랍고 아름다운 건 바로 환자들이 세상을 등지는 시간을 스스로 택하는 모습이었다. 많은 이가 자기가 밤에 자러 갈 시간조차 정하지 못하지만, 죽는 시간만은 얼마간 좌우할 수 있는 게 아닌가 싶다. 내 환자 중엔 소중한 사람이 화장실에 가느라 자리를 비운 그 짧은 시간에 조용히 죽음을 택할 정도로 혼자서 죽겠다는 의지가 강한 사람도 있었고, 반면 샌드라처럼 사랑하는 사람이 자기 곁에 도착할 때까지 목숨을 붙잡고 기다리는 사람도 있었다.

그동안 비슷한 일을 수없이 봐온 터라 이젠 놀라지 않을 법도 한데, 이런 광경을 목격할 때마다 어김없이 마음을 빼앗기고 만다.

## ⑤ 꼭 케이크를 먹어요

: 엘리자베스 :

라디오에서 흘러나오는 크리스마스캐럴을 들으며 엘리자베스의 집으로 차를 몰았다. 어느 우중충한 겨울날이었다. 엘리자베스는 해변에서 몇 킬로미터쯤 떨어진 조용한 골목 끝자락에 살았다. 중산층이 모여 사는 동네지만 다른 지역에서는 상류층이 사는 구역으로 받아들여질 만한 곳이었다.

자신을 줄리아라고 소개한, 40대쯤으로 보이는 엘리자베스의 언니가 문을 열어주며 나를 안으로 안내했다. 집은 고요했다. 어디선가 식기세척기가 가볍게 윙윙거리며 돌아가는 소리만 들려왔다.

"간호조무사세요?" 내가 집 안으로 들어서자 줄리아가 대뜸 물었다.

"아뇨. 제가 간호사입니다." 차분하고 당당하게 말하려고 애썼다. 당시 나는 스물다섯 살이었다. 간호사가 된 지도 벌써 1년 반이나 됐다. 그렇지만 그때까지도 내가 열여덟 살도 안 되어 보인다고 말하는 환자가 많았다. 다른 일을 하다가 호스피스로 전직한 동료 간호사가 대부분인 탓에 나이 차가 많이 나서 나조차도 내 나이를 더 의식하게 됐다.

줄리아는 씁쓸하게 웃었다. "그렇군요. 만나서 반갑다고 해야겠지만, 그래도 선생님이 죽음의 천사처럼 느껴지는 건 어쩔 수 없네요."

무슨 말인지 안다는 뜻으로 고개를 끄덕인 뒤에 물었다. "엘리자베스와 함께 사시나요?"

"아뇨. 전 결혼도 했고, 아이도 둘이나 있어요. 그래도 같은 골목에 살아서 자주 오긴 해요. 전 거의 집에서 애들을 보거든요. 엘리자베스는 저 말고 다른 가족하곤 연락도 안 해요." 잠시 뜸을 들이던 줄리아가 말을 이었다. "이런 일이 생길 줄은 몰랐어요. 아빠가 심장도 안 좋고 하셔서 제일 먼저 돌아가실 줄 알았거든요. 어쩌다 이렇게 됐는지 모르겠네……." 줄리아는 시선을 떨구며 말끝을 흐렸다.

나는 고개를 끄덕였다. "제가 잘 보살펴 줄 테니 걱정하지 말아요."

줄리아가 무거운 한숨을 쉬곤 대답했다. "이런 게 인생인가 봐요." 코를 푼 줄리아는 왼쪽에 있는 복도로 나를 안내했다. "이쪽이에요. 먼저 가요."

고개를 끄덕이고 줄리아가 가리킨 쪽으로 걸어갔다. 내가 엘리자베스에 관해 아는 거라곤 진료기록에 적힌 내용뿐이었다.

"40세. 폐암. 수술과 항암 치료를 받았으나 차도 없음. 비흡연자. 가족력 없음. 원인 미상."

원인에 대한 어떠한 설명도 없는 이런 절망적인 진단을 받으면 어떤 기분일지 감히 상상조차 할 수 없었다. 분노로 가득한 환자를 만나게 될 듯해 마음의 준비를 단단히 했다. 호스피스 간호사에게 화를 쏟아내는 암 환자가 많다는 사실을 일찌감치 배운 터였다. 그럴 때마다 그들의 분노가 나를 향한 게 아니라고 되뇌었지만, 어떤 날은 조절이 잘되지 않을 때도 있었다.

방으로 들어가자 제일 먼저 침대 옆 협탁에 켜놓은 촛불이 눈에 띄었다. 리넨 냄새에 어우러진 레몬향이 코에 와 닿았다. 깨끗하고 희망적인 향기 같았다. 마지막으로 미소를 머금은 얼굴이 눈에 들어왔다. "이렇게 귀엽고 사랑스러운 분이 제 간호사라고요?" 엘리자베스가 말했다.

내 얼굴에 진심 어린 웃음이 번졌다. 약간의 안도감이 나를 훑고 지나갔다.

엘리자베스는 마흔살보다는 훨씬 더 어려 보이는 아름다운 여성이었다. 금발 머리에 눈동자는 푸른빛이고 피부는 도자기 인형처럼 매끄러웠다. 마르긴 해도 보라색 민소매 탱크톱을 입고 있어서 탄탄한 팔뚝이 그대로 드러났다.

"괜찮다면 활력징후 먼저 잴게요." 순간 엘리자베스의 미모에 주눅이 든 내가 말했다.

"물론이에요, 귀여운 간호사 선생님." 엘리자베스가 상냥한 목소리로 대답했다. 내가 긴장한 걸 알고 최대한 편하게 대해 주려 하는 것 같았다.

혈압계의 밴드를 팔에 두르며 엘리자베스에게 운동을 많이 하느냐고 물었다.

한숨을 쉰 엘리자베스가 미소를 띤 채 대답했다. "아, 요가를 가르쳤어요. 지금은 아니지만요."

고개를 끄덕이는데 얼굴이 화끈거렸다. 질문하기 전에 한 번 더 생각했어야 했다. 지금은 운동을 못 할 게 뻔했으니까. "125에 70이네요." 엘리자베스에게 알려주며 태블릿에 수치를 입력했다.

"선생님도 운동하시나 봐요." 엘리자베스가 말했다.

"네, 맞아요."

검진을 마무리하는데 엘리자베스가 다음 방문은 언제냐고 물었다.

"글쎄요, 꼭 제가 오지 않더라도 언제든 이 번호로 전화하면 돼요. 간호사가 스물네 시간 대기하고 있어요. 전 이번 주 안에 한 번 더 올 수 있을 거 같은데 어떠세요?"

"네, 좋아요."

줄리아는 현관문 앞까지 나를 배웅하며 내가 차를 후진시키는 모습을 지켜봤다. 나가는 길에 우체통이라도 칠까 봐 걱정하는 듯했다. 줄리아는 겉으로 보기엔 흠 잡을 데 없이 친절했지만, 엘리자베스처럼 다정하지는 않았다. 나를 지켜보며 내가 이 일을 감당할 수 있는지 평가하는 듯한 기분이 들었다.

다음 환자의 집으로 운전해 가면서 엘리자베스와 만난 일을 다시 한번 쭉 떠올려봤다. 엘리자베스에게 운동하느냐고 물었던 게 생각나 몸이 움츠러들었다. 바로 그날 아침, 침대에서 나온 나는 욕실 거울을 보면서 마음속으로 외모를 이리저리 뜯어봤다. 그러고는 차가운 체중계 위에 올라서서 가만히 결과를 기다렸다. 숫자 0이 세 번 깜빡, 깜빡, 깜빡거리더니 작은 화면 위에 52가 나타났다. 한숨을 쉬며 전날 밤 크리스와 파이 한 쪽을 나눠 먹은 걸 후회했다. 머리를 동그랗게 말아 대충 올려 묶고 검은 운동화를 신으며, 내가 처음 만났을 때보다 살이 쪄서 크리스가 나를 떠나면 어쩌나 걱정했다. 절대 50킬로그램을 넘으면 안 돼. 속으로 다시 한번 되뇌었다.

식이장애 증상은 내가 열네 살 때부터 나타나기 시작했다. 학교를 마치고 집에 돌아와 조리대 겸 보조 식탁에 있는 높고 둥근 의자에 앉아서 영어 숙제를 하고 있었다. 공기 중엔 마늘 냄새가 진동했고 내 등 뒤에 있는 텔레비전에서 「제퍼디!」*가 방영 중이었다.

"잠깐, 엄마 이거 알아! 중국!" 엄마가 허공에 나무 주걱을 휘두르며 외치고는 뿌듯한 표정으로 가스레인지 위에서 보글보글 끓는 액체를 저었다. "정답은 일본입니다!" 퀴즈 쇼 진행자가 소리쳤고, 우리는 깔깔거리며 웃었다.

"중국이라며, 엄마." 내가 엄마를 놀렸다.

옆에 있는 과자 봉지에서 감자칩을 하나 더 꺼내 기분 좋게 입으로 가져갔다. 엄마는 레드와인을 한 모금 더 마신 뒤에 자기만의 요리 비법을 줄줄 읊기 시작했다. 그러면서 나도 언젠가 내 가족을 위해 요리하는 사람이 되면 좋겠다는 바람을 다시 한번 드러냈다. 요리 이야기를 할 때 엄마의 손은 가만히 있을 줄 몰

---

* Jeopardy! 역사·문학·예술·과학 등 다양한 주제를 다루는 미국의 인기 퀴즈 쇼.

랐고 눈은 더없이 반짝거렸다.

현관문이 열리는 소리에 우리는 그쪽으로 고개를 돌렸다. 내가 봉지에서 과자를 하나 더 꺼내려는 찰나, 아빠가 나를 보지 못하고 그대로 지나쳐 부엌으로 들어갔다.

나는 안도하며 숨을 내쉬었다. 아빠는 무척 엄한 데다가 어디로 튈지 모르는 사람이라 늘 눈치가 보였다. 기분이 좋은 날이면 아빠는 현관의 그늘지붕 아래에서 기타를 치거나 가족을 위해 맛있는 고기를 구워주면서 오빠들과 내가 세상에서 최고라며 치켜세우곤 했다. 그러다 기분이 별로면 침대 위 베개 하나가 제자리에 놓여 있지 않다는 이유를 들며 누가 나 같은 말괄량이를 좋아하겠느냐고, 평생 결혼도 못 할 거라고 막말을 퍼부어 댔다.

"왜 그래요?" 엄마는 마치 숨으려는 사람처럼 어깨를 움츠리곤 고분고분하게 물었다.

"내가 무슨 생각을 했는지 알아?" 아빠가 부엌을 서성거리며 물었다. 손으로 머리카락을 쓸어 넘기며 부엌을 왔다 갔다 하는 아빠의 모습에 곧 큰일이 터지리란 걸 직감한 내게 불똥이 튀지 않길 바라며 최대한 가만히 있었다. "내가 뚱뚱한 사람과 같이 살게 될 줄은 꿈에도 몰랐단 생각." 아빠가 엄마를 향해 내뱉었다.

나는 휘둥그레진 눈으로 냄비 속 요리를 젓는 엄마를 바라봤다. 엄마는 나를 등지고 있었는데, 우는 모습을 들키지 않으려고 안간힘을 쓰는 게 분명했다.

엄마가 대답할 기미를 보이지 않자 아빠는 땅이 꺼지게 한숨을 내쉬곤 다시 집을 나섰다.

내 어린 시절은 이런 날의 연속이었다. 지금은 아빠가 당시에 했던 행동이 정상이 아니었음을 알게 됐지만, 그때는 그게 당연한 줄 알았다. 하지만 이날은 유독 다르게 다가왔다. 별안간 배가 고프지 않아졌다. 과자도, 저녁도 먹고 싶은 생각이 사라졌다. 엄마의 등과 허리를 보며 속으로 내 몸과 비교했다. 나는 엄마와 많이 닮았기에 아빠가 나도 뚱뚱하다고 생각하리란 결론에 이르렀다.

그 전까지는 내 몸매를 전혀 의식하지 않았다. 지금 와서 돌아보면 당시 난 날씬한 축에 속했지만, 그때는 그렇게 생각하지 않았다. 아빠가 저녁 식사 자리에서 내게 꼭 밥을 두 그릇이나 먹어야겠냐고 눈치를 주면서부터 몸매를 신경 쓰기 시작했다. 점점 내 몸에 지나치게 예민해졌다. 무슨 일이 있어도 특정 치수를 유지하려고 발버둥질쳤다. 내 성적표에 A와 B만 있을 때면 아빠가 나를 쇼핑몰에 데려가 옷을 사주곤 했으므로 아빠는 내 옷 치수가 얼마인지 알 수 있었다. 아빠는 내가 가장 작은 치수의 옷을 입어서 기분이 좋았다며 쇼핑을 다녀온 소감을 말하곤 했다.

이런 기억이 내 마음속에 뚜렷한 흔적을 남긴 건 맞다. 하지만 문제의 원인을 한 사람에게만 돌리는 건 옳지 않은 처사일 듯하다. 아빠의 양육 방식에도 나름의 이유가 있었을 테니까. 내 식이장애 증세가 심해진 건 사회 분위기 탓도 있었다. 당시엔「여름휴가 전까지 5킬로그램을 빼는 다섯 가지 방법」같은 제목의 기사가 청소년잡지에 버젓이 실리는 일이 흔했다. 또 어른들이 자기 몸매나 최신 유행 다이어트 이야기를 자주 입에 올리는 모습을 보며 이를 당연히 여기게 됐다.

고등학교에 다닐 때는 체중계에 찍히는 숫자를 학교 성적처럼 여겼다. 그 숫자가 내 가치를 그대로 반영하는 것 같았다. 성적이 잘 나오거나 몸무게가 줄어드는 건 축하할 일이고, 그 반대일 경우에는 타인에게 사랑받고 인정받고자 더 열심히 노력해야 했다.

몸무게를 향한 집착은 대학과 간호학교에 다니면서도, 심지어 간호사로 일하기 시작했을 무렵까지도 계속됐다. 폭식과 단식, 구토를 번갈아 하며 몸무게를 유지했다. 브로디를 가졌을 때는 입덧 때문에 매일같이 토했다. 엄마가 아니라고 해도 나는 음식을 억지로 게워내며 살아온 벌을 입덧으로 받는 것이라고 확신했다(물론 지금은 그때 내 생각이 틀렸었다는 걸 안다).

간호학교에 다니는 동안은 걱정이 끊일 새가 없었다. 돈 들 일이 자꾸 생기는 데다 아기를 키우면서 상위권 성적을 유지해 장학금도 계속 받아야 했다. 내 뜻대로 통제할 수 있는 건 몸무게밖에 없었다.

그러나 사실 그 무엇도 통제하지 못했다. 내가 잘하는 건 딱 하나, 증상을 감추는 것뿐이었다. 그런 탓에 내 식이장애 증상을 눈치챈 사람은 담당 교수인 로페즈 교수님이 유일했다. 아마도 로페즈 교수님이 정신과 간호사라서 그럴 수 있었던 것이리라.

"밥은 잘 챙겨 먹니?" 로페즈 교수님은 병원에서 열두 시간씩 보내야 하는 임상 수업 기간이 되면 이렇게 묻곤 했다.

"오늘은 바빠서 못 먹었어요." 나는 어깨를 으쓱하며 대답했다.

"지금 구내식당 가는 길인데 뭐 좀 갖다줄까? 내가 사줄 테니 걱정하지 말고." 로페즈 교수님이 온화한 미소를 지으며 말했다. "배가 든든해야 뭘 배워도 배우지."

어느 날 수업 시간에 로페즈 교수님이 내게 자기 자리로 나와보라고 손짓했다. 우리는 컴퓨터로 치르는 모의고사를 마무리하는 중이었다. 교실에선 에어컨이 윙윙거리는 소리만 들렸다.

"월요일 시험은 잘 준비하고 있니?" 내가 강의실 앞으로 나가자 교수님이 물었다.

"네, 그럭저럭 하고 있어요." 내가 답했다.

"모의고사 점수는 그렇지 않은데. 수업을 계속 들으려면 이번 시험에서 적어도 74점은 넘어야 하는 거 알지? 무슨 일 있어?"

망설여졌다. 친구인 서머를 빼면 나는 우리 반에서 제일 어린 편이며 유일한 싱글 맘이었다. 동기들은 대부분 부모뻘 되는 나이였다.

고민하다 사실을 털어놓았다. "아들이 요즘 잠을 통 안 자요. 이가 올라오고 있어서 시도 때도 없이 안아달라고 하거든요. 최근까진 아들이 장난감을 가지고 놀면 전 옆에서 공부도 할 겸 교과서를 큰 소리로 읽어줬었는데, 이젠 그것도 안 통하더라고요. 공부할 시간이 도통 나질 않네요."

고개를 끄덕이던 로페즈 교수님은 생각에 잠겨 턱을 문질렀다. "토요일 아침에 날 밝자마자 아들 데리고 내 사무실로 와. 책도 챙겨 오고."

교수님이 무슨 생각을 하는지 짐작이 가지 않았지만, 나는 일단 알겠다며 고개를 끄덕였다.

토요일 아침. 한 손엔 고집불통 아들을 안고 다른 한 손엔 책이 가득한 가방을 든 채 학교로 갔다. 로페즈 교수님이 환하게 웃으며 나를 맞이하더니 이윽고 내 품에서 브로디를 데려갔다.

"누가 그렇게 엄마 공부를 방해해요, 응?" 교수님이 부드러운 목소리로 말했다. "엄만 여기서 공부할 거니까 우린 엄마 공부에 방해되지 않게 조용히 놀자, 알겠지? 엄마가 모르는 게 있으면 선생님이 옆에서 알려줄 거란다."

안도감이 파도처럼 몰려왔다. 나는 빛의 속도로 가지고 온 책들을 꺼냈다. 모처럼 찾아온 좋은 기회를 최대한 의미 있게 쓰고 싶었다.

로페즈 교수님은 토요일 하루를 몽땅 브로디와 나에게 썼다. 월요일의 시험을 훨씬 잘 대비한 상태로 교수님의 사무실을 나설 수 있었다. 돌아오는 길에 브로디가 카 시트에서 잠든 덕분에 집에 도착해서도 서너 시간쯤 더 공부할 수 있었다. 로페즈 교수님과 노느라 진이 빠진 것이었다.

월요일 아침, 브로디를 어린이집에 데려다주고 나서 자신 있게 시험장으로 들어갔다. 시험 결과가 온라인에 올라오려면 보통 몇 시간 정도는 기다려야 하는데, 내가 시험을 치르고 자기 사무실 앞을 지나는 모습을 본 로페즈 교수님이 곧장 달려왔다.

"브로디 엄마, 해냈구나!" 교수님이 나를 껴안으며 말했다. "86점이야. 장하다, 해들리."

감사와 안도감이 뒤섞인 눈물을 흘리며 교수님 품에 안겼다.

로페즈 교수님은 내 가치를 믿고 나를 진정으로 위해준 사람이었다. 그런 교수님의 믿음이 모든 걸 바꿔놓았다. 정말 놀랍게도, 인생의 찰나에 머무른 사람이 그토록 엄청난 영향을 끼칠 수도 있다.

처음 방문한 지 며칠이 흐른 뒤 다시 엘리자베스의 침대 옆에 섰다. 그날은 크리스마스이브였다. 어떻게든 당일 내로 환자들을 다 방문하고 크리스 부모님네 집에 맡겨둔 브로디에게로 다시 가고 싶었다. 조금 전 점심때는 풍선과 케이크와 선물로 가득한 생일 파티를 브로디에게 열어준 참이었는데, 이제 크리스마스를 맞이하기 전에 나를 기다리는 환자를 모두 만나봐야 했다. 위계질서를 중시하는 간호사 세계엔 연휴에 신규 간호사가 일해야 한다는 규칙이 있었다. 간호사가 된 첫해엔 순진하게도 브로디의 생일을 함께 보낼 생각으로 크리스마스이브에 휴가를 신청했다가, 연휴에 쉬고 싶으면 교사나 되란 말을 들었다. 크리스마스이브에 일하는 게 분할 때마다 내가 브로디를 출산할 적에 우리 모자를 돌봐주느라 가족과 함께 있지 못했던 간호사 선생님들을 떠올렸다. 그러고 나면 휴일 근무가 조금은 괜찮아지곤 했다.

검진을 진행할 동안 이전에는 보이지 않던 작고 하얀 강아지가 엘리자베스의 침대 위에 만족스러운 표정으로 잠들어 있었다. 엘리자베스가 크리스마스를 혼자서 보내진 않겠다는 생각을 하니 기뻤다.

"통증은 없어요?" 내가 물었다.

"네, 전혀요." 엘리자베스가 답했다. "아프지 않아서 정말 다행이에요."

"속이 메슥거리거나 구역질이 나진 않고요?" 문득, 엘리자베스와는 전혀 다른 이유로 그날 아침 일부러 먹은 걸 게워냈던 내 모습이 떠올랐다.

"아뇨. 그저 기운이 없을 뿐이에요." 엘리자베스가 말했다. 나는 해당하는 칸에 체크 표시를 한 뒤 다음 질문으로 넘어갔다. 엘리자베스는 모든 질문에 정성껏 대답했다.

잠깐 말을 멈추고 진료기록에 뭐라고 적어야 할지 고민하는데, 엘리자베스가 입을 열었다. "선생님, 뭐 하나 털어놓아도 될까요?"

곧바로 태블릿을 덮어 발치에 둔 가방에 넣곤 엘리자베스에게 집중했다. "그럼요, 당연하죠."

"아프니까 여기 이렇게 앉아서 생각할 시간이 많아요. 딱히 할 게 없기도 하고요."

고개를 끄덕이곤 엘리자베스를 격려하듯 몸을 앞으로 기울였다.

"러닝머신 위에서 인생을 너무 많이 낭비한 거 같아요."

내가 예상한 흐름의 대화는 아니지만, 그래도 한번 엘리자베스의 말을 들어보고 싶었다.

"친구들이 바다에 놀러 가자고 했을 때, 뱃살이 부끄러워서 가지 않았던 일이 머릿속을 떠나지 않아요. 칼로리 계산에 너무 집착한 나머지 내가 직접 만든 음식만 먹느라 가지 못했던 생일 파티들도요. 심지어 내 생일마저도 친구들을 부르지 않고 그냥 건너뛰었어요. 케이크를 억지로 먹기 싫었거든요."

나도 모르게 숨을 참고 있던 걸 깨달았다. "제 얘긴 줄 알았어요." 한눈에도 그렇게 보였겠단 생각에 창피해져서 바닥만 내려다봤다.

엘리자베스는 내 눈을 똑바로 들여다보며 말했다. "선생님을 볼 때면 마치 내 모습을 보는 듯해서 이 얘기를 꼭 해주고 싶었어요. 난 내가 마흔에 죽게 될 줄 몰랐거든요. 항상 아직 시간이 많다고 생각했어요. 사랑하는 사람들과 시간을 더 많이 보내지 못해서 아쉬워요. 그때 그 빌어먹을 케이크를 그냥 먹어버릴 걸 그랬나 봐요."

"좋은 충고군요." 내가 나지막한 소리로 말했다. "케이크를 먹어라."

"네, 꼭 케이크를 먹어요." 엘리자베스가 침대에 도로 누우며 했던 말을 반복했다.

아무 말 없이 진료기록을 다 작성한 나는 엘리자베스에게 월요일에 또 오겠다고 약속한 뒤 헤어졌다.

크리스 부모님네 집으로 차를 운전해 가면서 엘리자베스가 했던 말을 곱씹었다. 사람들은 항상 내 몸을 보고 딱 좋다고만 했다. 하지만 이런 말도 보통 몇 킬로그램을 감량한 직후에나 들을 수 있었다. 브로디를 낳고 나서 '순식간에' 임신 전 몸매를 되찾았을 때도 같은 말을 들었다. 임신했을 때는 속이 메슥거려서 아무 일도 못 하다가, 브로디를 낳자마자 곧바로 미뤄뒀던 일들을 처리하고 둘이서 살아갈 안정적인 기반을 마련하느라 온종일 뛰어다닌 덕분이었다. 사람들에게 살이 빠졌단 소리를 들으면 언제나 기분이 좋았다. 왜 친구들끼리 한 저녁 약속을 건너뛰는지, 왜 절대 군것질을 하지 않는지 묻는 사람은 아무도 없었다. 하지만 엘리자베스도 로페즈 교수님이 그랬듯 뭔가 이상하다는 사실을 아는 것 같았다. 엘리자베스는 내 속을 거의 꿰뚫어 봤으니까.

바베트와 톰이 사는 콘도 주차장에 차를 대고 나서 백미러를 보고 립스틱을 덧바르며 기운을 차려보려 했다. 바베트는 암 환자이면서도 늘 밝았다. 이번 주처럼 검사 결과가 좋지 않을 때도 마찬가지였다. 몸도 마음도 지칠 대로 지쳐 있었지만 바베트의 긍정적인 태도에 찬물을 끼얹을 수는 없었다.

저녁을 준비하는지 현관문을 열자 맛있는 냄새가 풍겼다. 크리스마스를 함께 보내려고 멀리서 찾아온 친척들로 집이 북적북적하고, 축제 분위기가 물씬 났다. 집으로 들어가자 바베트와 함께 커다란 초록색 안락의자에 앉아 그의 손주들과 다 같이 가족 전통인 『크리스마스 전날 밤』을 읽고 있던 브로디가 나를 반겼다. 소파에서 일어난 크리스가 그 광경을 바라보는 나를 안고 입을 맞췄다. 심장이 터질 것만 같았다. 브로디와 나는 이제 둘이 아니라, 그 가족의 일부가 된 것이었다.

책을 다 읽자 바베트가 큰 소리로 외쳤다. "자, 이제 다 같이 크리스마스트리를 꾸며볼까?" 나는 와인 한 잔을 손에 들고 소파에 앉아 바베트가 오래된 트리 장식을 꺼내는 모습을 지켜봤다. '최고의 간호사'라고 적힌 트리 장식을 달 차례가 되자 바베트가 내게 말했다. "해들리, 이건 네가 달아주면 좋겠구나." 나는 웃으며 일어나 트리 장식을 건네받은 다음 빈 나뭇가지에 조심스레 달았다. "뭘 좀 아는 남자들이 꼭 간호사를 짝으로 고르잖아요. 그지, 여보?" 바베트가 톰에게 윙크하며 말했다.

이 모든 순간이 바베트에게는 곧 끝나버릴 찰나라고 생각하자 한순간 심장이 아렸다. 이번이 엄마와 보내는 마지막 크리스마스라고 거의 확신하고 있을 크리스를 생각하면 마음이 아팠다. 또 나와 내 아들을 가족의 일원으로 받아들여 준, 내가 사랑하게 된 이 강하고 불같은 성정의 여인이 머지않아 가족을 떠난다고 생각하니 가슴이 쓰라렸다.

다 함께 저녁을 먹었다. 작은 나무 식탁에 앉아서 먹기도 하고, 거실 여기저기에 흩어져서 먹기도 했다. 식사가 끝나갈 때쯤 바베트가 외쳤다. "자, 치즈케이크 먹을 사람?"

크리스는 정중하게 거절하고 나를 돌아보며 내 대답을 기다렸다. 크리스도 먹지 않는다고 했으니, 늘 그랬듯 나도 간단히 거절하면 될 일이었다. 하지만 치즈케이크가 당겼고 엘리자베스의 목소리가 여전히 내 귓가를 맴돌았다. 오늘 밤은 케이크를 먹을 작정이었다.

"당연히 먹어야죠." 내가 말했다.

크리스가 놀라서 눈을 크게 떴다. "생각을 바꿨어요, 엄마. 저도 좀 먹을게요."

바베트가 준 치즈케이크를 마지막 한 입까지 싹싹 긁어 먹었다. 케이크를 먹으면서 가족의 일원이 되어 그들과 함께 보내는 이 시간, 브로디와 내가 그토록 바라 마지않았던 이 순간을 온몸으로 느꼈다.

평소 같으면 집으로 가는 길에 뱃속에 그득한 음식을 신경 썼겠지만 이번엔 그러지 않았다. 그 대신 얼굴에 미소를 띠고 크리스마스 장식으로 반짝이는 거리를 내다보며, 크리스에게 가족과 함께 강아지 홀리를 데려왔던 어느 크리스마스 날 아침 이야기를 들었다. 나는 마음속으로 엘리자베스에게 감사했다. 앞으로 수백 번은 더 그럴 터였다. 한 번씩 마음이 약해질 때도 있긴 했지만, 그날 밤 이후 식이장애는 절대 재발하지 않았다.

집에 도착한 크리스와 나는 잠든 브로디를 조심스럽게 차에서 안아 올려 침대로 옮겼다. 우리는 곧 작업에 착수했다. 산타 할아버지가 브로디에게 주기로 약속한 선물, 거대한 장난감 소방서를 만드는 일이었다. 크리스가 작은 부품을 조립하는 동안 기나긴 시간이 흘러 시계는 이제 새벽 3시를 가리키고 있었다. "이 정도면 충분해." 우리가 만든 소방서를 이리저리 살피며 크리스에게 말했다. "뭐가 빠진 줄도 모를 거야."

크리스는 고개도 들지 않고 세상에서 제일 작은 드라이버로 세상에서 제일 작은 나사를 조였다. "충분한 걸로는 안 돼. 산타 할아버지는 늘 완벽하니까." 그가 중얼거렸다.

한 시간도 못 자고 크리스마스 날 아침 해가 뜨기 전에 일어났다. 선물이 전부 제자리에 있는지 확인했다. 산타 할아버지의 선물을 보고 행복해할 브로디의 얼굴을 얼른 보고 싶어 참을 수가 없었다. 브로디가 갖고 싶어 하는 선물을 모두 사줄 형편이 된 건 올해가 처음이었다. 지난 몇 해 동안은 산타 할아버지의 선물을 하나라도 주려면 크리스마스를 대비해서 다달이 10달러에서 15달러씩 돈을 모아둬야 했다. 브로디가 작고 따뜻한 몸뚱이를 내게 딱 붙이고 앉아 그해에 받은 하나뿐인 선물을 열어보는 동안, 나는 페이스북에서 널찍한 거실이 아이들에게 줄 선물로 가득한 사진을 보며 세상의 모든 '평범한' 가족을 부러워했다. 언젠가 브로디에게도 꼭 저렇게 해주어야겠다고 마음속으로 다짐했었는데, 드디어 그 다짐을 지키게 된 것이었다.

바로 그 순간 브로디의 방문이 열렸다. 이윽고 그의 작은 발이 크리스마스 날 아침의 설렘으로 쿵쾅거리며 마루를 뛰어오는 소리가 들렸다. 거실로 들어온 브로디의 얼굴이 기쁨으로 환해졌다. 뒤이어 크리스도 일어나 나왔다. 우리는 다 함께 둘러앉아 선물을 열어본 다음 겹겹이 쌓아 올린 따뜻한 팬케이크를 먹기 시작했다.

아침을 먹는데 전화벨이 울렸다. 내가 당직인 날이었고 오늘도 환자 몇 명을 보러 갈 계획이 잡혀 있긴 해도 출근 시간까지는 아직 30분도 넘게 남아 있었다. 전화를 건 사람은 임종봉사자이자 내 눈엔 거의 성인군자나 다름없는 자원봉사자 윌이었다. 윌은 보호자가 없는 환자가 혼자서 세상을 떠나지 않도록 그 곁에 있어주는 역할을 했다. 즉, 밤새도록 환자 곁을 지켜야 한다는 뜻이었다. "메리 크리스마스!" 윌이 말했다.

"메리 크리스마스." 나도 인사를 건넸다. "어젯밤에도 임종을 지켰어요? 크리스마스이브였는데요? 아직 보고 받기 전이라 몰랐어요."

"네, 엘리자베스랑 같이 있었어요."

팬케이크를 먹다 말고 멈칫했다. 윌의 입에서 절대 나오지 않기를 바랐던 바로 그 이름이었다. 어제까지만 해도 엘리자베스는 기운이 조금 없는 걸 빼면 큰 문제는 없었다.

"정말 미안해요, 윌. 상상도 못 했네요. 내가 갈까요? 크리스마스는 가족과 보내야죠."

"아뇨, 전 괜찮아요. 엘리자베스의 언니란 분이 상황을 알고 싶어 하는데 뭐라고 해야 할지 몰라서요. 트래비스가 오늘은 선생님이 엘리자베스를 보러 오는 날이니 한번 전화해 보라고 했어요."

"제가 곧 갈게요." 내가 약속했다.

엘리자베스의 집 앞에 주차하고 나니, 야자수에 빙빙 둘러놓은 크리스마스 전구가 기분 좋게 반짝이며 주위를 밝히는 모습이 보였다. 완벽한 플로리다의 크리스마스였다. 차를 타고 지나가다가 이 정경을 본다면, 누구든 집 안에서 펼쳐질 즐거운 크리스마스 아침 풍경을 떠올릴 것 같았다. 집주인이 이 세상에서의 마지막 순간을 보내고 있으리라곤 전혀 예상할 수 없으리라.

노크를 건너뛰고 들어갔다. 엘리자베스가 낯선 기분을 느끼지 않기를 바라서였다. 방으로 들어가자 엘리자베스의 침대 옆 의자에 앉아 있는 윌이 보였다. 윌에게 미소를 지어 보이며 여기 있어주어서 고맙다고 심심한 감사를 건넸다. 윌은 엘리자베스에게 손을 흔들어 인사하고 나서 자리를 떠났다. 나는 줄리아에게 엘리자베스의 상태를 말해주고자 검진을 시작했다. 엘리자베스의 얼굴은 화장기 없이 창백했고, 금발 머리는 헝클어져 있었다. 손가락은 푸르스름하고 싸늘했다. 나는 이불을 가슴 바로 아래까지 끌어 내린 다음 청진기를 꺼내 심장과 폐 소리를 들었다. 심장박동은 불규칙적이었고, 호흡은 빨라졌다가 느려지기를 반복했다. 숨을 쉴 때마다 폐에서 과자가 바사삭 부서지는 소리가 났다. 폐에 물이 찼음을 알려주는 징후였다.

손을 소독한 다음 휴대폰을 꺼내 줄리아에게 전화를 걸었다. 줄리아가 전화를 받자 수화기 너머로 그의 가족이 흥겹게 크리스마스 날 아침을 보내는 소리가 들렸다. 나는 줄리아에게 엘리자베스의 시간이 얼마 남지 않았으니 지금 바로 오는 게 좋겠다고 말했다. 줄리아는 최대한 빨리 가긴 하겠지만, 아이들이 엄마 없는 크리스마스 아침을 보내게 할 수는 없다고 말했다. "언젠가 아이가 생기면 선생님도 이해하게 될 거예요." 줄리아가 덧붙였다.

전화를 끊고 나자 방 안의 분위기가 심상치 않았다. 엘리자베스가 대답하지 못할 걸 알면서도 그에게 말을 걸기 시작했다. 주변을 더 '엘리자베스답게' 할 방법이 뭐가 있을지 머리를 쥐어짜는데, 현관문이 열리는 소리가 들렸다. 속으로 생각했다. '다행이야. 줄리아가 마음을 바꿨나 봐.'

"이게 무슨 일이에요, 엘리자베스!" 놀라서 돌아보니 줄리아 대신 우리 회사의 간호조무사 데자가 서 있었다. 데자는 평소대로 화장하고 머리를 뒤로 땋아 내린 모습이었다. 데자가 와줘서 기뻤다. 데자는 나와 나이는 비슷해도 엄마처럼 포근하고 차분한 분위기를 풍기는 사람이었다. 데자와 함께 있으면 난 언제나 편안하고 든든한 기분이 들었다. 환자들 역시 그렇게 느꼈다. 데자는 훌륭한 간호사가 될 게 분명했기에 나는 늘 그에게 간호학교에 다니라고 부추기곤 했다. 데자도 나처럼 싱글 맘이었다. 우리는 그런 비슷한 상황 때문에 더 쉽게 가까워졌다. "메리 크리스마스!" 데자가 나를 끌어안았다. "소식 듣고 바로 달려왔어요. 선생님도 여기 있을 줄 알았어요."

"크리스마스인데 아들이랑 좀 더 있다 오지 그랬어요. 호출 갈 때까지 기다렸다가요." 내가 데자에게 말했다.

"선생님이 사무실 사람들에게 모든 칭찬을 다 받게 놔둘 수는 없죠." 데자가 쿡쿡 웃으며 대답했다. "자, 그럼 이제 우리 친구를 좀 더 평소답게 해줄까요?"

데자는 침대 옆 협탁을 뒤지더니 초를 하나 꺼냈다. 상쾌하고 깨끗한 레몬 향이 방을 가득 채우자 내가 익히 기억하던 평온한 분위기가 슬슬 나기 시작했다. 나는 리모컨을 들고 엘리자베스가 좋아하는 연주곡이 나올 때까지 채널을 돌렸다.

"엘리자베스, 해들리 선생님과 제가 깨끗하게 씻겨줄게요." 데자가 부드럽게 말했다.

나는 욕실로 들어가 물을 데우기 시작했다. 엘리자베스가 평소에 즐겨 쓰는 비누와 수건을 찾으려고 서랍을 뒤적이다가 화장품 가방이 눈에 들어왔다. 엘리자베스는 오늘만 제외하면 늘 화장한 채로 있었기에 그에게 화장도 해줄 요량으로 가방도 챙겼다.

내가 엘리자베스의 몸을 씻기고 옷을 갈아입히는 동안 데자는 전문가 못지않은 솜씨로 그의 얼굴을 화장해 주었다. 다 끝내고 보니 엘리자베스는 무척 아름다웠다.

"있잖아요. 엘리자베스가 저한테 남이 자길 어떻게 생각할지 걱정하며 인생을 낭비한 걸 후회한다고 하더라고요." 내가 데자에게 말했다. "정신이 번쩍 들었어요."

"저한텐 예쁘다고 했어요. 진심이 느껴지더라고요. 정작 저 자신은 그렇게 생각하지 않는데 말이에요." 데자가 생각에 잠긴 채 이야기했다.

나는 슬며시 웃었다. "엘리자베스는 데자가 꼭 알아줬으면 했나 봐요. 진짜 예쁘니까요."

짐을 챙겨 엘리자베스에게 작별 인사를 하는 데자의 눈이 촉촉하게 젖어 있었다. "엘리자베스는 특별해요." 데자가 말했다. "제 롤 모델이죠. 배울 점이 무척 많은 사람이에요."

다시 평온한 기운이 나를 감싸기를 기대하며 엘리자베스의 방으로 들어갔다. 그런데 뭔가 이상했다. 공기 중엔 여전히 레몬 향이 감돌고 음악도 계속 흘러나오고 있었지만 어떤 기운이 사라져 있었다. 엘리자베스가 세상을 떠났다는 걸, 직접 보지 않고도 알 수 있었다. 설명하기는 어렵지만 이런 변화는 호스피스 간호사로 일하거나 누군가의 임종을 목격한 사람이라면 누구나 예외 없이 경험해 봤을 것이다. 영혼이 육체를 빠져 나가는 순간에 느껴지는, 손에 만져질 듯한 공기의 변화. 그건 누군가 있는 줄 알고 방에 들어갔는데 혼자임을 알게 됐을 때의 느낌과 그리 다르지 않다. 이런 변화가 다른 이보다 더욱 도드라지는 사람도 있다. 때로는 이런 순간이 육체적인 죽음 전에 찾아오기도 하고, 어떨 때는 반대로 죽음 후에 찾아오기도 한다. 엘리자베스의 경우 그의 부재로 공기가 달라진 게 매우 뚜렷하게 느껴졌다.

청진기를 꺼내 미동 없는 엘리자베스의 가슴으로 가져갔다. 심장소리가 들리지 않을 걸 이미 알면서도 가만히 귀를 기울였다. 2분이 흐른 뒤 텅 빈 방에다 대고 나지막하게 사망시점을 읊조렸다. 엘리자베스는 자신이 세상을 살아온 방식대로 세상을 떠났다. 마지막까지 그는 혼자였다.

몇 년이 지난 지금도 여전히 엘리자베스를 기억한다. 엘리자베스는 그토록 젊은 나이에 홀로 외롭게 죽어가야 했지만, 그가 슬퍼하거나 화내는 모습을 단 한 번도 본 적이 없었다. 엘리자베스는 절대로 '왜 하필 나야?'라고 묻지 않았다. 그저 자신이 가진 것에 진정으로 감사했다.

엘리자베스가 의도한 바는 아니겠지만, 그는 나와 크리스가 중요한 대화를 시작할 수 있도록 물꼬를 터주기도 했다. 나는 우리가 처음 만났을 때처럼 내 몸매가 날씬하지 않으면 크리스가 더는 나를 사랑하지 않게 될 거라 생각했다. 하지만 그는 내가 그런 생각을 하는 줄은 꿈에도 몰랐다. 돌이켜 보면 크리스는 당연히 그런 생각을 할 사람이 아니었다. 아주 어렸을 때부터 몸무게가 사랑에 영향을 미칠 거란 생각이 내 머릿속에 뿌리 깊이 박혀 있었기에 나 자신을 스스로 옭아매고 있는 것이었다. 엘리자베스를 만나기 전까지 말이다.

  엘리자베스의 한마디가 나를 바꿨다. "케이크를 먹어요." 그 후로 폭식하고 싶거나 먹은 걸 게워내고 싶으면 엘리자베스의 목소리를 떠올린다. 그 목소리는 매번 나를 위기에서 구해낸다. 그리고 내게 정말로 소중한 것이 무엇인지, 끊임없이 상기시킨다.

"난 내가 마흔에 죽게 될 줄 몰랐거든요.
항상 아직 시간이 많다고 생각했어요.
사랑하는 사람들과 시간을 더 많이 보내지 못해서 아쉬워요.
그때 그 빌어먹을 케이크를 그냥 먹어버릴 걸 그랬나 봐요."

# ⑥ 절대 그럴 리 없는 일도 일어난다

: 이디스 :

"해들리 선생님, 호스피스 가입 자격이 되는지 검토할 환자가 한 명 있는데 오늘 시간 괜찮아요?" 트래비스가 물었다.

"네, 그럼요." 내가 답했다. 자격 검토는 늘 하는 일상 업무였다. 주치의가 환자를 호스피스에 연계한다고 해도 메디케어의 가입 자격을 충족하는 환자만이 호스피스 대상자로 가입할 수 있었다. 호스피스를 전문적으로 공부하지 않은 의사라면 세부 사항까지 다 알지 못하기 때문이다. 호스피스 간호사는 메디케어 지침에 따라 매우 세부적인 기준을 바탕으로 점수를 매겨 환자가 호스피스를 받을 자격이 되는지 판단할 권한이 있다. 이렇게 간호사가 내린 판단은 호스피스 의사의 검토를 거쳐 공식적으로 승인된다. 우리 회사에서는 쿠마르 선생님이 이 마지막 승인을 내리는 역할을 맡고 있었다.

"좋아요." 트래비스가 말을 이었다. "환자 이름은 이디스, 알츠하이머병을 앓고 있어요. 남편 존과 함께 사시고요. 그런데 호스피스에 가입하기엔 자격이 조금 아슬아슬해 보여요."

"이해했어요." 내가 말했다. 손으로는 이미 내비게이션에 주소를 입력하고 있었다.

이디스 할머니와 존 할아버지가 사는 집은 방금 동화책에서 튀어나온 것 같았다. 밝은 분홍색 꽃들 사이로 난 오솔길이 넝쿨로 뒤덮인 적갈색 흙집으로 이어져 있었다. 초인종을 누르는데 현관문 뒤에서 소란스러운 소리가 들렸다.

"이디스, 제발 거기에 잠깐만 있어." 누군가가 애원하는 듯한 목소리로 말했다. 조금 후에 짧은 머리가 하얗게 세고 등이 굽은 80대 남자가 문을 열었다. "어서 들어와요. 아내를 오랫동안 혼자 놔둘 수 없어서요." 남자는 인사하는 대신 급하게 말했다.

집 안으로 들어서다 고풍스러운 고가구와 근사하게 낡은 원목마루를 보고 감탄했다. 복도 벽면을 따라 좋았던 시절에 찍은 가족사진이 걸려 있었다. 한눈에 봐도 모험을 좋아하는 가족이었다. 존 할아버지와 이디스 할머니가 아이들과 함께 에펠탑 앞에서, 만리장성 앞에서, 자유의 여신상 앞에서 찍은 사진이 보였다. 복도 끝엔 할아버지와 마찬가지로 80대로 보이고, 머리가 하얗게 세었으며, 키가 큰 할머니가 거실 소파 옆에 서 있었다. 사진 속 여자와 같은 사람인 건 분명했지만 나이는 더 들어 보였다. 한때 옅은 갈색이었을 긴 머리는 이제 희끗희끗한 단발머리가 되어 있었다. 그들은 이제 운동화 대신 실내화를 신고 있었지만, 그들의 눈가와 입 주변에 잡힌 주름만은 오랜 세월 웃으며 살아와서 생겼으리란 사실을 사진을 통해 알 수 있었다.

"앉아 있으라고 했잖아. 제발 앉아!" 존 할아버지가 자기보다 적어도 30센티미터는 더 커 보이는 이디스 할머니를 올려다보며 말했다. 몹시 성이 난 존 할아버지는 이디스 할머니의 손을 낚아채서는 할머니를 소파로 데려가 앉혔다.

"안녕하세요. 전 해들리라고 해요. 이디스 할머니와 존 할아버지 맞으시죠?" 내가 물었다.

"그래요." 존 할아버지가 답했다. 이디스 할머니는 알아들을 수 없는 곡조를 읊조리며 창밖을 응시했다.

"이디스 할머니께서 호스피스를 받을 자격이 되는지 알고 싶으시다고요. 제 말이 맞나요?"

"네, 맞아요. 이제 혼자서는 안 되겠어요. 이렇게 지낸 게 벌써 몇 년째인지 모르겠네요." 존 할아버지가 답했다. 할아버지는 힘들고 괴로워 보였다. 충분히 이해되는 상황이었다. 기록에 따르면 존 할아버지는 지난 몇 년간 쭉 이런 처지였다. 간병은 쉴 틈 없이 고되고 사람을 지치게 하는 일이다. 알츠하이머병 환자를 간병하는 일은 특히 더 그렇다. 치매는 보통 오랜 기간에 걸쳐 서서히 진행되는 데다, 막판에 이르러서는 다 큰 성인이 어떤 일을 할 때마다 간병인이 처음부터 끝까지 옆에서 도와주어야 하기 때문이다.

고개를 끄덕이며 이디스 할머니의 활력징후를 재려고 청진기를 꺼냈다. 질병의 종류에 따라 호스피스 가입에 필요한 자격이 제각각 다른데, 특히 치매환자는 패스트(FAST, Functional Assessment Staging Tool, 치매환자의 신체 기능과 언어 능력을 평가하는 도구)를 기준으로 등급을 평가한다. 알츠하이머병이 진행성 질환이다 보니, 병세가 점차 악화할수록 패스트 등급도 차례대로 올라가는 식이다. 알츠하이머병 환자가 호스피스에 가입하려면 등급이 적어도 6E(중등도 중증 치매) 또는 7A(중증 치매)는 되어야 한다. 이는 환자가 더는 혼자서 화장실에 가지 못하거나 하루에 대여섯 개의 단어밖에 말하지 못하는 정도의 증상을 의미한다. 때로는 가입 자격을 검토할 때 낙상, 체중 감소, 병원 방문 빈도를 비롯해 환자의 상태를 나타내는 몇 가지 다른 요인을 함께 고려하기도 한다.

4등급에서부터 이디스 할머니를 평가하기 시작했다. 4등급은 경증 치매로, 보통 가족이 뭔가 이상하단 눈치를 채고 개입을 시작하는 단계다. "돈을 치르거나 음식을 요리하는 등 혼자서 생활하는 데 문제가 있으신가요?" 내가 존 할아버지에게 물었다. 할아버지가 뭐라고 대답할지는 대충 예상이 갔지만, 어쨌든 해야 하는 질문이었다.

존 할아버지는 내가 바보라도 되는 것처럼 처다봤다. "선생님, 그런 일은 벌써 몇 년 전부터 못 했어요."

1등급에서 4등급까지 체크를 표시한 다음 5등급 중등도 치매로 넘어갔다. "옷을 고를 때 도움이 필요하신가요? 예를 들어, 할머니께서 오늘은 날씨가 따뜻하니 짧은 바지를 입어도 되겠다는 판단을 내릴 수 있으신가요?"

"아뇨, 내가 도와줘야 해요." 존이 답했다. 6등급 중등도 중증 치매 단계로 넘어갔다.

"옷을 입을 때 도움이 필요하신가요?"

"네."

"목욕할 때나 용변을 볼 땐요?"

"목욕할 땐 내가 도와주고요, 기저귀를 찹니다."

6A부터 6C까지 체크한 다음 6D와 6E로 내려갔다. "기저귀를 항상 차고 계시는가요, 아니면 가끔은 화장실에 가야 한다는 의

사를 표현하기도 하시나요?"

"이디스가 화장실에 혼자 못 간 지는 벌써 한참 됐어요. 가고 싶단 말은 당연히 안 하고요. 냄새가 난다 싶으면 내가 기저귀를 갈아주죠. 아기처럼요." 할아버지가 무덤덤하게 말했다.

6D와 6E에 체크를 표시한 뒤 7A 중증 치매로 넘어갔다. 7A 등급이 나오면 쿠마르 선생님도 거의 예외 없이 가입을 승인했다. "하루에 알아들을 수 있게 말하는 단어가 몇 개나 되나요?" 내가 물었다.

"열 개에서 스무 개쯤 되는 거 같네요."

고개를 끄덕였지만 7A 칸엔 체크 표시를 하지 못했다.

내가 태블릿 화면을 내리는데 이디스 할머니가 처음으로 입을 열었다. "빨래." 할머니는 이렇게 말하곤 제법 빠르게, 하지만 휘청거리며 몸을 일으켜 복도로 나가려고 했다. 할아버지가 할머니를 저지하려고 황급히 일어섰다.

"빌어먹을. 이디스, 제발 앉아." 존 할아버지가 말했다. 이디스 할머니는 눈이 휘둥그레져서 할아버지를 바라봤다.

"빨래는 제가 가져올게요, 할머니." 내가 끼어들었다.

이디스 할머니가 나를 바라보더니 이내 고개를 좌우로 격렬하게 흔들면서 존 할아버지의 손을 뿌리치려 했다. 할아버지는 신음하며 괴로워했다. "날마다 이런 식이에요." 할아버지가 말했다.

방을 둘러보다가 복도 맞은편 부엌 식탁 위에 올라가 있는 빨래 바구니를 발견했다. 존 할아버지가 이디스 할머니를 붙잡고 있는 동안, 나는 그쪽으로 건너가 빨래 바구니를 들고 와서 소파 옆 바닥에 내려놓았다. 할머니는 소파에 도로 앉더니 빨래를 하나하나 들어 올려 유심히 살펴보면서 개키기 시작했다. 할머니 옆에 앉은 존 할아버지의 얼굴은 간병으로 지친 기색이 역력했다.

다시 질문을 이어나갔다. "식사는 잘 잡수시나요?" 내가 물었다.

"아뇨. 깨작거리면서 새 모이만큼 먹어요. 지난 두 달 동안 체중이 5킬로그램이나 줄었고요." 할아버지가 망연자실한 목소리로 대답했다.

"좀 전에 보니까 휘청거리시던데, 넘어진 적은 없으신가요?"

"하도 많이 넘어지니까 이젠 셀 수도 없어요. 혼자 두고 화장실도 못 갈 지경이에요."

"지난 한 달간 넘어진 횟수가 10회를 넘으시나요?"

"한 달이 아니라 일주일 동안이요."

"알겠습니다." 내가 말했다. "이제 우리 의사 선생님한테 전화해서 상의해 볼게요. 잠깐 나가서 통화하고 와도 될까요?" 할아버지는 "편하실 대로"라고 말하려는 듯 팔을 내밀어 현관문 쪽을 가리켰다. 나는 태블릿을 손에 든 채 밖으로 나가 쿠마르 선생님에게 전화를 걸었다.

"무슨 일이에요, 해들리 선생님?" 쿠마르 선생님이 평소처럼 기운찬 목소리로 전화를 받았다.

"선생님." 내가 입을 열었다. "가입을 기다리는 알츠하이머병 환자가 있는데 6E 등급이에요. 하지만 상황을 듣고 나면 아마 선생님도 받아주라고 할 거예요."

"말해봐요." 선생님이 말했다.

"할머니 남편 되는 분께서 말씀하시길 할머니께서 하루에 열 단어에서 스무 단어를 또렷하게 말씀하신대요. 그리고 할머니께서 적절한 상황에서 '빨래'라고 말씀하시는 걸 제가 직접 들었어요. 하지만 지난 두 달간 체중이 5킬로그램이나 줄고 허구한 날 넘어지신대요. 일주일에 열 번 넘게요."

쿠마르 선생님은 말이 없었다. 상황을 가늠해 보는 듯했다.

"할아버지를 도와드려야 해요. 제발요." 내가 애원했다.

"객관적이어야 한다는 거 알잖아요."

나는 쿠마르 선생님이 안 된다고 할까 봐 긴장하며 말을 멈췄다.

"등록해 드리세요." 이윽고 선생님이 덧붙였다. "하지만 앞으로 90일 안에 증상이 악화하는 양상이 보여야 해요. 진료기록 작성에 신경 써요. 알겠죠?"

"그럼요, 선생님! 고마워요." 나는 쿠마르 선생님에게 인사하고 나서 전화를 끊으며 집 안으로 들어갔다.

"좋은 소식이에요." 내가 현관문을 닫으며 존 할아버지를 향해 외쳤다. "의사 선생님이 가입을 승인해 줬어요."

"다행이군요! 그럼 내가 볼일이 좀 있으니 잠깐 나갔다 올게요. 몇 시간이면 될 거예요." 존 할아버지가 말했다.

잠시 말을 멈추고 신중하게 단어를 골랐다. "할아버지, 제 설명이 미흡해서 오해가 생겼나 봐요. 저희는 스물네 시간 내내 상주하는 게 아니에요." 내가 부드럽게 말했다. "하지만 추가로 도움을 받는 것도 좋은 생각이에요. 우리 사회복지사가 간병인을 알아봐 드릴 수 있어요. 아니면 이디스 할머니를 요양원 같은 시설에 모실 수 있도록 주선해 드릴 수도 있고요."

존 할아버지가 이젠 지친다는 듯 한숨을 푹 쉬었다. "항상 곁에 있겠다고 이디스와 약속했단 말입니다. 나도 이디스가 요양원에 들어가는 건 싫고요. 간병인을 고용하려면 돈이 얼마나 들죠?"

"한 시간에 30달러 정도로 기억해요. 한 번 방문할 때마다 일정 시간 이상은 고용해야 하시고요. 보통 여섯 시간 이상일 거예요."

"한 시간에 30달러라고요!" 할아버지가 외쳤다.

천천히 고개를 끄덕였다. 한정된 수입으로 필요한 돌봄 서비스 비용을 감당하기가 얼마나 어려운지 잘 알고 있지만 선택지가 그리 많지 않았다. "호스피스는 가정에 방문해서 간병을 도와드리는 역할을 해요. 자세히 말씀드리자면 우선 전 일주일에 한두 번쯤 방문하게 될 거고요, 간호조무사가 일주일에 두세 번 들러서 할머니를 씻겨드릴 거예요. 사회복지사는 한 달에 한 번 올 거예요. 목사님도 마찬가지시고요. 하지만 응급 상황에 대비해 간호사가 늘 대기하고 있어요." 내가 설명했다. "차라리 요양원을 생각해 보겠다고 하셔**도** 충분히 이해해요."

존 할아버지가 고개를 저으며 내 말을 단칼에 잘랐다. "요양원은 절대 안 됩니다. 내가 어떻게든 해볼게요."

많은 이가 호스피스와 요양원도 일종의 사업이란 사실을 염두에 두지 않는다(솔직히 말하면 나도 이 사실을 굳이 떠올리고 싶지 않다). 그러나 이는 엄연한 현실이다. 따라서 돌봄 서비스 업체는 운영비가 충당되지 않으면 서비스 가격을 올릴 수밖에 없다. 그 결과 환자와 보호자에게는 별다른 선택지가 남지 않게 된다. 간병은 고되고, 지치고, 감정을 많이 소모하는 일인 데다가 자칫하면 존 할아버지의 상황처럼 그 기간이 길어질 수도 있다. 메디케어가 호스피스 간호사를 고용하는 데 드는 비용을 지원해 준다 한들, 결국 날마다 환자를 돌보고 책임져야 하는 건 간병하는 사람이다. 이는 환자를 돌보는 사람에게 엄청난 부담이다. 따라서 내가 아무리 존 할아버지에게 좋은 말을 해주고 싶어도 할아버지와 이디스 할머니 같은 사람에게는 그다지 선택의 여지가 많지 않았다. 이게 어쩔 수 없는 현실이었다. 게다가 우리가 내놓는 제안에 마음이 열려 있다고 해도 요양원에 들어갈 수 있으려면 매우 부유하거나 매우 가난하거나 둘 중 하나여야 한다(후자라면 정부가 도와준다). 그 중간에 있는 사람에게는 선택지가 그리 많지 않은데(간병인을 고용하는 방법이 있지만 마찬가지로 돈이 많이 든다), 안타깝게도 대부분의 사람이 그 중간에 위치한다.

짧은 순간 많은 생각을 했지만, 정작 내가 한 말은 간단했다. "그럼 그렇게 알고 있을게요." 등록 절차를 마무리하고 존 할아버지에게 당직 간호사의 연락처를 알려준 나는 같은 수건을 세 번째 다시 개고 있는 이디스 할머니의 어깨에 손을 올리며 이제 그만 가보겠다고 인사했다.

할머니는 알아들을 수 없는 말을 중얼거리며 미소를 지었다.

다음 날 아침, 아침 회의를 기다리는 동안 휴대폰 스피커에서 흘러나오는 연결음을 들으며 서둘러 화장했다. 우리는 월요일부터 금요일까지 아침마다 전화로 회의를 열어 야간 당직 간호사에게 밤새 있었던 일을 전해 들었다.

"좋은 아침이에요, 여러분!" 트래비스가 반갑게 인사했다. "어맨다 선생님, 시작해 주세요. 당직 서는 동안 일이 많았던 것 같네."

"네, 시작할게요. 사실…… 이번에 새로 들어온 환자분 댁에 좀 오래 가 있었어요."

'이런, 올 게 왔네.' 속으로 생각했다.

"이디스 할머니께서 두 번이나 넘어져서 괜찮으신지 확인하러 다녀왔어요. 활력징후는 정상이고, 정서적으로도 평소와 다를 바 없으셨어요."

나는 안도했다. '좋아, 특별한 일은 없었구나. 그런 건 늘 일어나는 일이니까.'

"어쨌든 할머니를 다독여서 침대에 다시 눕혀드리곤 집으로 돌아왔어요." 어맨다가 말을 이었다. "그런데 한 시간쯤 흘렀을까, 할아버지께 또 전화가 왔어요. 이디스 할머니께서 집을 나가셔서 찾을 수가 없으시다고요."

나는 얼굴에 바르던 블러셔를 내려놓고 변기 뚜껑 위에 앉았다.

"몇 분 동안 차를 타고 돌아다니면서 존 할아버지를 도와 할머니를 찾았지만, 결국 못 찾고 경찰에 신고했어요. 집에서 400미터쯤 떨어진 길가 도랑에서 풀을 뽑는 이디스 할머니를 경찰이 발견했고요. 다행히 다친 곳은 없었어요."

"해들리 선생님, 민디와 시간을 맞춰서 오늘 중에 이디스 할머니 댁에 방문해 주세요. 할머니를 이대로 두는 건 위험해요. 얼

이디스

른 요양원에 모셔야 할 거 같네요." 트래비스가 말했다. 민디는 나와 함께 일하는 사회복지사로, 환자가 통상적인 호스피스 업무 외에 추가적인 서비스를 받고자 하거나 보험 관련 문제로 도움이 필요할 때 그들을 돕는 역할을 했다.

"존 할아버지께서는 한사코 이디스 할머니를 요양원에 보내지 않겠다고 하시지만, 어떻게든 해볼게요." 내가 말했다. 나는 스피커 모드를 끄고 깊은 한숨을 내쉬었다. 이런 난처한 상황은 질색이었다.

그날 오전 늦게 이디스 할머니의 집을 찾았다. 이번엔 민디와 함께였다. 대화가 잘 풀리지 않을 게 불 보듯 뻔해서 마음의 준비를 단단히 했다. 하지만 현관문이 열리고 우리 앞에 나타난 할아버지는 이미 두 손 두 발을 다 든 것 같았다.

"잘 지내셨어요, 할아버지? 이쪽은 민디라고 해요. 우리 사회복지사 선생님이에요." 나는 할아버지에게 인사를 건네며 민디를 소개했다. 존 할아버지의 허리가 어제보다 훨씬 더 굽어 보여서 흠칫했다.

이디스 할머니는 아직 잠옷 차림으로 소파에 앉아 있었다. 이디스 할머니의 무릎에 놓인 쟁반 위엔 와플이 가득 담긴 접시가 있었지만, 할머니는 와플을 집어 올렸다가 다시 내려놓기를 되풀이할 뿐 입엔 대지도 않았다. 한동안 맞은편에 있는 텔레비전에서 방영하는 아동용 만화영화가 할머니의 흥미를 끌었다.

"어젯밤에 무슨 일이 있었는지 들었어요." 민디가 부드럽게 입을 뗐다. "스물네 시간 돌봄 서비스의 장점을 몇 가지 말씀드릴까 해요."

"뭐가 됐든 빨리 알려주고 우릴 좀 내버려둬요." 존 할아버지가 자포자기한 듯한 목소리로 말했다. "이디스가 우리 둘의 기억을 모조리 잊어버리면서 난 이미 죽은 거나 마찬가지니까."

누가 심장을 칼로 후벼 파는 것 같았다. 사랑하는 사람이 나를 알아보지도 못하는 상황인데도 그 사람을 보살핀다는 건 얼마나 가슴 아픈 일일까. 상상조차 할 수 없어서 어떻게 반응해야 할지 몰랐다.

"자, 후보가 몇 개 있어요." 민디가 소파 앞에 놓인 탁자 위에 종이 한 장을 내려놓으며 말을 이어갔다. "정말 괜찮은 시설 목록이에요. 모두 최신식이고요." 격리병동을 갖춘 근처 요양원과 노인복지시설 목록이 적힌 종이가 거꾸로 놓여 있어 알아보기 어려워도 어떻게든 읽어보려 했다. 시설마다 이름 밑에 민디가 추가해 둔 한 달 예상 비용이 있었다. 비용은 한 달에 8750달러부터 1만 1000달러까지 다양했다.

"몇 년 안에 돈이 바닥나긴 하겠지만 우리 둘이서 한 달에 1만

달러까진 괜찮아요." 할아버지가 말했다.

"이 가격은 사실 한 분께 드는 비용이에요." 민디가 답했다.

존 할아버지의 입에서 욕지거리가 흘러나왔다. "더 싼 곳은요?" 할아버지가 물었다.

민디와 나는 눈빛을 교환했다. 다른 선택지는 정말로 아무것도 없었다.

존 할아버지가 우리 생각을 읽은 게 틀림없었다. "알겠어요. 생각해 볼게요. 만약 이 중에서 고른다면 제일 좋은 시설은 어디죠?" 할아버지가 물었다.

"원칙상 저흰 개인적인 의견을 말씀드릴 수 없어요. 죄송해요, 할아버지." 민디가 답했다.

나는 말하고 싶은 걸 참으려고 입술을 깨물었다. 내가 제일 좋다고 생각하는 시설을 알려주고 싶어 미칠 지경이었다. 목록만 봐도 각 시설이 환자를 어떻게 대할지 눈에 훤히 보였다.

존 할아버지가 한숨을 쉬며 두 손으로 머리를 감쌌다. "언제나처럼 혼자군요. 잘 알겠습니다."

가방을 챙기던 민디가 내게 눈길을 보냈다. 민디는 자기가 나가면 내가 할아버지에게 제일 좋은 시설을 귀띔해 주리란 걸 알았으나 별로 신경 쓰지 않았다.

문이 닫히는 소리가 들리자마자 나는 곧장 존 할아버지를 돌아봤다. 할아버지는 요양원 목록을 손에 들고서 소파에 앉아 있었다. 내가 뭐라 말하기도 전에 할아버지가 먼저 입을 열었다. "서턴하이츠 요양원이 좋단 소리를 많이 들었어요." 할아버지가 말했다.

나는 다 들릴 정도로 안도의 한숨을 크게 내쉬었다. 자칫하면 곤란해질 수도 있는 상황에 스스로 들어가지 않아도 됐기 때문이다. 서턴하이츠는 내가 가장 좋아하는 요양원이기도 했다. 오래 일한 간호사가 많고, 우리와 소통하는 데도 적극적이었으며, 환자를 대하는 방식도 믿을 만했다. 나는 고개를 아래위로 격렬하게 끄덕였다. 이 정도는 문제가 되지 않을 것 같았다. 존 할아버지는 의아한 표정으로 나를 올려보다가 이내 퀴즈의 정답을 알아낸 사람처럼 미소를 지었다.

"비치뷰 요양원은 어떤가요?" 할아버지가 물었다. 나는 고개 끄덕이던 걸 멈추고 눈을 크게 뜬 다음 입을 앙다물었다. 아무 말도 하지 않아도 온몸으로 모든 걸 말하고 있었다.

존 할아버지가 소리 내어 웃더니 진심 어린 미소를 지었다. "서턴하이츠로 하란 말이죠? 알았어요."

나도 할아버지를 향해 미소를 짓곤 참았던 숨을 마침내 내쉬었다. "그럼 서턴하이츠에 입소할 때 필요한 서류를 작성해 볼까요?"

"아직이요. 마음의 준비가 안 됐어요." 갑자기 다시 심각해진 할아버지가 말했다.

나는 입술을 깨물었다. 트래비스가 좋아하지 않을 게 뻔해도 달리 할 수 있는 일은 없었다. 존 할아버지에게는 자기 아내를 집에서 간병할 권리가 있었다. 설사 우리가 할아버지의 결정에 동의하지 않는다고 하더라도, 그 사실엔 변함이 없었다.

"좋아요." 내가 어깨를 으쓱하며 말했다. "그럼 지금 이 상황에서 우리가 할 수 있는 최선을 다해봐요."

"그냥 이렇게 간단히 넘어간다고요?" 존 할아버지가 물었다.

"저는 두 분께 도움을 드리려고 온 사람이에요. 운전대를 잡고 계신 건 두 분이고, 저는 뒷좌석에 앉아서 가끔 참견만 할 뿐인 걸요. 제게 길을 물어보셔도 되고, 그냥 입 다물고 있으라고 하셔도 돼요." 내가 미소를 지으며 말했다.

"알았어요. 한번 해보죠." 할아버지가 자신감 있게 대답했다.

그 뒤엔 일이 잘 풀렸다고 말할 수 있다면 얼마나 좋을까.

몇 주 후였다. 한밤중에 다급한 전화가 걸려 왔다. 받자마자 존 할아버지가 말했다. "여보세요, 이디스의 남편 되는 사람입니다. 그런데…… 이 상황을 어떻게 설명해야 할지 모르겠네요. 와 보시는 게 좋겠어요."

전화기 너머로 소란스러운 소리가 들렸다. 이디스 할머니의 비명 같았다. "통증 때문에 그러세요?" 내가 물었다.

"이디스가 침실에 불이 났대요." 존 할아버지가 지친 목소리로 말했다.

집에 도착해 보니 존 할아버지와 이디스 할머니는 침실에 있었다. 존 할아버지가 침대에 앉아 이디스 할머니를 진정시키려고 해도 이야기가 전혀 통하지 않았다. 할머니는 중얼거리며 방 안을 왔다 갔다 하다가 갑자기 "불이야!"라고 외치기를 반복했다. 오는 길에 쿠마르 선생님에게 전화했더니, 첫날에 할머니에게 처방해 준 비상용 항불안제를 쓰라고 내게 지시했다.

이후 10분 동안 이디스 할머니를 진정시키려 노력했지만 모두 소용없었다. 할머니는 계속해서 머리카락을 쥐어뜯으며 방을 이리저리 서성이다가 불이 났다고 소리치기를 반복했다. 나는 쿠마르 선생님에게 다시 전화를 걸었다. 선생님은 이번엔 항불안제를 한 번 더 투여하라고 하면서 할머니의 주의를 다른 곳으로 돌려보는 건 어떠냐고 제안했다. 선생님이 말한 대로 약을 투여한 뒤 이디스 할머니에게 음식을 가져다주었지만, 할머니는 고개를 가로저을 뿐이었다. 존 할아버지가 음식을 먹이려고 해도 이디스 할머니는 음식을 밀쳐냈다. 거실로 나가 텔레비전을 켰다. 침실로 얼굴을 빼꼼 들이밀며 이디스 할머니에게 같이 텔레비전을 보자고 했지만, 할머니는 침대에 앉아 불이 났다는 말만 계속 되풀이했다. 급기야 할머니의 얼굴에 눈물이 흘러내렸다.

30분이 지나도 상황에 변함이 없자 나는 우왕좌왕하기 시작했다. 세 사람 모두 괴로워하고 있었다. 결국 휴대폰을 꺼내 호스피스 경력만 15년이 넘는 베테랑 간호사 선배에게 전화를 걸었다.

"여보세요?" 자다 깬 린다가 영국식 억양으로 전화를 받았다.

"안녕하세요. 저 해들리예요." 내가 민망해하며 인사했다. "한밤중에 난데없이 전화해서 죄송해요. 화내지 말고 들어줘요. 제가 맡은 알츠하이머병 환자가 침대에 불이 난 줄 알고 있어요. 계속 울면서 방 안을 왔다 갔다 해요. 항불안제를 두 번이나 투여했는데 약도 전혀 듣지 않고요." 빠르게 상황을 설명했다.

"선생님, 침대를 다른 곳으로 옮겨보는 건 어때요?" 린다가 물었다.

"네? 미안한데, 무슨 말인지 잘 모르겠어요." 내가 당황하며 되물었다.

"불이 난 곳이 어디라고 했죠?"

"아니요, 진짜로 불이 난 건 아닌데요."

"잘 생각해 봐요. 할머니 눈엔 진짜로 불이 난 거예요. 침대에 불이 났다고 했죠? 그럼 얼마나 괴로우시겠어요. 침대를 불이 없는 데로 옮기면 할머니께서도 마음 편히 주무실 수 있지 않을까요?" 린다가 조언했다.

"그런다고 괜찮아지실까요?"

"일단 해보고, 그래도 해결이 안 되면 다시 전화해요. 내가 장담하는데 분명 효과 있을 거예요. 그럼 끊을게요." 그러고 나서 린다는 전화를 끊었다.

이디스 할머니와 존 할아버지가 쓰는 커다란 침대를 물끄러미 바라봤다. 저 침대를 어떻게 옮긴단 말인가? 옮길 곳은 있고? 나는 존 할아버지를 불렀다. "경험이 많은 베테랑 간호사 선생님에게 전화해서 물어봤는데요. 침대를 '불'이 없는 곳으로 옮겨보라고 하네요. 말도 안 되는 소리 같으시겠지만 시도는 해보려고요. 혹시 침대를 옮길 만한 데가 있을까요?"

존 할아버지는 몹시 지친 기색으로 몸을 일으키더니 복도 끝으로 걸어가 텅 빈 방의 문을 열었다.

"좋아요, 이 정도면 충분하겠어요. 아, 침대를 옮겨도 괜찮으시겠어요?" 내가 물었다.

"선생님은 정말 못 말리는 뒷좌석 참견쟁이군요. 하지만 이유는 몰라도 선생님에겐 믿음이 가요. 한번 해보죠, 뭐."

나는 침실로 돌아가 침대 크기를 가늠해 본 뒤, 가장 수월하게 침대를 옮길 방법을 강구했다. 침실 입구가 폭이 넓은 양문형이라 침대를 분해하지 않고도 옮길 수 있을 듯했다. 내가 침대를 노려보는 동안, 이디스 할머니도 마치 방법을 헤아리려는 듯 내 곁에 서서 침대를 바라봤다. 몇 분 후 할머니가 힘없이 훌쩍이더니 다시 한번 "불이야"라고 말했다. 이건 할머니가 감당하기엔 너무 힘든 일이었다. 할머니가 괴로워하는 모습을 보니 내 마음도 아팠다. 뭐든 해보는 수밖에 없었다.

앞으로 한 발짝 다가서서 묵직해 보이는 침대를 벽에서 당겨 내려고 했다. 진짜 나무로 만들어진 게 아닌지, 놀랍게도 침대는 카펫 위를 미끄러지며 내가 당기는 방향으로 쉽게 끌려왔다. 곧 침대 머리맡의 나무판과 벽 사이에 내가 몸을 비틀어 들어갈 만한 공간이 생겼다. 나는 나무판 뒤쪽으로 가 침대를 카펫 위로 밀었다. 몇 초에 한 번씩 고개를 내밀어 내가 가는 방향이 맞는지 확인했다. 침대를 문밖으로 반쯤 내보냈을 때 이디스 할머니가 옆으로 다가오더니 나를 도와 침대를 밀기 시작했다. 우리가 무슨 일을 하는지 할머니가 알고 있을까 궁금했다. 이디스 할머니의 도움은 실제로 침대를 옮기는 데 그다지 큰 보탬이 되진 않아도 나는 할머니와 함께 침대를 한쪽씩 붙잡고 복도 쪽으로 밀면서 그를 보고 미소를 지었다. 마침내 침대가 빈방으로 들어가자 나는 멈춰 서서 침대를 어디에 둘지 고민하며 주위를 둘러봤다. 이디스 할머니가 방 뒤편 왼쪽 구석을 가리켰다.

"저기요?" 내가 물었다.

할머니가 단호하게 고개를 끄덕였다.

나는 할머니가 시키는 대로 침대를 밀어서 방 한쪽 구석에 붙였다. 정말 놀랍게도, 내가 침대를 다 옮기고 물러서자마자 이디스 할머니는 이불 속으로 들어가 잠을 청했다. 성공이었다! 어안이 벙벙했다.

"고생했어요." 이디스 할머니가 깊이 잠든 걸 확인한 존 할아버지가 나지막하게 속삭였다. 나는 존 할아버지의 어깨에 손을 올리고 할아버지를 보며 웃었다.

"하실 수 있어요. 잘하고 계신 거예요." 내가 할아버지를 격려했다.

"이제 때가 된 거 같네요." 할아버지가 말했다. "서턴하이츠에 얘기 좀 해주겠어요?"

나는 고개를 끄덕였다. 유난히 긴 밤이었다. 존 할아버지가 이성적으로 옳은 결정을 내렸다는 건 알았지만, 할아버지의 마음이 아플까 봐 걱정됐다.

그로부터 일주일도 채 지나지 않아 나는 서턴하이츠 요양원의 유리문을 통과하고 있었다.

"이디스 할머니요?" 젊은 접수처 직원이 물었다.

"네. 만나봤나요?"

"남편인 할아버지께서 여기에 거의 살다시피 하셔요. 벌써 몇 번이나 격리병동에 모셔다드렸는걸요." 그 직원이 말했다.

"그러고도 남을 만한 분이시지요. 저도 데려다 달라고 부탁해도 될까요?"

접수대 뒤에서 걸어 나온 직원은 나를 요양원 뒤편 격리병동으로 안내했다. 비밀번호를 입력하자 달칵 소리가 나며 육중한 문이 열렸다.

"전 여길 캘리포니아 호텔*이라고 불러요." 직원이 문이 완전히 열리기를 기다리며 말했다.

"네?" 내가 당황하며 물었다.

"원하면 언제든 들어갈 수 있지만, 마음대로 나오진 못하거든요."

직원의 말을 듣자 불안해졌다. 하지만 문이 시끄럽게 윙윙거리며 닫히는 소리가 생각을 방해했다. 나는 급히 병동 안으로 발을 들였다. 간호사실로 가자 병동 관리자가 있었다. 내가 그곳에서 가장 좋아하는 간호사였다.

---

* 미국의 록밴드 이글스의 노래 「호텔 캘리포니아」는 천국 같은 캘리포니아 호텔이 사실은 빠져나올 수 없는 지옥이란 내용을 담고 있다.

"안녕하세요!" 간호사에게 인사를 건넸다.

"오늘은 누구 때문에 왔어요?" 병동에 내 환자가 몇 명 더 있다는 사실을 아는 간호사가 물었다.

미처 답하기도 전에 등 뒤로 누군가의 손길이 느껴졌다. 돌아보니 내 환자 중 한 명이었다. 그분이 내 머리를 쓰다듬기에 나도 그를 향해 미소 지었다. "이번에 새로 입소하신 분이요. 제가 댁에서 간호하던 분이세요." 내가 간호사에게 말하는데, 이번엔 누가 옆에서 머리카락을 들었다 놓았다 하는 게 느껴졌다. 다른 곳에서였다면 이상하게 보일 법한 상황이었지만, 우리에게는 지극히 평범한 일이었다.

"아, 이디스 할머니요. 아주 잘 지내고 계세요! 얼마 전에 댄스 수업도 들으셨어요. 6호실이에요."

"어머, 정말요? 못 봐서 아쉬워요!" 내가 웃으며 말했다. 그리고 나서 내 머리를 쓰다듬는 환자에게 지금은 가봐야 하니 내일 꼭 보자고 약속했다. 환자가 내게 알아들을 수 없는 말을 중얼거리긴 했지만 곧 미소를 지어 보였다. 나는 그 미소를 알았다는 대답으로 받아들였다. 불이 환하게 켜진 복도를 따라 6호실로 향했다. 존 할아버지가 병실 문을 열었다. 할아버지는 우리가 만난 이래 처음으로 푹 쉰 듯한 모습이었다. 병실 안을 들여다보니 이디스 할머니는 창가에 놓인 흔들의자에 앉아 정원을 내다보고 있었다. 내가 들어가자 할머니가 나를 보고 미소를 지었다.

"잘 지내셨어요?" 내가 물었다. 존 할아버지의 답을 듣기가 두려웠다.

"실은 정말 잘 지내고 있어요." 할아버지가 이디스 할머니를 향해 웃으며 말했다. 이디스 할머니도 할아버지를 향해 웃었다. 나는 안심하며 혈압계를 꺼내 검진을 시작했다. "볼일이 좀 있어서 나가봐야 하는데 괜찮을까요?"

"그럼요! 항상 자리를 지키지 않아도 되니 스트레스받지 않으셨으면 좋겠어요. 이곳 간호사 선생님에게 물어보기만 하면 되니까 언제든 전화로 상황을 알려드릴 수 있어요."

"그렇게 간단히 긴장을 풀진 못할 거 같군요. 하지만 그리 말해줘서 고마워요." 할아버지는 이렇게 말하더니 이디스 할머니의 이마에 입을 맞추곤 병실을 나갔다.

내가 검진을 이어나가는 동안, 이디스 할머니는 창문 밖 정원을 날아다니는 새와 나비를 물끄러미 바라봤다. 이제 체중을 확인할 차례였다. 나는 이디스 할머니에게 곧 돌아오겠다고 말한 뒤 간호사에게 할머니의 체중을 물어보러 나갔다.

복도로 나가니 멀리서 말다툼하는 소리가 들렸다. "지금 당장 날 내보내 주지 않으면 변호사를 부르겠어요!" 한 남자가 소리쳤다.

"할아버지, 우리 카드놀이 할까요?" 수술복을 입은 직원이 남자를 설득하고 있었다. 그 남자는 존 할아버지였다.

"난 멀쩡하다니까, 이 정신 나간 여자야! 집에 가는 거라고!" 존 할아버지가 큰소리로 맞받아쳤다.

"할아버지 집은 여기예요. 이곳이 제일 안전해요." 직원이 다정하게 타일렀다.

직원이 존 할아버지를 병원에서 탈출하려는 치매환자로 착각한다는 걸 깨달은 내 발걸음이 빨라졌다.

"저기요, 제가 이분을 알아요. 제 환자의 남편분이세요. 이곳 환자가 아니고요." 내가 직원에게 말했다.

"어머, 세상에! 죄송해요, 할아버지. 일한 지 얼마 안 돼 몰랐어요." 직원이 비밀번호를 눌러 문을 열며 존 할아버지에게 사과했다. 할아버지가 밖으로 나가고 무거운 문이 철컥 소리를 내며 닫히자, 키득거리는 웃음이 새어 나왔다. 직원은 겁에 질려 있었다.

"선생님 잘못이 아니에요. 할 일을 한 거잖아요. 잘하셨어요. 할아버지께선 곧 잊으실 테니 걱정하지 말아요." 나는 삐져나오는 웃음을 삼키며 직원을 다독였다. 병실로 돌아가 이디스 할머니에게 방금 있었던 일을 이야기해 주며 검진을 마무리했다. 할머니는 마치 다 알아들은 듯 나와 함께 깔깔거리며 웃었다.

몇 달이 지나는 동안 이디스 할머니는 차츰 쇠약해졌지만, 다행히 통증이나 불안장애 증상은 한 번도 나타나지 않았다. 시간이 흐르면서 할머니가 말할 수 있는 단어는 하루에 스무 개에서 열 개로, 열 개에서 다섯 개로, 종국엔 "존" 하나로 줄어들었다.

할머니는 곧 보행 능력마저 잃어버렸다. 그날은 이디스 할머니를 사랑하게 된 요양원 직원들을 비롯해 모두에게 가슴 아픈 날이었지만, 존 할아버지의 가슴은 그 누구보다 더 미어졌다. 할아버지는 어김없이 날마다 요양원을 찾아 아내를 휠체어에 앉히는 법을 배웠다. 또 식사 시간이 되면 이디스 할머니가 바람을 쐴 수 있도록 할머니를 휠체어에 앉혀 식당으로 데려가 함께 밥을 먹곤 했다. 그러다 이디스 할머니가 차츰 휠체어 위에서도 몸을 가눌 수 없게 되자 베개 하나를 할머니의 팔과 휠체어의 팔걸이 사이에 끼워 몸을 지탱하게 했다. 할머니는 이제 존 할아버지와 이야기를 나누진 못했지만, 그래도 늘 할아버지를 올려다보며 미소를 지었다.

이디스 할머니의 미소는 어느 날 갑자기 사라지는 대신 서서히 그 자취를 감췄다. 존 할아버지가 내게 이 사실을 알렸다.

"저도 느끼고 있었어요." 내가 말했다. "슬프지만 예측할 수 있는 단계예요."

"웃지 못하는 것도 알츠하이머병의 증상이라고요?" 존 할아버지가 충격받은 얼굴로 물었다.

"솔직하게 말씀드리는 게 좋으시겠죠?" 내가 물었다.

"네, 나중에 놀라고 싶지 않군요."

태블릿을 꺼내 이젠 다 외워버린 표를 존 할아버지에게 보여주었다.

"처음엔 여기였어요." 내가 표를 보여주며 말했다. "이젠 여기까지 내려왔고요." 손가락을 6E에서 7E로 미끄러뜨렸다.

"조금 있으면 머리도 가누지 못하게 된다고요?"

내가 얼굴을 찌푸리며 고개를 끄덕였다.

"정말 잔인한 병이군요." 한숨을 푹 쉬며 존 할아버지가 믿을 수 없다는 듯 고개를 절레절레 흔들었다.

"맞아요. 정말 무서운 병이죠." 내가 동의했다.

몇 달이 흘렀다. 요양원을 찾는 존 할아버지의 발길이 점차 뜸해지리라 예상했지만, 할아버지는 여전히 하루도 빠짐없이 요양원을 찾았다. 이디스 할머니는 마지막 달이 되자 침대에서 몸을 일으키지도 못했다. 나는 더 자주 이디스 할머니를 보러 갔다. 서턴하이츠에 있는 다른 환자를 만나러 갈 일이 있을 때도 할머니가 잘 지내는지 늘 확인했다.

어느 날 병실로 들어서자 이디스 할머니가 어딘지 모르게 부자연스러운 자세로 누워 있었다. 가까이 가서 보니 할머니의 얼굴에 눈물이 흘러내리고 있었다. 이디스 할머니에게 말을 걸면서 등을 쓸어내려 주다가 문득 할머니가 극심한 통증에 시달리고 있음을 깨달았다. 황급히 간호사를 부르러 달려 나갔다.

"지금 바로 응급 약을 구할 수 있나요?" 내가 다급히 물었다.

"컴퓨터에 통증 강도를 입력해야 약을 드릴 수 있어요. 강도가 몇이죠?" 간호사가 물었다.

"10이요. 호흡곤란, 지속적인 울음, 얼굴 찡그림, 주먹 그러쥠, 근육 긴장, 안정하기 어려움. 모든 증상에 해당해요." 간호사가 숫자를 입력하고 약을 건네주었다.

"할머니께 별일 없었나요?" 내가 물었다.

"네, 아무 일도 없었어요." 간호사가 단언했다.

약을 투여하고 잠시 효과가 나타나기를 기다렸다. 몸이 이완되는 걸 확인하고 난 뒤 늘 그랬듯 머리에서부터 검진을 시작했다. 양쪽 동공의 크기는 같았다. 얼굴이나 두피에 상처나 긁힌 자국도 없었다. 머리는 단정하게 땋여 있었는데 방금 감은 듯 깨끗했다.

"할머니, 성함이 뭔지 말씀해 주실 수 있어요?" 답변을 듣지 못할 게 뻔해도 어쨌거나 질문한 다음 '의식이 명료하지 않음'에 체크 표시를 하고 밑으로 내려갔다.

"할머니, 지금 있는 곳이 어딘지 아세요?" 내가 물었다. 답이 없었다.

"지금이 몇 월인지 아세요?" 질문과 동시에 '시간 감각 없음'에도 체크했다.

"해들리." 누군가가 크고 또렷한 목소리로 나를 불렀다. 요양원 간호사가 불렀겠거니 생각하며 고개를 들었다. 아무도 없었다. 당황해서 주위를 두리번거리다가 이디스 할머니를 봤다. 할머니는 나를 똑바로 올려다보고 있었다. 할머니가 내 이름을 말했을 리는 없었다. 알츠하이머병 때문에 내 이름을 말하는 건 고사하고 나를 기억하지도 못할 터였다.

"해들리." 여전히 나를 쳐다보는 할머니가 한 번 더 내 이름을 말했다.

"네, 할머니. 저 여기 있어요." 내가 팔을 뻗어 할머니의 손을 잡았다. "할머니 간호사 해들리요. 할머니 간호사가 된 지 벌써 꽤 됐네요. 제가 할머니를 돌봐드릴게요. 다 잘될 거예요. 약속해요."

근육경련인지 아니면 나와 소통하려는 이디스 할머니의 의지인지는 모르겠지만(사실 소통할 수 있을 리가 없었다), 어쨌든 할머니는 아주 잠깐 내 손을 힘주어 잡았다. 내가 한 손엔 태블릿을 들고 다른 한 손으로는 이디스 할머니의 손을 잡고 있는 동안 할머니는 천천히 잠에 빠져들었다.

이제 통증이 사라져 다행이라고 생각하며 할머니의 피부를 살펴보기 시작했다. 먼저 팔다리를 확인했다. 약간 멍이 있었지만 그 나이대 노인이라면 대부분 있는 멍이었다. 그것만 빼면 다른 곳은 전부 괜찮았다. 이디스 할머니를 왼쪽으로 돌려 눕힌 다음 등을 살펴봤다. 할머니가 입은 바지를 내리다가 깜짝 놀라 헉 소리를 냈다. 엉덩이 바로 위에 내가 지금껏 본 것 중 가장 크고 깊은 욕창이 생겨 있었다. 서양 배 모양의 욕창은 내 주먹보다 큰데, 울긋불긋하고 푸르죽죽하고 시커멨다.

화가 나서 얼굴이 뜨거워졌다. 욕창은 보통 환자의 자세를 충분히 바꿔주지 않을 때 생긴다고 학교에서 배운 바 있었다. 환자를 같은 자세로 너무 오래 두면 바닥과 닿는 부분에 압박이 가해져 피부 조직이 무너지게 된다. 이 시설을 추천한 스스로가 부끄러웠다. 내 환자를 이 지경이 될 때까지 그냥 뒀다는 사실에 분노가 치밀었다. 존 할아버지에게 이 소식을 전할 생각을 하니 끔찍했다.

요양원 직원의 업무태만을 시설 측에 어떻게 알리는 게 좋을지 판단이 서지 않아 일단 트래비스에게 연락했다. 트래비스가 전화를 받기가 무섭게 그에게 요양원 측에서는 전혀 모르고 있는 듯한 커다란 욕창 이야기를 했다.

"잠깐만요, 선생님이 생각하는 게 아닐 수도 있어요. 끊지 말고 기다려요." 혼란스러웠지만 트래비스가 키보드를 두드리는 소리를 들으며 잠시 기다렸다.

"데자가 어젯밤에 가서 확인했을 땐 팔다리에 아주 작은 멍만 있었네요." 트래비스는 잠시 말없이 있다가 입을 열었다. "케네디 궤양이라고 들어봤어요?"

"아뇨, 처음 들어봐요." 나는 간호학교에 다닐 때 들었던 상처 치료 수업을 떠올리며 대답했다.

"아무튼 피부도 신체 기관인 건 알죠?"

"네." 내가 답했다. 트래비스가 대체 무슨 이야기를 하려는지 짐작도 가지 않았다.

"그러니까 생명이 다할 때가 되면 신체 기관이 제 기능을 못하게 되듯이 피부도 그럴 수 있단 거죠. 케네디 궤양은 그야말로 눈 깜짝할 사이에 갑자기 튀어나오기도 해요. 생긴 것도 끔찍하고요. 누구 탓도 아니에요. 할머니께서 궤양 때문에 통증에 시달리는 일만 없도록 해주세요."

이번에 처음 알게 된 증상이었다. 요양원 측 잘못으로 오해해 간호사들을 탓하다가 창피를 당하기 전에 트래비스가 미리 알려주어서 다행이었다. 하지만 안도한 것도 잠시뿐이었다. 존 할아버지에게 전화해 곧 일어날 일에 마음의 준비를 하라고 전할 생각을 하니 두려워졌다. 미세하게 떨리는 손으로 할아버지의 전화번호를 눌렀다. 할아버지는 활기찬 목소리로 전화를 받았다.

"할아버지, 오늘은 요양원에 안 오셨어요?" 내가 주저하며 물었다.

"지금 가고 있죠!"

"그럼 기다리고 있을게요. 오시면 얘기해요." 내가 말했다.

존 할아버지가 도착하기를 기다리며 이디스 할머니가 불편해하진 않는지 계속 살폈다. 할머니가 무슨 꿈을 꾸고 있는지 내게 말해주면 좋겠다고 생각했다.

잠시 후 존 할아버지가 병실로 들어와 곧장 할머니 곁으로 갔다. "좀 이상하네요." 할아버지가 걱정스러운 얼굴로 말했다. 할아버지가 차이를 느꼈다는 사실에 놀랐고 감동했다. 할아버지는 할머니와 무척 깊이 연결되어 있었다. 나는 할아버지의 어깨에 손을 올리고 조금 전에 있었던 일을 이야기하기 시작했다. 할아버지는 내 이야기를 들으며 숨죽여 울었다.

"이렇게 말하면 바보같이 들리겠지만 난 아직 이디스를 떠나보낼 준비가 안 됐어요. 선생님은 그동안 우리가 겪은 일을 전부 아니까, 내가 별로 놀라지 않을 거라 생각했을지도 모르겠군요." 할아버지가 휴지로 코를 닦으며 말했다.

"아뇨. 당연한 반응이라고 생각해요."

"그럼 이제 뭘 하면 되죠?"

"이곳 간호사 선생님들에게 몇 가지 필요한 사항을 알려줄게요. 할머니께 언제 다시 약을 드려야 하는지, 저희에게 언제 연락해야 하는지 그런 것들이요. 밤중에 특별한 일이 생기지 않는다면 내일 다시 올게요. 그래도 괜찮으시겠어요?"

"네. 여러모로 고마워요, 선생님." 할아버지가 말했다.

그날 밤 이디스 할머니 일로 온 전화는 없었다. 다른 날 밤도 마찬가지였다. 그날 이후 이디스 할머니가 세상을 떠나기 전까지 닷새 내내 매일같이 두 분을 만나러 갔다. 할머니가 숨을 거둘 때 나는 그 자리에 없었지만, 무척 평온한 임종이었다고 사람들에게 전해 들었다.

이디스 할머니가 눈을 감았다는 소식을 듣고 채 20분이 지나기도 전에 요양원으로 달려갔지만, 놀랍게도 존 할아버지는 이미 자리를 뜨고 없었다. 할아버지가 돌아가신 할머니를 보는 걸 힘겨워했다고 간호사가 말해주었다.

나는 이디스 할머니에게 계속 말을 건네면서 할머니의 몸을 닦았다. 그 일이 끝나자 정원이 내려다보이는 병실 창문을 열었다. 장례식장에서 직원이 오기를 기다리면서, 몇 달 전에 이디스 할머니가 그랬듯 나비와 새가 팔랑거리며 날아다니는 모습을 지켜봤다. 장례식장 직원들이 할머니의 얼굴 위에 흰 천을 덮기 전에 이디스 할머니에게 마지막 인사를 했다. 나는 그들이 천을 씌울 때면 언제나 고개를 돌린다. 내가 가장 싫어하는 순간이다. 천을 덮어버리면 숨이 막히진 않을까 하는 생각이 들고, 그럴 때마다 매번 공포에 사로잡힌다. 터무니없다는 걸 알면서도 언제나 그렇다.

뒤처리를 모두 끝내고 나서 서턴하이츠 요양원 간호사들과 인사를 나눈 뒤 남은 내 하루를 이어나갔다.

사무실에서 반쯤 정신이 나간 상태로 서류작업을 하는데, 스티브 목사님이 들어오더니 내 옆에 앉았다. "오늘 크리스를 만났어요." 목사님이 말했다. 스티브 목사님은 이따금 크리스가 일하는 요양원에 호스피스 환자를 만나러 가곤 했다. 그렇게 몇 년이 지나자 둘은 절친한 사이가 됐다. 그들은 내가 둘을 만나기 훨씬 전부터 서로 알고 지낸 사이였다.

"아, 그러셨어요?"

"네. 어머님께서 많이 편찮으시다고요. 크리스와 함께 기도해 드렸어요."

"어머, 다정하셔라. 정말 감사해요."

"암을 이겨내겠다고 하신다면서요." 스티브 목사님이 나를 보며 말했다.

나는 입술을 깨물며 아무 말 없이 컴퓨터 화면만 똑바로 바라봤다. 이제껏 뇌종양에 걸린 환자를 많이 돌봐왔으므로 그게 어려운 일이란 걸 알고 있었다.

"선생님은 생각이 좀 다른가 보군요." 목사님이 말했다.

나는 보일 듯 말 듯 하게 고개를 끄덕였다.

"선생님 생각이 편견일 수도 있어요." 다른 사람에게서는 이런 말을 한 번도 들어본 적이 없었다. 보통 사람들은 바베트의 병과 곧 닥칠 죽음 이야기가 나오면 살얼음 위를 걷듯 조심스러워졌다.

"뇌종양을 이겨낸 환자는 없어요." 내가 단호하게 말했다.

"선생님이 돌보는 분들은 전부 죽음을 눈앞에 둔 환자잖아요. 어머님은 아직 그 정도는 아니시고요. 상황을 조금 낙관적으로 바라본다고 해서 큰일 나지 않아요." 신부님이 나를 평가하려는 기색 없이 진심으로 권유했다.

억눌러 왔던 감정이 한순간 표면 위로 폭발했다. 이 순간이 오기 전까지는 어찌어찌 잘 숨겼던 감정이었다. "어떻게 낙관적으로 바라보죠? 사방에 도사리고 있는 죽음이 끔찍하게 싫어요. 환자는 조금 가까워졌다 싶으면 세상을 떠나는 데다, 퇴근하고 바베트를 만나러 가면 그냥 보기만 해도 자꾸 누군가의 죽음이 떠올라요. 무슨 일이 생길까 봐 긴 여행도 가지 않은 지 오래됐어요. 인생이 멈춘 거 같아요. 이런 상황에 약혼하는 게 옳지 않은 일 같아서 크리스와의 약혼도 계속 미루고 있고요. 가족 모임이 있을 때마다 무거운 공기가 감돌아요. 모두 이번이 바베트와 보내는 마지막 연휴일지도 모른다고 생각하지만 아무도 그런 말을 입 밖으로 꺼내진 않죠." 심장이 쿵쾅거렸다. 이런 감정을 누군가에게 털어놓은 건 처음이었다. 내게는 이렇게 힘들어할 자격이 없는 것 같았다. 힘들다는 생각이 들 때마다 나보다 더 힘든 사람이 떠올랐다. 나는 적어도 죽어가고 있진 않았으니까.

"그런 감정이 드는 게 당연하단 거, 알죠?" 스티브 목사님이 부드럽게 물었다. "전혀 이상하지 않아요."

"저도 목사님과 같은 교육을 받았잖아요. 사람들에게 그런 감정이 드는 게 당연하다고 말해주라고 배웠는데도 정작 저 자신한테는 그게 잘 안 돼요." 말하고 나서 웃음이 터졌다. 그러나 웃음은 이내 울음으로 바뀌었다. 이렇게 갑자기 모든 걸 쏟아내게 되리라곤 생각도 못 했다. 하지만 가슴속에 꾹꾹 눌러온 감정을 전부 털어버리고 나니 기분이 훨씬 나았다.

"심리치료사인 친구가 있어요. 필요하다면 그 친구의 전화번호를 알려줄게요." 목사님이 자애로운 목소리로 나를 염려했다.

"목사님께서 보시는 것처럼 그렇게 힘들진 않으니 걱정하지 마세요." 내가 눈물을 닦으며 말했다. 시간을 내어 내 이야기를 들어주어 고맙다는 말도 덧붙였다.

겨울이 지나는 동안 내가 돌보던 환자 여럿이 세상을 떠났다. 그런 날이 있다. 그해 들어 처음으로 기온이 20도 남짓 오르고, 따뜻한 햇볕이 내리쬐고, 새가 지저귀고, 봄이 찾아와 무거운 겨울을 걷어내는 느낌이 드는 날. 내가 서턴하이츠 요양원의 잠긴 문 앞으로 다가서는데, 오늘이 바로 그런 완벽한 날이었다. 문이 열리기를 기다리다가 거기에 붙어 있는 밝은 색상의 전단에 눈길이 갔다.

「이디스에게 바치는 헌사」라고 쓰여 있었다. 요양원 정원에서 이디스 할머니를 기리며 벤치를 설치하는 작은 행사가 열리는 모양이었다. 그 행사에 꼭 참석하고 싶어 급하게 날짜와 시간을 확인하니 오늘이 행사가 열리는 날이었다. 아니, 정확히 말하면 바로 지금이었다. 나는 정원으로 이어지는 문으로 들어가 존 할아버지의 헌사를 경청하는 무리에 조용히 합류했다. 유골함을 품에 안은 존 할아버지는 지난 몇 달 동안 그들 부부가 좋아했던 여행지를 돌아다니며 할머니의 유골을 뿌리고 온 이야기를 하고 있었다. 할아버지가 행복해 보여서 기뻤다. 헌사를 마친 존 할아버지는 벤치 주변에도 할머니의 유골을 조금 뿌렸다.

행사가 끝나고 나서 손님들이 차례로 조의를 표하며 존 할아버지를 포옹하고 위로하는 동안, 나는 뒤에서 잠시 기다렸다. 나를 알아본 할아버지가 손을 흔들어 인사했다.

"선생님, 와줬군요!" 할아버지가 기쁘게 외쳤다. "해주고 싶은 얘기가 있는데, 날 미친 노인네로 여길 거 같아서 일부러 연락을 안 했어요."

"제가 왜 그런 생각을 하겠어요, 할아버지." 내가 존 할아버지를 안심시켰다. "나누고 싶은 얘기가 있으면 언제든 전화하세요. 제가 미리 말씀드렸어야 했는데." 그동안 가족을 잃은 슬픔으로 괴로워하는 보호자에게 내 마음을 너무 닫아뒀던 건 아닌지 걱정이 됐다.

"아뇨. 그런 이유 때문이 아니고요. 들려주고 싶은 얘기가 있었어요! 다른 사람은 몰라도 선생님만큼은 이해할 것 같았거든요. 어쩌면 내가 미쳤다고 생각할 수도 있지만요." 존 할아버지의 눈이 반짝였다. 할아버지의 이런 모습은 처음이었다. 심지어 허리도 더 곧아져서 완전히 다른 사람 같았다.

"그렇게 생각하지 않을 테니 말씀해 보세요." 내가 약속했다. 이제껏 별의별 일을 다 겪어봐서 무슨 말을 들어도 놀라지 않을 자신이 있었다.

"이디스가 침대에 불이 났다고 소동을 피웠던 일 기억하죠?" 할아버지가 물었다.

"당연하죠. 그 일은 절대 잊지 못할 거예요." 진심이었다.

"소방관들도 정확한 원인은 모른대요. 아마 전기 합선일 거라곤 하는데…… 아무튼 이디스가 세상을 떠나고 몇 달 후에 그 방에 실제로 불이 났어요." 할아버지가 신이 나서 말했다.

내가 받은 충격이 얼굴에 고스란히 드러날 게 분명했다. 빠르게 스쳐 지나가는 생각을 정리하고 대답하기까지 한참이 걸렸다. "다친 곳은 없으세요?" 내가 물었다. 이 상황에 가장 알맞은 질문은 이것밖에 없는 것 같았다.

"다친 곳은 없어요. 하지만 침대를 원래대로 옮겼다면 큰일 날 뻔했죠. 선생님이 침대를 빈방으로 옮기고 나서부터 저는 계속 거기서 잤거든요." 존 할아버지는 잠시 뒤에 확신에 찬 목소리로 말했다. "이디스는 알았던 거예요."

다른 설명을 찾으려고 아무리 머리를 쥐어짜 봐도 달리 떠오르는 게 없었다. "그랬나 보네요." 내가 느릿느릿 말했다.

하지만…… 대체 무슨 수로 안단 말인가?

그때까지 호스피스 일을 하며 놀랍고 신기한 광경을 수도 없이 목격했지만, 이 사건만은 정말 도무지 설명할 길이 없었다. 잊히지도 않고 자꾸 떠올랐다. 누군가는 이렇게 반박할지도 모른다. 이디스 할머니가 예견한 것처럼 보이는 건 그저 우연일 뿐이라고. 하지만 우연이라기엔 지나치게 절묘하다. 게다가 충분히 설명해 주지도 못한다.

이디스 할머니를 보살피며 나는 알츠하이머병 환자를 조금 다른 시선으로 바라보게 됐다. 우리는 알츠하이머병 환자를 대할 때, 그들의 의식이 지금 여기에 있지 않다는 사실에만 너무나 쉽게 초점을 맞춘다. '그렇다면 그들의 의식은 어디에 있을까?'라는 질문은 좀처럼 떠올리지 않는다. 나는 종종 내 환자를 한쪽 발은 이쪽 세상에 두고 다른 한쪽 발은 저쪽 세상에 걸친 사람이라고 설명한다. 물론 증명할 수는 없지만, 이렇게 추측해 본다. 알츠하이머병 환자의 육체는 지금 여기에 있지만, 어떤 특정 단계를 넘어서면 그들의 의식은 우리가 죽으면 가게 될 저세상에 단단히 뿌리를 내리는 게 아닐까. 사람들은 그들을 아무것도 모르는 어린아이 취급하지만 내 생각은 다르다. 이디스 할머니를 비롯해 내가 지난 수년간 만나온 수많은 치매환자가 이를 반증한다. 과학이나 의학의 관점에서 본다면 절대 할 수 없는 일을 해내면서.

이디스 할머니는 내 이름을 어떻게 알았을까? 내 이름을 말한 건 차치해도 무슨 수로 기억했을까? 이미 치매가 상당히 진행되어 새로운 기억을 형성하는 인지능력을 잃은 지 오래인데 말이다. 어떻게 화재가 발생할 곳을 정확히 알았을까? 나는 간호 지식을 바탕으로 환자를 보살피고 간호하지만, 간호 지식으로는 이런 일을 설명해낼 수 없다. 나는 과학과 의학의 힘을 믿는 사람이다. 그러나 내가 경험한 바에 의하면 그 둘이 많은 걸 설명할 수는 있어도 모든 걸 설명하진 못한다.

오늘날까지도 나는 이 모든 일이 왜, 어떻게 일어났는지 설명할 수 없다. 그저 일어났단 것만 알고 있을 뿐.

존 할아버지에게 화재 사건을 전해 들은 지 얼마 지나지 않아, 이디스 할머니가 환영을 본다고 생각했던 그날 밤 침대를 옮겨 보라 조언해 주었던 선배 간호사 린다와 우연히 마주쳤다. 내가 겪은 일을 이야기했지만 린다는 전혀 놀라지 않은 눈치였다.

"심심찮게 일어나는 일이에요." 린다가 어깨를 으쓱하며 대수롭지 않게 말했다. "침대를 옮겼다니 다행이네요."

# ⑦ 혼자 짊어질 수 없는 짐도 있다

: 레지 :

식당이 가까워져 오자 오랜 친구들이 야외석에 자리를 잡고 벌써 와인을 홀짝이는 모습이 보였다. 1월치고 드물게 포근한 날씨였지만, 그래도 친구들이 히터 옆자리를 맡아놓아서 다행이란 생각이 들었다.

"애들아, 나 왔어!" 내가 빈 의자에 털썩 주저앉았다. 맞은편엔 몰리가, 옆자리엔 켈리가 앉아 있었다.

"일 얘기 하고 있었어." 몰리가 말했다.

나는 고개를 끄덕이며 미소를 지었다. 몰리는 판매 사원이었고 다른 친구 켈리는 부동산 사무실에서 접수원으로 일하고 있었다. 켈리가 대출을 거절당한 고객이 자기에게 화풀이한 이야기를 막 끝냈을 때, 식당 종업원이 내 와인을 가져왔다. "건배!" 우리는 다 같이 외쳤다.

몰리가 몸을 앞으로 숙이며 끊겼던 대화를 다시 이어갔다. "네 마음 완전 이해해. 할인 쿠폰이 적용되지 않아서 흥분한 손님을 상대했던 적이 있거든. 게다가 가게에 오는 손님마다 왜 그렇게 옷을 어질러놓는지 모르겠어. 옷 정리하느라 다른 일은 하나도 못 한다니까."

나는 고개를 끄덕이곤 탁자 한가운데 놓인 샤퀴테리 보드*에 있는 치즈를 입에 넣고 우물거렸다.

"해들리, 넌? 요즘 일은 어때?"

어떻게 대답하면 좋을지 고민했다. 하지만 "오늘 아침에 내 환자 한 명이 죽었어. 그러고 나서 오후엔 곧 과부가 될 보호자가 신세를 한탄하면서 넋 놓고 우는 소리를 들었지"라는 말은 어쩌다 한번 만나는 친구들과 한잔하며 할 이야기는 아닌 듯했다.

"난 늘 똑같지, 뭐." 어깨를 으쓱하며 말했다. 요즘 일은 어떤지 내 기분은 어떤지 친구들에게 자세히 이야기해 주고 싶었지만, 그러다가는 분위기를 망칠 게 뻔했다. 입안에 치즈 조각 하

---

* 돼지고기를 가공해 만든 햄, 소시지 등과 함께 치즈, 견과류, 과일 등을 한 판에 내어놓는 음식.

나를 더 쑤셔 넣으며 내 이야기를 구구절절 풀어놓을 생각이 없음을 넌지시 내비쳤다.

이런 일은 흔히 일어났다. 오직 친구들을 만날 때에만 국한된 것도 아니었다. 지난 몇 년간 일 이야기는 내 속에만 담아두는 버릇이 생겼다. 물론 나는 내 일을 사랑했다. 사람들의 죽음을 목격하고 나면 어김없이 감정 소모가 뒤따랐지만, 호스피스 일은 그 어느 때보다 살아 있다는 기분을 느끼게 해주었다. 내 인생의 천직을 찾은 것 같았다. 그러나 내 일이 다른 사람을 불편하게 하는 것은 사실이었다.

모임 자리에서 내 직업 이야기를 꺼냈을 때 사람들이 화제를 전환하는 데는 금방 익숙해져서 급기야 내가 먼저 다른 이야기를 하기에 이르렀다. 어쩌다 그러지 않을 때도 있었는데, 그러면 항상 내 선택을 후회했다. 크리스와 내가 연휴에 열린 한 자선 행사에 참석했을 때였다. 의사 한 명이 우리에게 직업이 뭐냐고 말을 걸어왔다. 크리스는 자기를 물리치료사라고 소개했다. 의사가 내 쪽을 돌아보기에 나는 호스피스 간호사라고 말했다.

"아, 그렇군요." 그 의사는 인상을 찌푸리더니 손에 든 잔을 빙빙 돌리면서 말했다. "우울한 직업이네요." 의사란 사람이 그런 말을 하다니.

"꼭 그렇진 않아요." 내가 억지 미소를 지으며 대꾸했다. "전

제 일을 정말 좋아하거든요."

"죽는 걸 좋아한다고요?" 의사가 내 말을 잘랐다.

얼굴이 확 달아올랐다. "그게 다가 아니에요." 내가 더듬거리며 덧붙였다. "늘 그것만 있는 건 아니라고요."

"그렇군요." 의사가 답했다. 딱 봐도 관심이 없어 보였다. "그럼 이만. 만나서 반가웠어요." 그 말을 마지막으로 의사는 우리에게서 등을 돌렸다. 너무 창피했다. 처음부터 그냥 간호사라고 소개했으면 좋았을걸.

내 직업을 어렵게 생각하는 건 비단 낯선 사람뿐만이 아니었다. 몇몇 친구와 가족도 이 일이 내게 얼마나 큰 의미인지 아무리 말해도 이해하지 못했다. 유독 가슴이 아팠던 건, 아빠가 언제 '진짜 간호사'로 돌아갈 계획이냐고 물었을 때였다. 지금도 진짜 간호사라고 대꾸하니 아빠는 이렇게 말했다. "아니, 환자가 그냥 죽어나가도록 내버려두는 간호사 말고 진짜로 생명을 살리는 간호사 말이다."

잊어버리려고 노력하면 할수록 아빠와 나눈 대화는 계속 내 머릿속을 맴돌았다. 그로부터 며칠이 지난 어느 날 밤. 크리스의 부모님이 저녁 식사 자리에서 내게 요즘 일은 어떠냐고 물었다. 풀이 죽은 나는 평소와는 다른 대답을 했다.

"그저 그래요." 나는 어색한 미소를 지었다.

"왜 그래! 당신이 하는 일 좋아하잖아." 크리스가 놀라서 항변했다.

"그러게." 내가 접시를 내려다봤다. "근데 가끔 딴생각이 들어. 그냥 병원으로 돌아가면 어떨까 하고."

"누가 해들리한테 진짜 간호사가 아니라고 했거든요." 크리스가 자기 부모님을 보며 퉁명스럽게 말했다. 무슨 말을 더 하려고 하는데 바베트가 끼어들었다.

"해들리." 바베트가 내 눈을 똑바로 들여다보면서 물었다. "일할 때 행복하니?"

"그럼요." 내가 어깨를 으쓱했다.

"그럼 된 거야." 바베트가 그러면 문제 될 건 없단 듯 단호하게 말했다. "인생은 짧단다. 나라고 이렇게 될 줄 알았겠니? 네 행복이 다른 사람에게 해를 끼치지만 않는다면, 그런 사람들 말은 싹 다 무시해 버리렴. 신경 쓸 가치도 없단다."

그 순간은 오늘날까지도 내 마음속 깊이 남아 있다.

몰리와 켈리는 내가 일부러 말을 돌린다는 걸 눈치채지 못했다. 대화는 빠르게 연애 이야기로 흘러갔다.

"얘들아, 브룩스와 내가 드디어 결혼식장을 정했어!" 몰리가 말했다.

나는 화제가 바뀐 데 안도하며 미소를 지었다. 그러고는 몰리가 결혼식장 얘기를 하나도 빠짐없이 해주는 걸 기쁜 마음으로 들었다.

"크리스랑 너는? 결혼 소식 없어?" 몰리가 나를 돌아보며 물었다.

몇 달 전 크리스와 함께 반지를 보러 가긴 했어도, 그 이후 크리스에게서 별다른 말은 없었다. 조금도 실망하지 않았다면 거짓말이겠지만, 바베트가 위중해서 지금은 그에게 집중해야 했다.

"초대만 해. 지금 당장이라도 달려갈 테니까!" 켈리가 장난스럽게 말했다.

"나도 당장이라도 초대하고 싶어, 얘들아." 내가 진심으로 동조했다.

식사를 마친 우리는 계산하고 나서 곧 또 보자고 약속하며 헤어졌다. 나는 해변으로 향했다. 크리스가 어린이집에서 브로디를 데려와 해변에서 기다리겠다고 해준 덕에 친구들과 조금이나마 시간을 보낼 수 있었다. 저 멀리 크리스와 브로디가 모래성을 짓는 모습이 눈에 들어왔다. 바람에 날린 머리카락이 얼굴을 휘감았다. 잠시 멈춰 서서 파도가 밀려오는 바다를 가만히 응시했다. 오늘 죽은 환자의 빈자리는 머지않아 새로운 환자가 채우게 될 것이다. 그 끝나지 않는 순환은 바다의 밀물과 썰물만큼이나 당연한 일이다. 다음엔 또 어떤 환자를 만나게 될까.

이 질문의 답을 아는 데까지 그리 오랜 시간이 걸리지 않았다. 이틀 후 신규 환자의 가입 자격을 검토하는 일정이 잡혔다. 서류엔 이렇게 쓰여 있었다.

"레지: 간암 말기 58세 남성. 6개월 이내 알코올 섭취 이력이 있어 이식 대상에서 제외됨. 배우자인 리사가 간병 중. 자녀 및 연고 없음."

서류 상단에 빨간색으로 동그라미를 쳐놓은 손 글씨가 있었다. "본인부담금 비율 높음. 후원 여부 확인 필요." 그 아래에 단어 하나가 휘갈겨져 있었다. "후원 승인됨."

안도하며 한숨을 내쉬었다. 메디케어에서 호스피스 비용을 지원해 주긴 해도 레지처럼 65세가 되지 않아 대상이 아닌 환자의 경우엔 비용 문제가 더 복잡했다. 때로는 개인보험에서 호스피스 비용을 100퍼센트 지원해 주기도 하지만, 환자가 수천 달러의 본인부담금을 감당해야 하는 경우도 있다. 후원 승인은 보험이 적용되지 않는 모든 비용을 호스피스 업체가 부담하겠단 뜻이다. 호스피스 환자의 단 1퍼센트만 받을 수 있을 정도로 드문 사례였다.

레지의 서류를 훑어보며 책상에 앉는데, 스티브 목사님의 목소리가 들렸다. "안녕, 안녕, 해들리 선생님." 목사님이 간호사 사무실로 들어오며 큰 소리로 인사했다. 나는 의자를 돌려 목사님을 마주 보고 웃었다. 스티브 목사님은 잘 다려진 하얀 셔츠와 검은 바지를 입고 있었다. 목사님이 의자 하나를 휙 들어 올리더니 내 옆에 내려놓았다. 플라스틱 바퀴가 타일 바닥에 부딪히며 시끄러운 소리를 냈다. "바베트는 좀 어때요? 계속 기도하고 있는 중이에요." 목사님이 물었다.

"체중이 계속 줄어요. 시내에 있는 병원에도 다니고 몇 달에 한 번씩 MD 앤더슨*에도 가세요. 그런데 가끔 양쪽에서 바베트를 상대에게 미루는 듯한 기분이 들어요. 자기 책임이 아니란 듯이 말이죠. 목사님께서도 아시겠지만 바베트는 자기가 간호사니까 알아서 할 수 있대요. 저도 괜히 선을 넘고 싶진 않고요." 내가 답했다.

"선생님이 보기에도 알아서 잘하고 계신가요?" 목사님이 물었다.

스티브 목사님과 있을 때면 왠지 모르게 솔직해졌다. 잠시 침묵하다가 한숨을 푹 쉬고 말했다. "저도 모르겠어요. 겉으로는 괜찮아 보이지만 창고 비밀번호를 깜박한다든가 하는 사소한 일이 종종 있어요. 하지만 그게 암 때문인지 나이가 들면 자연스레 일어나는 일인지는 모르겠어요. 좋은 거라면 해드리고 싶지,

---

* MD Anderson. 텍사스대학 암 센터.

그분에게서 뭔가를 뺏고 싶진 않아요."

스티브 목사님이 의자를 조금 가까이 당겨 몸을 앞으로 숙이며 말했다. "하나만 물어볼게요. 선생님이 개입하지 않았을 때 일어날 최악의 상황은 뭔가요?"

"바베트가 최선의 치료를 제때 받지 못하는 거겠죠." 내가 답했다. 목사님이 이런 질문을 하는 의도가 뭔지 몰라 약간 혼란스러웠다.

"그럼 선생님이 개입했을 때 일어날 최악의 상황은요?"

"더 좋은 치료를 받을 수도 있지만, 반대로 그렇지 못할 수도 있어요. 그리고 뜻대로 하지 못한 바베트가 상처받을 가능성도 있고요."

"그럼 답은 나왔네요." 목사님은 격려하듯 내 팔을 토닥이곤 탕비실로 걸어갔다.

나는 한숨을 내쉬며 고개를 끄덕인 다음 의자를 다시 돌려 산더미처럼 쌓인 가입 서류와 마주했다.

"누군가요?" 잔에 커피를 따른 스티브 목사님이 내가 들고 있는 서류를 가리켰다.

"레지란 분이세요." 내가 답했다. "곧 제 환자가 될지도 몰라요. 오늘 만나러 가거든요. 지금 본 건데 무신론자래요. 기도는 필요 없다고 하겠네요. 혹시 모르니 물어보긴 할게요."

"난 환자가 원하는 만큼만 도와줄 수 있다면 그걸로 족해요. 싫다고 하면 입도 뻥긋 안 할게요. 알겠죠?"

나는 웃으며 고개를 흔들었다. "저도 알아요. 하지만 제가 그렇게 말해도 대부분 믿지 않아요. 목사님께서 성수를 들고 나타나서 자기한테 뿌리실 거라 생각한다니까요."

"생수병도 들고 가지 않을게요. 십자가에 대고 맹세해요. 아 참, 십자가라고 하면 안 되겠군요. 새끼손가락 걸고 약속해요." 스티브 목사님이 새끼손가락을 내밀고 쿡쿡 웃으며 말했다.

나도 웃으며 목사님의 새끼손가락에 내 손가락을 걸었다.


그날 오후 레지의 집을 찾았다. 여기저기 고칠 곳이 많은 트레일러였다. 옆집 남자가 입술 사이에 담배를 물고서 나를 바라봤다. 빽빽한 풀을 헤치고 레지의 집을 향해 걸어가면서 그 남자를 향해 손을 흔들다가, 미처 보지 못한 구덩이에 오른발이 빠지는 바람에 꺅 소리를 냈다. 남자는 좋은 구경거리에 신이 났는지 껄껄대며 웃었다. 구덩이에서 발을 빼내고 현관문으로 걸어가 초인종을 눌렀다.

"그거 고장 났어요, 아가씨." 이웃이 소리쳤다.

초인종을 누르는 대신 문을 두드리자 개가 큰 소리로 짖었다.

"맥스, 조용히 해." 닫힌 문 뒤로 누군가 말하는 소리가 들렸다. 잠시 후 50대 초반으로 보이는 수수한 검정 원피스 차림의 여자가 문을 열었다. 여자는 맥스의 목줄을 잡으려 몸을 앞으로 숙였다. 그러자 양쪽 귀 뒤로 단정히 넘어가 있던 검은 머리가 얼굴 위로 쏟아져 내렸다.

"정말 미안해요." 맥스가 슬슬 진정하자 여자가 사과했다. 복슬복슬한 꼬리를 살랑살랑 흔드는 게 영락없는 골든리트리버였다.

"괜찮아요. 많이 겪는 일이에요." 내가 말했다. "해들리라고 해요. 처음 뵙겠습니다."

"저는 리사예요. 잘 부탁해요. 레지는 안쪽에 있어요."

리사가 나를 거실로 안내했다. 거실엔 인조가죽 소파가 하나 놓여 있었고 그 앞에 있는 탁자에 잡지 몇 권, 담배, 포장 판매용 일회용 컵들이 마구잡이로 흐트러져 있었다. 오래된 나무 장식장 위에 놓인 텔레비전에서는 낮에 하는 서바이벌 퀴즈 방송이 방영되고 있었지만, 음 소거 상태인지 소리는 나지 않았다. 텔레비전 바로 맞은편에 놓인 안락의자에 레지가 앉아서 자고 있었다. 레지는 흰색 민무늬 티셔츠에 부풀 대로 부푼 배 때문에 팽팽하게 늘어난 잠옷 바지를 입고 있었다. 복부 팽창은 복수腹水가 차서 생기는, 간암의 대표적인 증상이었다.

거실 안쪽으로 걸어간 리사가 레지를 가볍게 흔들어 깨웠다.

어리둥절해하던 레지의 시선이 곧 내게로 향했다. "드디어 내 마지막 소원을 들어주기로 한 거야, 응?" 레지가 자기 아내에게 물었다.

레지가 호스피스를 받게 된 걸 고맙게 여기는 줄 알고 감동했지만, 착각이었다. "말도 꺼내지 마. 난 지금 심각하니까." 리사가 질책했다.

"내 전용 스트리퍼를 데려왔군그래." 레지는 자기 아내가 그러거나 말거나 이렇게 말하곤 웃음을 터뜨렸다. 내 눈이 휘둥그레졌다. 할 말이 떠오르지 않았다. 내가 입은 옷을 내려다봤다. 늘 입고 신는 헐렁한 푸른색 수술복과 운동화가 보였다.

"이 사람이 제정신이 아니라서 그래요." 리사가 자기 남편의 말을 해명하려는 듯 황급히 말했다. "증상 중 하나인가 봐요."

고개를 끄덕이고 레지의 말은 무시했다. 1년 전만 하더라도 어쩔 줄 몰라 쩔쩔맸겠지만, 이젠 나도 알 만큼 알았다.

"환자분이 호스피스에 가입할 자격이 되는지 평가하려고 해요. 괜찮겠어요?" 내가 물었다.

"물론이죠. 꼭 좀 도와주세요. 정말 감사해요." 레지가 뭐라고 입을 열기 전에 리사가 먼저 말했다. 나는 간호사 가방을 내려놓으며 태블릿을 꺼냈다.

"그럼 첫 번째 질문부터 시작할게요. 성함을 알려주시겠어요?"

"레지 부시.* 보면 몰라요? 똑같이 생겼잖아요." 레지가 얼굴을 찌푸리며 대답했다.

"서류에 있는 이름은 그게 아닌데요." 내가 말했다.

"나 원 참, 장난도 못 치겠네!" 레지가 한숨을 쉬었다. "다 들어 본 질문뿐이군. 병원에서 나온 지 얼마 안 돼 그런가. 내 이름은 레지예요. 지금은 1월이고요. 또 뭐가 필요해요?"

나는 세 개의 칸 중 '사람'과 '시간'을 의미하는 두 개의 칸에 체크 표시를 했지만, 아직 '장소'가 남아 있었다.

"지금 있는 곳이 어딘지 아나요?"

"알고말고. 지옥이잖아요." 레지는 심드렁하게 대답하고 나서 옆에 있는 탁자로 팔을 뻗어 물방울이 송골송골 맺힌 맥주 캔을 움켜쥐었다. "내 집이요." 레지가 한숨을 쉬었다. "이쪽은 내 아내 리사. 그리고 이쪽은 내 개 맥스. 자, 이게 내 전부요." 이렇게 말한 레지는 맥주 캔을 들어 올려 건배하는 시늉을 한 다음 고개를 뒤로 젖혀 남은 맥주를 들이켰다.

환자가 자신이 있는 장소를 혼동하지 않음을 뜻하는 '장소' 칸에 체크 표시를 했다. 그런 다음 레지의 몸 상태를 확인하려고 의료용 손전등을 꺼냈다. 나는 놓치는 부위가 없도록 언제나 몸

---

* Reggie Bush. 전 미국 대통령(P'resi'dent) 조지 부시의 이름을 이용한 말장난.

의 가장 위쪽인 머리부터 시작해 가장 아래쪽인 발끝까지 내려가면서 검진을 진행하곤 했다. 레지 곁으로 다가서자 누래진 흰자위가 보였다. 간암이 상당히 진행됐단 뜻이었다. 레지의 몸을 훑어 내려가다 보니 앙상한 팔뚝이 눈에 띄었다. 축 처져서 흐물거리는 팔뚝의 피부는 한때 레지가 근육질이었음을 알려주는, 우울한 증거였다.

"건강할 땐 무슨 일을 했나요?" 내가 어색한 침묵을 깨려고 물었다.

"건설 쪽이요."

"바빴겠어요. 이 동네는 어딜 돌아봐도 항상 새 건물이 올라가고 있더라고요."

"바닷가 땅을 눈독 들이는 사람들 천지예요." 레지가 말했다. "리사와 나는 이곳이 아직 작은 어촌일 때 여기로 이사 왔어요. 그땐 아무것도 없었죠. 그래서 이 땅을 우리가 가질 수 있었고요. 이 동네 개발자란 개발자는 모두 다 이 땅을 사려고 안달을 냈지만, 난 딱 잘라서 싫다고 거절했어요. 수억 수천에 판다고 한들 그 돈으로 어딜 갈 수나 있겠어요? 그보다 비싼 곳들 천지인데."

"그 사람들은 그냥 우리가 여기서 사라져 주기를 바라는 거야, 레지. 다른 이유는 없어." 리사가 바로 옆 부엌에서 외쳤다. "우리 같은 쓰레기를 치우려는 거라고."

"그러니까 절대 뺏기면 안 돼, 리사. 알아들어?"

"그럼 대체 누구한테 주란 말이야, 응? 애도 없고 가족도 없는데."

"이 간호사 선생님한테나 주든지." 레지는 맥주 캔을 든 손으로 가방에서 줄자를 꺼내는 나를 가리키며 말했다. 리사가 어이없단 듯이 눈알을 위로 굴렸다. 그들은 적당한 해결책이 없는 이 문제로 줄곧 충돌을 빚어온 게 분명했다.

"옆집에 사는 이웃이 좋아하지 않을 거 같은데요." 농담 삼아 한 말임을 알리려고 살짝 웃었다.

"그 사람은 아무도 안 좋아해요." 레지는 내가 가방을 뒤지는 동안 리사가 주었을 두 번째 맥주 캔을 연신 홀짝이며 말했다.

레지를 호스피스에 등록하려면 승인이 필요했기에, 나는 쿠마르 선생님과 통화하러 잠시 집 밖으로 나갔다. 더는 그 이웃이 보이지 않아 다행이었다.

"해들리 선생님, 제가 지금 운전하고 있어서 서류를 볼 수가 없어요. 미리 알고 있으라고요." 전화를 받은 쿠마르 선생님이 말했다.

"괜찮아요. 더 볼 것도 없는 경우거든요."

레지의 상태를 요약해서 설명했다. 레지에게 복수 증상이 있다고 하자 쿠마르 선생님이 내 말을 끊고 물었다. "얼마나 심각하죠?"

나는 내용을 확인하려고 진료기록을 내리다가 부부와 대화하는 데 정신이 팔려 레지의 배 둘레를 깜빡하고 재지 않았단 사실을 깨달았다. 얼굴이 뜨겁게 달아올랐다. "죄송해요, 선생님. 배 둘레 확인하는 걸 잊었어요. 지금 바로 가서 재보고 다시 전화할게요."

쿠마르 선생님이 내 말을 잘랐다. "괜찮아요. 선생님은 좋은 간호사예요. 그리고 우린 팀이잖아요. 말로 설명해 봐요."

입을 열었지만 당황한 나머지 머릿속이 백지장처럼 새하얘졌다. 배의 생김새를 전문적인 의학용어로 묘사하려고 하니 아무것도 떠오르지 않았다. "모, 모르겠어요. 얼른 들어가서 둘레를 재보고 2분 안에 다시 전화할게요."

"임신한 사람 같나요?" 쿠마르 선생님이 물었다. 딱 그렇게 생각하고 있었지만, 차마 그런 식으로 설명하고 싶지는 않던 참이었다.

"네, 임신 9개월 차요."

"시간이 얼마 남지 않았겠어요. 검사 결과와 오늘 검진 내용을 종합해 보면요. 등록한 다음 위로의 말도 전해주세요." 쿠마르 선생님이 말했다.

알겠다고 대답한 나는 전화를 끊고 나서 크게 심호흡했다. 그리고 레지와 리사의 집으로 다시 들어갔다.

"의사 선생님이 가입을 승인해 줬어요." 부부에게 소식을 전했다. 맥스가 내 말을 알아들은 것처럼 레지에게 다가가더니 그의 무릎에 턱을 올렸다.

"내 죽음을 위하여." 레지는 이렇게 말하더니 남은 맥주를 꿀꺽꿀꺽 들이켰다.

토요일 아침 잠에서 깼더니 창문으로 햇살이 들어오고 있었다. 휴대폰엔 켈리에게서 손톱 관리를 받으러 가지 않겠느냐는 문자가 와 있었다. 무척 고된 한 주였기에 그저 소파에 널브러져 밀린 리얼리티 방송이나 보고 싶은 마음뿐이었다. 텔레비전 방송을 보고 있자면 삶에서 일어나는 온갖 일을 잊을 수 있었다. "오늘은 안 되겠어. 다음엔 꼭 같이 가자!"라고 답장을 보냈다. 여덟 시간쯤 여유를 부린 뒤 친구의 생일 파티에 가야 하고, 그 후엔 크리스 부모님네 집에서 저녁을 함께 먹기로 되어 있었다.

쇼프로 몇 개를 몰아서 보고 친구에게 줄 생일 선물을 포장한 다음 외출 준비를 했다. 아직 제법 추운 날씨지만 청바지에 분홍색 탱크톱을 입었다. 크리스 부모님네 집은 항상 따뜻했기 때문이다(하지만 그 무렵 바베트는 늘 몸을 떨었다). 오래되고 포근한 회색 스웨터에 팔을 끼워 넣고 거울을 바라봤다. 100퍼센트 마음에 들진 않았지만, 그래도 이 정도면 괜찮을 듯했다.

크리스가 방으로 들어와 나를 보더니 곧바로 예쁘다고 칭찬을 건넸다. 크리스는 평소보다 더 근사했다. 내 친구들을 만나러 갈 때면 항상 옷차림에 신경 쓰는 크리스가 고마웠다.

우리는 파티에 한 시간 정도 있다가 인사하고 나와 크리스 부모님네 집으로 향했다. 주차하고 나서 크리스가 휴대폰을 확인하더니 말했다. "이런, 장 보러 나갔다가 아직 들어오기 전이시라네." 크리스는 콘도 앞에 있는 거주민 전용 선착장을 가리켰다. "잠깐 저기 좀 걸을까?"

"좋지!" 내가 답했다. 해가 막 지기 시작해 걷기에 완벽한 시간이었다.

우리는 손을 잡고 선착장으로 걸어 나갔다. 부둣가에 묶인 아름다운 요트 한 대가 물결을 따라 아래위로 흔들렸다. 크리스가 나를 요트 위로 이끌었다.

"거길 올라가면 어떡해." 내가 웃으며 속삭였다.

크리스가 나를 돌아보며 빙긋 웃는 찰나 선장님의 목소리가 들렸다. "환영해요, 크리스와 해들리!"

요트는 잠시 만灣을 항해하다가 우리가 가장 좋아하는 조용한 해변에 정박했다. 문득 오늘 아침 켈리가 손톱 관리를 받으러 가

자고 연락한 이유를 깨달았다. 입이 양쪽 귀에 걸리도록 활짝 웃으면서 매분 매초를 음미하며 그 순간이 오기를 기다렸다.

요트에서 내려 모래사장을 거닐다 바위가 많은 해변에 다다랐다. 우리는 이전에도 수없이 그랬듯 함께 바위 위로 올라갔고, 크리스가 기다렸단 듯 내 앞에 한쪽 무릎을 꿇었다. "해들리, 내 여생을 당신 그리고 브로디와 함께 보내고 싶어. 나와 결혼해 줄래?" 크리스가 미소를 머금고 나를 올려다보며 물었다.

"당연하지!" 나는 조금도 주저하지 않고 외쳤다. 그 순간을 온전히 만끽한 다음 요트가 세워진 곳으로 발길을 돌렸다. 해는 진지 오래지만, 크리스의 눈이 여전히 반짝거리는 걸 보면 아직 이 밤이 끝나지 않은 듯했다.

"깜짝선물이 하나 더 있어." 크리스가 내 손을 꼭 쥐며 말했다. 요트가 루이지애나라냎이란 부둣가 레스토랑 앞에 정박하자 우리는 요트에서 내려 선장님과 인사를 나눴다. 깜짝선물은 저녁식사가 아니었다.

"약혼 축하해!" 레스토랑 문을 열고 들어가는 순간 여러 목소리가 일제히 외쳤다. 주위를 둘러보니 가족과 친구가 모두 그곳에 와 있었다. 입을 딱 벌린 채 모두와 포옹을 나눴는데, 무엇보다 놀라운 건 엄마가 그곳에 있단 사실이었다.

"뭐야, 엄마! 좀 전에 통화할 때 텍사스주라고 했잖아요! 엄마도 알았던 거야?" 내가 물었다.

"거짓말 좀 했지." 엄마가 눈물을 흘렸다. "크리스가 얼마나 오랫동안 준비했는데. 너희 둘이 잘돼서 엄만 너무 좋아."

바베트도 있었다. 바베트는 반지가 예쁘다고 칭찬한 다음 우리가 약혼하게 되어 무척 기쁘다고 말하다가 이렇게 물었다. "아직 이른 건 알지만, 혹시 생각해 둔 날 있니?"

나는 어깨를 으쓱했다. "어머님께서도 잘 아시겠지만, 제가 평생 꿈꿔온 결혼이잖아요. 시간을 들여서 천천히 준비하고 싶어요. 아마 내년쯤이지 않을까요?" 바베트에게 남은 시간을 미처 떠올리지 못한 채 무심코 대답했다.

"아주 좋은 생각이구나." 바베트가 진심을 담아 말했다.

조금 후 내 어깨에 크리스의 손길이 닿는 게 느껴졌다. 나는 크리스가 건넨 샴페인 잔을 들고, 그의 부모님을 포함해 몇몇 사람이 우리에게 해주는 축사에 함께 귀를 기울였다. 우리는 축사 하나가 끝날 때마다 사랑하는 사람들과 함께 "건배!"라고 외치며 잔을 들어 올렸다.

노곤하고도 행복한 월요일 아침이었다. 나는 여전히 예상치 못한 주말 이벤트의 여운에서 헤어 나오지 못하고 있었다. 휴대폰 스피커에서 흘러나오는 아침 회의 소리에 귀를 기울이며 커피를 한 잔 따랐다. 그리고 동료 두 명이 주말에 있었던 일을 보고하는 동안, 부엌 조리대에 기대어 왼손 네 번째 손가락에서 반짝이는 약혼반지를 감탄하며 바라봤다. 평소에는 액세서리를 거의 하지 않는 편이었지만, 이 반지를 끼고 다닐 생각을 하니 벌써 신났다.

"레지를 보러 갈 일이 많았어요." 주말 당직이었던 제나가 말했다. 귀가 쫑긋 섰다. 이제 집중할 시간이었다. "레지가 많이 힘들어해요. 통증이 심한 데다 착란 증세까지 있어요. 리사는 이 상황을 받아들이기가 힘든지 레지에게 풀 코드$^{\text{full code}}$를 적용해달라네요." 내가 얼굴을 찡그렸다. '풀 코드'를 적용할 경우, 레지가 숨을 멈추면 우리는 법적으로 사망 선고를 하는 대신 911을 부르고 심폐소생술을 실시해야 했다. 레지와 리사는 우리가 만난 첫날에 이미 연명의료를 하지 않겠다는 데 동의하고, 심폐소생 금지$^{\text{DNR, Do-Not-Resuscitate}}$ 서류에 서명을 마친 터였다. 하지만 리사가 마음을 바꾼 듯했다. 오늘 아침 출근하면 제일 먼저 그들을 보러 가야겠다고 마음먹었다.

레지네 집에 도착하니 이웃집 남자가 집 앞에 나와 있었다. 나는 웃으며 손을 흔들었다.

"레지 곧 죽어요?" 이웃이 날 보고 외쳤다.

못 들은 척하고 싶은 마음이 굴뚝같아도 그럴 수는 없었다. "환자의 의료 정보는 말할 수가 없어요. 법 때문에요." 내가 답했다.

"난 허구한 날 법을 어기는데요." 남자가 맞받아쳤다. "그런데 한 번도 걸린 적은 없어요."

"글쎄요, 저는 아기도 있어서 직장에서 잘리면 안 되거든요. 감옥에 가도 안 되고요." 내가 잘 알지도 못하는 낯선 사람에게 왜 그토록 솔직히 답변하고 있는지, 심지어 왜 계속 대화를 이어 나가고 있는지 이해가 가지 않았다. "좋은 하루 보내세요." 나는 이렇게 말하고 레지네 집 현관문을 두드렸다.

리사는 이전에 봤을 때보다 더 흐트러져 있었다. 맥스가 뒤에서 달려 나와 나를 빠르게 지나쳤다. "차에 치여도 몰라!" 리사가 맥스를 보고 외쳤다. 나는 리사가 한계에 다다랐단 걸 알 수 있었다.

"맥스! 간식 줄게!" 내가 맥스를 불렀다. 그 마법 같은 단어를 듣고 맥스는 겅중겅중 계단을 뛰어 올라오더니 꼬리를 흔들며 보상을 기다렸다. 나는 맥스의 머리를 쓰다듬고 나서 아침으로 먹으려고 챙겨온 시리얼바를 꺼냈다. 하지만 맥스에게 주기 전에 리사의 허락을 구하려고 그를 쳐다봤다. 리사는 괜찮다고 고개를 끄덕였다.

"고마워요." 리사가 그렇게 말하고는 눈물을 터뜨렸다. 나는 맥스가 또다시 밖으로 뛰쳐나가지 않도록 재빨리 문을 닫았다.

"주말 동안 힘들었죠? 몇 가지 방법이 있어요."

"다른 간호사 선생님이 알려줬어요. 다 싫어요. 요양원도 싫고, 자원봉사자도 싫고, 죽는 것도 싫고, 전부 다요. 아직 준비가 안 됐다고요." 리사가 한탄했다.

"무슨 말인지 알았어요. 그럼 이건 어때요?" 내가 말했다. "가서 샤워도 좀 하고, 옷도 갈아입는 거예요. 그동안 전 레지를 검진할 테니 천천히 해요."

"알았어요." 리사가 긴장을 풀었다. "그럴게요." 리사가 침실로 들어가자 나는 레지의 안락의자 곁에 누워 있는 맥스에게 눈길을 돌렸다.

"엄마 힘들지 않게 말 잘 들어야 해, 알겠지?" 내가 맥스에게 말했다. 맥스는 레지의 의견을 알고 싶은 듯 그를 올려다봤지만, 레지는 깊은 잠에 빠져 있었다. 욕실에서 물소리가 들리자 나는 레지를 깨우려고 그의 팔을 가볍게 건드렸다. 그래도 레지가 깨지 않아 나지막하게 이름을 불렀다. 레지를 놀라게 하고 싶지 않았다. 하지만 레지의 몸을 부드럽게 흔들려던 찰나 맥스가 나를 향해 큰 소리로 짖는 바람에 그는 화들짝 잠에서 깨어났다.

"무, 무슨 일이야?" 레지가 놀라서 중얼거렸다.

"안녕하세요! 저 해들리예요!"

"아, 당신이었군요." 레지가 의자에 도로 기댔다.

"몇 가지 질문해도 될까요?

"그래요, 빨리해 버리고 끝냅시다." 레지가 답했다. 눈은 다시 감겨 있었다.

겉으로 보기엔 괜찮아 보였지만, 착란 증세가 있는지 없는지 판단하려면 반드시 질문을 해야만 했다.

"성함을 말해주실래요?"

"멍청한 질문이군. 다음으로 넘어가죠." 레지가 말했다. 레지는 평소에도 그렇게 답할 때가 많았으므로 다음 질문으로 넘어갔다가 나중에 이 질문으로 되돌아오기로 했다.

"지금 있는 곳이 어딘지 알겠어요?"

"당연하지. 텍사스주 머헤이아잖아요."

나는 레지가 농담하는 건지 살피려고 태블릿에서 눈을 들어 그를 쳐다봤지만, 그런 기미는 보이지 않았다. 우리가 있는 곳은 당연히 머헤이아가 아니었다. 심지어 텍사스주에서 가깝지도 않았다.

"올해 연도는요?"

"1977년이요." 레지가 당연하단 듯 대답했다. "할머니께서 나더러 서둘러야 한다는군요."

"그래요? 어디 가는데요?"

"그건 나도 모르죠. 하지만 할머니 말씀은 토 달지 말고 무조건 들어야 해요." 레지가 답했다.

"맞는 말이에요. 직접 만났어요, 아니면 전화로 말씀하셨어요?"

"이상한 질문만 해대는군요. 바로 저기 계시잖아요." 레지가 엄지손가락을 들어 의자 왼편을 가리키며 말했다. "질문 더 있어요? 좀 더 자야겠는데."

"아뇨, 필요한 질문은 다 한 거 같네요." 내가 답했다. 막 검진을 마치고 태블릿을 넣는데, 한결 개운한 표정을 한 리사가 거실로 들어왔다. 나는 리사에게 미소를 지어 보이며 레지가 잘 수 있도록 다른 곳에서 이야기하면 어떻겠느냐고 물었다. 리사는 알겠다고 한 다음 레지를 한눈에 지켜볼 수 있는, 그늘막이 쳐진 뒤뜰로 나를 데려갔다.

"레지가 돌아가신 할머니를 만났다더군요."

"네, 부모님도 보인대요." 리사가 담배에 불을 붙이고 내게도 하나 권했다. 나는 거절했다.

"무슨 생각이 들던가요?"

"글쎄요, 정신이 오락가락할지도 모른다고 의사가 그러긴 했어요." 리사가 담배를 길게 한 모금 빨아들이며 말했다.

"어찌 됐건 저도 당신만큼이나 이런 대화를 하기가 싫단 걸 알아주면 좋겠어요. 먼저 세상을 떠난 사람이 눈에 보이고 착란 증세가 나타난다는 건 레지의 상태가 나빠지고 있다는 뜻이에요." 나는 말을 잇기 전에 잠시 뜸을 들이다가 될 수 있으면 부드럽게 운을 뗐다. "레지가 죽으면 심폐소생술을 실시하길 원한다고 들었어요. 물론 해줄 순 있지만, 그 전에 확실히 해야 해요. 정말로 그렇게 하길 원하시는지요."

리사는 한숨을 쉬더니 내 눈을 피하며 담배를 한 모금 더 빨아들였다. "난 내 남편이 죽지 않았으면 해요."

"무슨 말인지 알아요." 나는 말을 멈추고 앞으로 이 대화를 어떻게 이끌어가야 할지 고민했다. 그러다 스티브 목사님과 나눴던 대화를 떠올렸다. "레지가 곧 죽는다면, 어떤 죽음을 맞이하길 원해요?" 내가 물었다.

리사가 이번엔 내 눈을 똑바로 들여다보며 대답했다. "글쎄요. 손을 맞잡고, 사랑한다고 말하고. 그런 죽음 아닐까요."

"저도 같은 생각이에요." 내가 말했다. "하지만 이건 알고 있어야 해요. 레지에게 풀 코드를 적용할 경우, 911에 연락하고 나면 곧바로 흉부 압박에 들어갈 거예요. 응급차가 와서 레지를 병원으로 데려갈 테고. 그리고 나면 그가 병원 밖으로 다시 걸어 나올 가능성은 희박하겠죠. 가능성이 전혀 없진 않지만 그렇다고 높은 것도 아니에요."

"그렇겠네요." 리사가 조용히 대답했다.

유리창 너머로 레지를 흘끗 쳐다봤다. 레지는 여전히 맥스 곁에서 깊은 잠에 빠져 있었다. "지금 당장 결정하지 않아도 돼요. 하지만 한번 생각해 볼 만한 문제일지도 몰라요. 저는 언제든 도와줄 테지만, 결정은 온전히 당신의 몫이에요."

"선택해야 하는 상황이 익숙하지 않아서요. 인생에서 결정다운 결정을 내려본 적이 없는 것 같네요. 레지와 전 10대 시절부터 함께였고, 레지가 모든 결정을 도맡아 했거든요. 그러다 레지가 아프고 나서부터는 소 떼처럼 이리저리 끌려다녔어요. 여기저기서 이 검사 받으라, 저 의사 만나라, 다른 도시에 가서 전문의를 만나보라 하는 통에요."

나는 리사의 말을 들으며 고개를 끄덕였다. 바베트의 상황과 매우 비슷했다. 리사는 내가 자기 마음을 진심으로 이해한다는 사실을 까맣게 모르고 있었다.

"어쨌든 한번 생각해 봐요." 나는 돕고 싶어서 말했다.

리사는 고개를 끄덕였다. 우리는 다시 집 안으로 들어갔다. 내내 잠만 자는 레지에게 잘 있으라고 인사한 다음, 맥스의 머리를 한 번 쓰다듬어주고 나서 그곳을 나왔다.


저녁 7시 무렵 스파게티소스를 젓고 있는데 전화가 걸려 왔다. 나는 숟가락을 내려놓고 전화를 받았다.

"여보세요, 당직 간호사입니다."

"안녕하세요, 저 레지 아내 리사인데요. 어, 레지가 곧 죽을 거 같아요."

나는 전화기를 다른 손으로 옮겨 잡으며 말했다. "리사, 저 해들리예요. 제가 금방 갈게요."

"아, 다행이에요." 리사의 목소리에 안도감이 고스란히 묻어났다.

전화를 끊고 문을 나설 때까지 5분이 채 걸리지 않았다. 크리스에게 큰 목소리로 스파게티 조리법을 알려주며 발길을 재촉했다.

30분 남짓 걸려 레지네 집에 도착했다. 하루 만에 벌써 두 번째였다. 나는 미처 발견하지 못한 구덩이에 또 발이 빠질까 봐 풀밭 위로 조심스레 발을 내디뎠다. 문이 조금 열려 있었다. 노크하면서 안을 살짝 들여다봤다. 집 안을 둘러봤지만, 거실엔 아무도 보이지 않았다.

"리사? 저 왔어요. 해들리예요." 내가 외쳤다. 리사가 안쪽에서 나오더니 복도 끝 침실로 나를 안내했다. 레지는 침대에 누워 있었다. 숨소리가 크고 거칠었다. 맥스는 레지가 누운 침대 위에 엎드려 낑낑거렸다.

"모르핀은 줘봤나요?" 내가 물었다.

"네, 몇 분 전에요. 몇 시간마다 제가 눠주고 있어요."

"아주 잘하고 있어요." 내가 리사를 격려했다. "레지의 마음을 편하게 해줄 만한 게 뭐가 있을까요? 기도를 좋아하는 사람도 있고, 향이나 향초를 좋아하는 사람도 있어요. 음악을 틀어달라고 하는 사람도 있고요."

"음, 레지는 죽으면 끝이라고 생각하는 사람이에요. 그러니까 기도는 필요 없어요. 집에 향초도 없을 텐데……."

"그럼 좋아하는 음악은요?" 내가 물었다.

"컨트리음악이요." 리사가 물음에 대답하곤 남편을 애정 어린 눈길로 쳐다봤다. "컨트리음악을 좋아해요." 서랍 위에 놓인 낡은 알람 시계 겸용 라디오를 튼 리사는 컨트리 히트곡이 나오는 채널에 주파수를 맞췄다.

"리사." 내가 말했다. "시간이 얼마 없어요. 레지가 숨을 거두면 심폐소생술을 실시할까요?"

리사는 내 말에 아랑곳하지 않고 남편의 손을 잡더니 라디오에서 나오는 노래를 따라 부르기 시작했다. 나는 리사가 남편의 머리카락을 뒤로 쓸어 넘기며 사랑한다고 말하는 모습을 지켜봤다. 점점 느려지는 레지의 숨소리를 들으니 그가 곧 숨을 거둘 것 같아 심장이 빨리 뛰기 시작했다. 그러나 아직도 리사가 뭘 바라는지 몰랐다. 만일 리사가 레지를 다시 살려내기를 원한다면, 나는 즉시 심폐소생술을 시작해야 할 터였다.

"정말 저세상이 있다면 나한테도 알려줄래, 내 사랑?" 리사가 레지에게 말했다. 레지가 숨을 얕게 한 번 더 들이마셨다. 어떨 때는 누군가의 마지막 숨이 언제가 될지 예측할 수 없지만, 또 다른 때는 그저 직감으로 알게 되기도 한다. 나는 그게 레지의 마지막 숨이 되리란 걸 알았다.

"리사." 내가 조심스레 불렀다.

"괜찮으니까 아무것도 하지 말아요." 리사가 여전히 레지의 손을 부여잡은 채 말했다. 나는 가만히 있었다.

바로 그 순간 라디오 진행자가 다음 곡을 소개했다. "방금 특별한 사람을 위한 특별한 신청곡이 들어왔습니다." 이윽고 한 컨트리 가수의 구슬픈 목소리가 흘러나왔다.

"랜디 트래비스네요." 리사가 말했다. "레지와 결혼할 때 이 곡에 맞춰 춤을 췄어요."

온몸에 소름이 돋았다.

"「우리 사랑 영원히 Forever After All」라는 곡이에요. 레지가 우리가 춤출 노래로 처음 고른 곡이었어요." 리사는 몇 초 동안 말이 없었다. "한 사람이 죽어버리면 어떻게 영원히 사랑할 수 있죠?" 리사가 옷소매로 코를 훔치고 나서 자리에서 일어났다. "어서 와서 데려가라고 해요. 전 바깥에 있을게요."

리사가 보인 반응은 충격적이었다. 리사가 방을 나가고 나서 나는 평소대로 심장박동을 확인하고 레지의 몸을 깨끗하게 닦은 다음 장례식장에 연락했다. 맥스는 줄곧 레지의 무릎 위에 고개를 올리고 있었다.

얼마 지나지 않아 문을 두드리는 소리가 들렸다. 나는 이전 임종에서도 몇 번 만난 적 있는 장례식장 직원 데이브와 그의 동료 샘을 맞이했다. 그들이 도착한 소리를 듣고 집 안으로 들어온 리사가 침실로 우리를 따라왔다. 리사는 무표정했다. 어떤 감정도 실리지 않은, 공허한 얼굴이었다.

들것을 준비해서 레지를 옮기려던 데이브는 맥스가 레지의 몸 위로 펄쩍 뛰어올라 무섭게 으르렁거리는 바람에 황급히 한 발짝 물러섰다. 한 번도 없던 일이었다. 맥스는 모든 걸 아는 듯했다.

"맥스!" 리사가 소리치더니 목줄을 잡고 맥스를 바깥으로 끌어냈다. 데이브와 샘은 레지를 옮기고 천을 씌운 다음, 바퀴 달린 들것을 밀며 밖으로 나갔다. 나는 레지가 누워 있던 침대를 확인하기 위해 다시 침실로 들어갔다. 환자가 이송되고 나면 침대에 간혹 보기 안 좋은 얼룩이 남아 있을 때가 있었다. 그래서 항상 침대보를 걷어 세탁기에 돌려둔 다음 집을 나오곤 했다. 맥스가 벌써 침대 위로 올라가 숨을 헐떡거리며 낑낑대고 있었다.

마치 우는 것 같았다. 다행히 침대는 깨끗해 보여서, 빨래를 돌리는 대신 맥스의 머리를 쓰다듬어주며 그를 진정시키려 했다. 하지만 아무 소용이 없었다. 조금 후 마지막 인사를 하려고 리사를 찾았다. 리사는 뒤뜰에서 담배를 피우고 있었다. 나는 문을 닫고 밖으로 나갔지만, 달리 할 말이 떠오르지 않았다.

"술 마시는 걸 좋아한 적이 없어요." 리사가 말했다. "하지만 누군가 승진하거나 결혼하면 축하의 의미로 술을 꼭 먹어야 할 것 같았죠."

나는 자리를 잡고 앉았다. 내가 귀를 기울이고 있으며 바쁘지도 않단 사실을 리사가 알아주었으면 했다.

"뭐 그리 축하할 일이 많았는지."

"좋은 일 아닌가요." 내가 망설이며 말했다.

"그땐 그랬죠. 그런데 술 때문에 일이 이 지경까지 될 줄은 몰랐어요. 난 결국 50대에 혼자 남겨졌고요. 평생 혼자였던 적이 없는데. 난 이제 어떡해야 하죠?" 리사가 물었다. 답하기가 어려웠다.

"음, 회사에서 매주 진행하는 모임이 있는데, 한번 나가보는 게 어때요?" 내가 제안했다. 뒤뜰 너머에 펼쳐진 들판 위에서 나무가 산들바람에 조금씩 흔들리는 광경이 보였다.

리사는 내 말에 힘없는 미소로 답했다. "선생님은 좋은 사람이에요. 우리처럼 인생을 망치지 마세요." 리사가 담뱃재를 떨어냈다.

"그동안 간병하느라 고생했어요. 전 레지를 간호하면서 참 행복했어요. 진심이에요."

리사가 슬며시 웃으며 대답했다. "고마워요. 이제 작별 인사를 해야겠네요."

"작별 인사라뇨. 또 만날 일이 있겠죠." 나는 리사에게 스티브 목사님이 가족을 잃은 사람이 슬픔을 극복할 수 있도록 돕는 모임을 매주 열고 있으며, 모임이 끝나더라도 다음 해까지 이어서 목사님에게 개인적으로 도움을 받을 수 있다고 다시 한번 알려주었다.

"그동안 감사했어요, 선생님. 안녕히 가세요."

리사의 말뜻을 알아차린 나는 집으로 들어가 짐을 챙겼다. 리사에게 손을 흔들어 인사한 다음 맥스를 한 번 쓰다듬어주고 나서 그곳을 떠났다.

40분을 운전해 집에 도착한 나는 녹초가 되어 침대에 누웠다. 그런데 아무래도 리사에게 마음이 쓰였다. 나는 리사한테 문자를 보내려고 휴대폰으로 손을 뻗었다. 문자를 보내는 건 규칙을 완전히 벗어나는 일은 아니지만, 그렇다고 간호사가 해야 하는 일도 아니다.

"생각나서 문자 보내요. 내일 전화할게요." 이렇게 쓰고 나서 보내기 버튼을 눌렀다. 나는 전송 완료 표시가 화면에 떠오른 걸 확인하고 휴대폰을 충전기에 꽂아둔 다음 잠자리에 들었다.

다음 날 아침에 일어나 휴대폰을 봤지만 아무런 답장도 없었다. 거실로 나가니 브로디는 마루에서 장난감 트럭을 가지고 즐겁게 놀고, 크리스는 옆에서 커피를 홀짝이고 있었다.

"해들리, 나한테 좋은 생각이 있어. 스티브 목사님께 우리 결혼식 주례를 서달라고 하는 거야." 크리스가 말했다. 벌써 인터넷으로 주례를 맡아달라고 부탁할 사람을 찾아봤지만 딱히 마음에 드는 사람이 없던 참이었다. 우리 둘 다 개인적인 친분이 있는 사람이 우리 결혼식 주례를 선다니, 무척 좋은 생각이었다. "좋아!" 내가 브로디의 머리에 입을 맞추려고 몸을 숙이며 말했다. "오늘 아침에 회의에서 만나면 여쭤볼게."

그날 주간 회의에 제일 먼저 도착했다. 주간 회의는 모든 부서가 참석해 환자 한 명 한 명의 상태를 상세히 공유하는 자리였다. 내가 자리에 앉고 얼마 지나지 않아 스티브 목사님이 나타나더니 "안녕하세요!" 하고 따뜻한 인사를 건넸다.

마침 기다리던 사람이었다. "안녕하세요!" 나도 밝은 목소리로 인사했다. "목사님, 부탁이 있어요. 혹시 저희 결혼식에서 주례를 서주실 수 있을까요? 그래 주신다면 정말 영광일 거예요."

"저야말로 영광이죠." 목사님이 나를 보며 미소 지었다.

때마침 직원이 회의실로 우르르 몰려 들어와 나는 목사님에게 입 모양으로만 "고마워요"라고 감사를 전했다. 알파벳순으로 돌아가며 환자 이야기를 나누다 보면 늘 내가 첫 타자였다. 그런데 오늘은 내가 말하는 도중에 접수처 직원이 들어오는 바람에 흐름이 깨졌다. 지금까지는 한 번도 없던 일이었다.

"트래비스." 그 직원이 얼굴 옆에 손으로 수화기 모양을 만들면서 트래비스를 불렀다. "급한 일이에요." 그를 찾는 전화가 온 모양이었다. 트래비스가 회의실 밖으로 나가자 나는 계속 발표를 이어갔다.

돌아온 트래비스는 스티브 목사님의 어깨에 손을 얹더니 회의실 밖으로 나와달라고 손짓했다. 무슨 일인지 궁금했지만 어떤 환자의 병세가 급격히 악화하고 있어 가족이 힘들어한다는 동료 간호사의 이야기에 집중하려고 애썼다.

우리가 환자 두세 명에 관해 이야기하며 회의를 이어나가는 동안, 두 사람의 자리는 계속 비어 있었다. 마침내 스티브 목사님이 회의실로 들어와 말했다. "방해해서 정말 미안해요, 여러분. 해들리 선생님, 잠깐 나와줄래요?" 자리에서 일어나자 모두의 시선이 내게 쏠렸다. 나는 묵직한 회의실 문을 닫고 밖으로 나왔다. 무슨 일인지 짐작도 가지 않았다.

"해들리 선생님." 스티브 목사님이 말했다. "레지 일이에요." 그 말을 듣자마자 머릿속으로 어젯밤을 돌이켜 보며 문제가 될 만한 일이 있었는지 곰곰이 생각해 봤다. 딱히 생각나는 건 없었다. 레지의 임종은 평온했고, 그의 아내는 심폐소생술을 요청하지 않았으며, 장례식장 직원들이 그를 데려가는 모습을 내 눈으로 확인했다. 진료기록 작성은 어젯밤에 이미 끝내서 제출까지 완료한 터였다.

"레지의 아내, 리사와 아는 사이였나요?" 스티브 목사님이 내게 물었다.

'이런.' 속으로 생각했다. '문자를 보냈다고 이러는 건가.' 좌우지간 옳지 않은 일이었나 보다.

"네, 걱정하는 사람이 있단 걸 알려주고 싶어서 문자를 보냈어요." 내가 변명했다.

트래비스와 스티브 목사님이 곤혹스러운 표정으로 서로를 바라봤다. 이윽고 스티브 목사님이 나를 돌아보며 말했다. "해들리 선생님, 리사가 어젯밤 자살했어요. 경찰은 선생님이 떠난 직후에 리사가 자살한 것으로 보고 있고요."

목사님의 말을 들으면서도 믿기지 않았다. 두 사람의 시선이 느껴졌지만, 도저히 믿을 수 없어 고개만 절레절레 흔들었다. 잠시 후 내가 스티브 목사님을 바라보며 말했다. "제가 알았어야 했어요. 그럼 뭐든 할 수 있었을 텐데. 제 잘못이에요."

"리사가 죽고 싶단 말을 했나요?" 트래비스가 물었다.

"아뇨, 하지만 제가 리사를 마지막으로 본 사람이잖아요. 제가 눈치챘어야 했던 거죠, 그렇죠?" 내가 넋이 나간 채 말했다.

스티브 목사님이 트래비스에게 자기가 알아서 하겠단 눈짓을 보냈다. 목사님은 내 어깨에 손을 얹더니 트래비스에게 이야기했다. "잠깐 나갔다 올게요. 오늘은 다른 분이 해들리 선생님의 환자들을 맡아줘야겠네요."

트래비스가 자리를 뜨자마자 나는 스티브 목사님을 돌아보며 애원했다. "제가 가봐야겠어요. 리사가 죽었다니, 그럴 리가 없잖아요. 트래비스가 잘못 알았을 거예요."

스티브 목사님이 내 말을 듣고 한숨을 쉬었다. "내게 더 좋은 생각이 있어요." 목사님이 말했다. "우리 같이 어디 좀 갈까요?"

자포자기한 심정으로 고개를 끄덕였다. 스티브 목사님을 따라 목사님의 차로 갔다. 10분쯤 가다가 좁은 흙길로 들어서고 나서야 우리가 가는 곳이 어딘지 깨달았다. 스티브 목사님은 곧 차를 세우고 시동을 끄고는 물었다. "갈까요?"

나를 왜 여기로 데려왔는지 잘 이해되지 않아도 일단 목사님을 따라가 보기로 했다. 하늘은 구름 한 점 없이 맑았다. 발을 옮길 때마다 내 하얀색 운동화 주변으로 흙먼지가 솟아올랐다. 누군가의 무덤을 밟지 않으려고 조심스럽게 걸었다. 스티브 목사님은 나를 나무 그늘이 드리운 시멘트 벤치로 데려갔다. 목사님과 나란히 벤치에 앉았다. 이곳이 누구의 무덤인지 너무나 잘 알았지만, 차마 묘비를 바라볼 자신이 없었다. 적어도 오늘은 칼 할아버지와 애나의 무덤 앞에 서 있을 면목이 없었다.

몇 분이 흐르고 나서 스티브 목사님이 입을 열었다. "얼마 전에 여기서 메리 할머니와 함께 기도를 올렸어요."

나는 고개를 돌려 목사님을 바라봤다. 목사님과 메리 할머니가 계속 연락을 주고받으리라곤 생각지도 못했다.

목사님이 말을 이었다. "그때 주변을 둘러보다가 선생님이 꼭 봤으면 하는 풍경이 눈에 들어왔어요. 묘비를 쭉 한번 살펴볼래요?"

나는 묘지를 둘러봤다. 내가 돌봤던 수많은 환자의 이름이 나를 올려다보고 있었다. "전부 제가 사랑하는 사람들이네요." 내가 눈물을 글썽이며 말했다.

"그게 다가 아니에요." 목사님이 말했다. "선생님 덕분에 이룰 수 있었던 수많은 평화로운 임종이죠. 혼자 짊어지기엔 너무 무거운 짐이기도 하고요. 어쩌면 심리치료를 받아볼 때가 된 게 아닌가 싶어요. 선생님한테 무슨 문제가 있어서가 아니에요. 선생님처럼 좋은 간호사가 지쳐서 나가떨어지는 걸 보고 싶지 않아서 그래요."

"오늘은 최악의 간호사가 된 기분이 들어요." 내가 목사님에게 말했다.

스티브 목사님은 두 팔로 나를 꼭 껴안았다. "그럴 만해요, 귀염둥이 아가씨. 하지만 좋은 날도 있을 거예요. 알겠죠?"

"그러면 좋겠네요." 내가 답했다.

오늘날까지도 나는 이 모든 일이
왜, 어떻게 일어났는지 설명할 수 없다.
그저 일어났단 것만 알고 있을 뿐.

# 어떤 답은
# 시간이 흘러도 변치 않는다

: 릴리 :

누군가에게 도움을 받는 건 딱 질색이었다. 세상과 연결을 끊고 아무 생각도 하고 싶지 않았다. 그저 시어머니 바베트가 투병 생활을 하는 동안 약혼자 크리스 곁에서 손을 잡아주고 위로해주는 멋진 약혼녀, 아들 브로디의 반 친구들에게 핀터레스트에서나 볼 법한 근사한 간식을 만들어주는 아들 바보 엄마, 생일을 기억해서 파티를 열어주는 세상에서 제일 멋진 친구, 서커스 단원처럼 능숙하고 편안하게 환자를 돌볼 줄 아는 정규직 간호사가 되고 싶을 뿐이었다.

레지와 리사가 죽고 몇 주가 흐른 뒤 스티브 목사님이 추천한 심리치료사에게 첫 상담을 받았다. 나는 내가 꿈꾸는 완벽한 삶을 사는 척했다. 하지만 심리치료사는 내 말에 속지 않았고, 그래서 내 마음은 불편했다. 나는 이 상담의 직접적인 원인이 됐던 특정 사건에 대해서만 한두 번쯤 이야기를 나눌 생각이었지만, 상담을 시작하자마자 치료사는 나와 다른 생각을 하고 있다는 게 밝혀졌다.

치료사는 첫 상담에서 내게 이런 질문을 던졌다. "부모님과 관계는 어떤가요?"

"엄마는 아주 좋은 분이세요. 하지만 텍사스주에 사셔서 자주 보진 못해요. 아빠는……." 나는 말끝을 흐리며 창문 바로 앞 나무에 앉아 있는 파랑새를 바라봤다. 잠깐 칼 할아버지가 떠올랐다. "좀 복잡해요." 내가 말을 이었다. "부모님은 제가 열일곱 살일 때 이혼하셨어요. 그 후로 아빠와 저는 화해할 때까지 몇 년 동안 말도 섞지 않았어요. 지금까지도 어린 시절이 좀 달랐다면 어땠을까 하고 생각해요."

"어떻게요?" 심리치료사가 물었다.

어린 시절을 어떻게 한마디로 정리할 수 있을까? 좋은 기억도 있고 끔찍한 기억도 있는 건 누구나 똑같을 텐데. 내가 어깨를 으쓱했다.

"부모님이 더 빨리 이혼하셨다면 나았을 거 같아요. 그 두 분은 싸우면 정말 서로 잡아먹지 못해 안달이었거든요. 근데 뭐,

이혼하는 사람은 많으니까요. 평범하다고 생각해요."

"10을 최악으로 놓고 부모님의 싸움을 0에서 10으로 나타낸다면, 몇 점을 줄 건가요?"

"10점이요." 내가 곧바로 대답했다.

"전혀 평범하지 않은데요." 치료사가 내게서 눈을 떼지 않고 말했다. 나는 자리에 앉은 채 몸을 꿈틀거렸다. "말이 나온 김에 물어볼게요. 약혼자와는 관계가 어떤가요?"

"아주 좋아요! 물론 가끔 싸우기도 해요. 하지만 그이는 정말 좋은 사람이에요. 이제 저 자신이 싱글 맘이란 느낌도 더는 안 들어요. 시어머니께서 편찮으셔서 시가 가족과 시간을 많이 보내거든요."

"거기에 대해서는 어떻게 생각하죠?"

발가벗겨진 것만 같아 기분이 좋지 않았다. 도망치고 싶지만, 그러지 않고 가만히 앉아서 평정심을 유지하려고 노력했다. "힘들어요." 나는 솔직하게 대답했다. "전 제 약혼자를 사랑하고, 그의 가족도 사랑해요. 그들이 제 아들과 절 가족으로 받아줘서 감사하고요. 그래도 누군가가 죽길 기다리는 건 괴로운 일이에요. 삶을 잠시 미뤄둔 기분이랄까. 거기서 오는 스트레스가 꽤 있어요. 하지만 그런 생각을 하는 것만으로도 제 자신이 끔찍한 사람이 된 기분이에요. 크리스와 그의 가족은 훨씬 더 고통스러운 시간을 보내고 있을 테니까요. 하지만 저도 그들 못지않게 시어머니를 사랑해요." 나는 잠시 머뭇거리다가 말을 이었다. "제가 호스피스 간호사로 일하거든요. 그래서 사랑하는 사람을 간병하거나 그들을 잃은 슬픔으로 힘들어하는 가족을 늘 옆에서 지켜보죠. 그래서 그런 상황이 환자 주변 사람들에게 얼마나 스트레스가 되고 감정 소모도 큰지 이미 잘 알아요. 그런데도 제 가족 일이 되니 힘든 건 매한가지네요."

심리치료사가 고개를 끄덕였다. "이 문제 때문에 약혼자와 싸우기도 하나요?"

나는 치료사를 멀뚱멀뚱 보고만 있었다.

"제가 생각하기엔 당신은 제대로 싸우는 법을 배우지 못한 듯하네요." 치료사는 메모장에 뭔가를 휘갈겨 쓰며 말했다.

"네?"

"연인 관계에서 의견이 다를 때 어떻게 풀어나가야 하는지 보고 배울 모범적인 예시가 없었잖아요, 그죠?"

나는 치료사의 말에 고개를 끄덕였다. 대화가 이런 식으로 흘러갈 줄은 전혀 예상하지 못했다.

"괜찮아요. 이제부터 해결하면 되니까. 호스피스 일 때문에 날 만나러 왔단 건 알지만, 난 환자의 모든 면이 연결돼 있다고 믿는 사람이라서요. 한 부분만 똑 떼서 치료할 순 없어요."

나는 안도의 한숨을 내쉬었다. 심리치료사도 나름대로 계획이 있단 사실을 알고 나자 마음이 한결 편안해졌다.

두 번째 상담을 받으러 갔을 때는 훨씬 덜 긴장했다.
"오늘은 리사의 자살 얘기를 해볼게요." 치료사가 무덤덤하게 말했다.

자신감이 온데간데없이 사라졌다. 초조해서 침을 꿀꺽 삼키며 물병을 찾았다. 아무리 다르게 생각하려 애써봐도, 아직도 리사의 죽음에 엄청난 죄책감이 느껴졌다. 코끼리 한 마리가 가슴을 짓누르는 느낌이었다. 아무도 그런 말을 하지 않는데도 함께 일하는 모든 사람이 나를 자살을 막지 못한 끔찍한 간호사로 여기는 것 같았다.

"리사의 죽음에 개인적인 책임감을 느낀다고 지난주에 그랬었죠." 심리치료사가 말했다.

나는 고개를 끄덕였다. "제가 떠나지 않고 그곳에 있었다면 리사의 자살을 막을 수 있었을 거예요. 거기 있을 걸 그랬어요."

심리치료사가 몸을 뒤로 기대더니 눈을 치켜뜨며 되물었다. "자기한테 그럴 힘이 있다고 생각하나 봐요?"

나는 당혹스러운 표정으로 치료사를 바라봤다.

"당신이 거기 아무리 오래 있은들 결국 리사가 자살했을 거란 생각은 안 드나요?"

치료사의 말이 이해될 때까지 잠시 기다렸다. 그 말이 맞을지도 몰랐다. 그런데도 내가 할 수 있는 일이 있었으리란 생각이 드는 건 여전했다.

"당신이 거기 머물러야 할 만한 어떤 신호가 있었나요?" 치료사가 물었다.

"모르겠어요. 하지만 분명 뭔가 있었을 거예요."

"그럼 이렇게 생각해 봐요. 세상엔 우리가 예측할 수 없는 일도 있어요." 심리치료사가 몸을 앞으로 기울여 내 눈을 똑바로 들여다보며 물었다. "내가 자해할 조짐이 보여도 날 두고 떠날 건가요?"

"당연히 아니죠!" 내가 재빨리 대답했다.

"그럼 당신은 리사가 자살하리라곤 생각도 못 했던 거네요. 알았다면 거기 있었겠죠. 당신에겐 아무 잘못도 없어요. 리사도 그렇게 생각하길 바랄 거예요."

그 말을 듣자 가슴이 조금 가벼워지는 기분이 들었다. 지금껏 내 어깨를 짓누르던 무거운 짐이 조금씩 내려가고 있었다. 이젠 가슴 위에 코끼리 한 마리 전체가 아니라 발 한두 개 정도만 얹혀 있는 듯했다.

"이제 좀 다른 얘기를 해볼까요?" 치료사는 이렇게 말하며 다른 주제로 넘어갔다.

다음 날 아침 조금 가벼워진 마음으로 사무실에 출근했다. "안녕하세요!" 크리스마스 날 엘리자베스의 곁을 지켰던 자원봉사자 윌에게 인사를 건넸다. 윌은 컴퓨터 활용 교육이 있거나 갖가지 행정 문제를 처리할 일이 생기면 어쩌다 한 번씩 사무실에 들르곤 했다.

"오랜만이에요, 해들리 선생님. 레지와 아내 일은 들었어요. 정말 유감이에요." 윌은 다정하게 나를 바라보며 위로했다.

"고마워요. 제 또래나 저보다 더 어린 환자를 간호할 때가 제일 힘든 줄 알았는데, 더 힘든 일이 있더라고요. 너무 가슴 아팠어요."

윌은 고개를 끄덕였다. 우리는 마치 아픔을 곱씹듯 잠시 말없이 서 있었다. 조금 후 윌이 먼저 입을 뗐다. "우리 이젠 한동안 밤에 더 자주 마주치겠어요, 안 그래요?"

어리둥절한 얼굴로 윌을 바라봤다. 윌은 내가 아직 소식을 듣지 못했단 걸 알아채고 눈썹을 치켜올렸다. "당직 간호사 한 명이 손주가 태어나서 육아휴직에 들어간대요. 다른 한 명도 방금 사직서를 냈고요."

나는 신음했다. 이미 월요일부터 금요일까지는 아침 8시부터 오후 5시까지 꽉 채워서 일하고 있었다. 일을 마치면 어린이집에서 브로디를 데려와 저녁 식사를 준비해서 먹이고 침대에 눕혀 재운 다음 또 두세 시간쯤 진료기록을 정리했다. 그러다 나도 모르는 새 소파에서 뻗어버리곤 했다. 지난 회의에서 간호사 한 명을 추가로 채용할 계획이란 말을 들었지만, 지금으로서는 쉰 명이나 되는 환자를 정규직 간호사 세 명이서 동분서주하며 간호하는 수밖에 없었다. 게다가 당직 간호사 두 명까지 사라지고 나면 우리 셋이 야간 당직까지 교대로 뛰어야 할 판이었다. 트래비스에게 묘책이 있기를 바라는 수밖에 없었다.

하지만 그에게도 뾰족한 방법이 있는 것 같지 않았다.

"여러분, 머지않아 당직 간호사 자리가 비게 될 거예요." 트래비스가 주간 회의를 시작했다. 우리는 눈길을 주고받았고, 나는 가시방석에 앉은 듯 몸을 들썩였다. "채용 공고를 내긴 했지만 아직 이렇다 할 소식이 없어요."

"그럼 당연히 신규 환자는 받지 않는 거죠?" 제나가 트래비스의 말을 자르며 물었다.

"음, 꼭 그렇진 않아요." 그가 답했다. "회사는 우리가 계속 신규 환자를 받고, 돌아가면서 야간 당직을 서는 게 좋겠단 입장이에요."

"그 말인즉슨 매일 점심 먹을 시간도 없이 일하고 퇴근 후에도 몇 시간 동안 진료기록을 정리하는 것도 모자라서 이젠 사흘에 한 번씩 잠도 자지 말란 건가요? 썩 기분 좋은 소리는 아니네요. 바빠 죽겠는데 이런 얘기는 그냥 메일로 하지 그랬어요." 제나는 말을 마친 뒤 탁자에서 일어나더니 짐을 챙겨 회의실을 나가버렸다. 어맨다와 나는 충격받은 표정으로 서로를 바라봤다. 제나처럼 당당히 의견을 밝힐 수 있다면 얼마나 좋을까 하고 남몰래 바랐지만, 나는 절대 그렇게 상급자의 권위에 맞서진 못할 터였다. 적어도 면전에다 대고는 말이다.

"당직자는 우선 그때그때 정하는 걸로 합시다." 트래비스가 말했다. "해들리 선생님이 오늘 밤 당직이에요."

나는 고개를 끄덕였다. 그다지 선택의 여지가 없어 보였고, 어쨌든 누군가는 환자를 돌봐야 했다. 오후 5시 무렵 사무실을 나서며 크리스에게 전화해 상황을 설명했다. 이런 일이 있을 때마다 기꺼이 브로디를 봐주는 크리스에게 무척 고마웠다.

"돈은 충분히 더 주는 거 맞지?" 크리스가 물었다.

"한 시간에 2달러씩." 전화 대기만 할 때는 시간당 2달러씩 받고, 응급 호출이 와서 현장에 나갈 일이 생기면 우리가 원래 받는 시급만큼을 받았다. 전화를 기다리는 일은 그리 힘들지 않다. 그렇지만 호출이 오는 즉시 움직일 수 있도록 준비하고서 대기해야 하므로 모든 일상을 잠시 미뤄둬야 한다.

"불법 아니야?" 크리스가 소스라치며 물었다.

"말했다가 잘리면 어떡해."

"당신 당직인 날엔 한숨도 안 자잖아. 그런 날이 앞으로 더 많아진다는 게 마음에 걸려."

"알아. 그래서 나도 걱정이야." 내가 수긍했다. "벨 소리를 못 들어서 잘릴까 봐 늘 전전긍긍하니까." 크리스의 얼굴을 볼 수는 없었지만, 침묵 속에서도 그가 나를 걱정하는 마음이 수화기를 통해 고스란히 전해졌다. "괜찮을 거야!" 나는 긍정적으로 생각하려고 애쓰며 얼른 말했다. "그렇다고 다른 방법이 있는 것도 아니니까."

퇴근 후 집으로 돌아왔지만 스멀스멀 불안한 마음이 들어 휴대폰을 수백 번 확인했다. 전화를 단 한 통도 놓치면 안 되니까. 저녁 식사를 준비하고 브로디를 씻기는 동안 휴대폰은 울리지 않았다. 소파에 앉아 뉴스를 보는 크리스 옆에서 진료기록을 정리할 때도 휴대폰은 쭉 조용했다.

"신부 들러리는 몇 명으로 할지 생각해 봤어?" 크리스가 물었다.

"글쎄, 적어도 다섯 명은 될 거야. 내가 자주 연락하는 친구로 말이야. 신부 들러리 대표는 서머에게 부탁하려고. 당신은?"

"난 여섯 명. 해나는? 그 친구에 대해선 늘 좋게 말했잖아."

해나가 가장 오래되고 친한 친구인 건 사실이었다. 우리는 많은 일을 함께 겪었다. 하지만 해나가 몇 년 전 다른 주州로 이사하고서 각자의 삶이 바빠지다 보니 점차 연락도 뜸해졌다. 지금은 해나가 어떻게 사는지도 잘 몰랐다. "걔가 이사하고 나서부턴 연락도 안 했는걸." 내가 답했다.

"알아. 그래도 힘든 시간을 함께 보냈잖아. 한번 생각해 봐."

나는 어깨를 으쓱했다. "글쎄, 이젠 서로 말도 안 해서."

다시 한번 휴대폰을 확인했다. 아무 연락도 없었다. 진료기록을 정리하면서도 내 머릿속은 해나에게 신부 들러리가 되어달라고 부탁할지 말지 그 고민으로 가득했다. 우리는 열네 살 때부터 친구였고, 고등학생 시절 테일러 하우건의 죽음을 계기로 더욱 끈끈한 사이가 됐다. 하지만 크리스가 말한 힘든 시간은 내가 브로디를 가졌을 때 해나와 함께 보낸 시기를 의미했다. 브로디를 가지고 나서 나를 멀리하는 친구가 많았을 때, 해나는 오히려 내게 가까이 다가왔다. 날마다 전화해 안부를 묻고, 필요 없다고 하는데도 아기 옷 살 돈을 보태겠다며 초과근무를 했다. 내가 출산을 앞둔 시기에 엄마를 도와 베이비샤워 파티를 준비해 준 것도 모자라 날 응원할 생각으로 모두를 파티에 불러 모은 것도 해나였다.

하지만 해나가 오래 사귄 남자친구와 함께 노스캐롤라이나주로 이사하면서부터 우리는 자주 연락하지 못했다. 나도 바빴지만 SNS를 보면 해나 역시 만만치 않게 바빠 보였다. 해나의 인스타그램 피드에서 노스캐롤라이나주에서 새로 사귄 친구들과 찍은 사진을 보고 있노라면 어쩔 수 없이 질투심이 일었다. 해나는 우리 사이를 다 잊은 모양이었다.

"난 샤워 좀 할게. 전화 오면 받아줄래?" 내가 크리스에게 휴대폰을 건네며 부탁했다.

"뭐라고 할까?" 크리스가 물었다.

"그냥 인사한 다음에 난 샤워한다고 전해줘. 콜센터에서 일하는 간호사일 거야."

따뜻한 물 아래에서 머리를 감으며 우리 둘의 결혼식을 상상했다. 몇 분 후, 이제 좀 몸이 이완되나 싶던 차에 크리스가 욕실 문을 벌컥 열고 전화가 왔다고 소리쳤다.

나는 서둘러 물을 잠그고 크리스에게서 휴대폰을 건네받기 위해 수건으로 손의 물기를 닦았다.

"여보세요? 도와주세요." 누군가가 말했다. 나이가 그리 많지 않은 여자 같았다. 콜센터 직원이 전화를 끊지 않고 기다리는 경우가 일반적이지만, 어떨 때는 환자와 간호사가 직접 통화하도록 연결만 해주기도 한다.

"여보세요. 네, 제가 호스피스 간호사입니다. 무슨 일이죠?"

"지금 20분 거리에 있어요. 여기로 와줘요." 이 말을 끝으로 전화가 끊어졌다. 당황해서 휴대폰을 쳐다보다가 곧 수술복을 걸치며 같은 번호로 다시 전화를 걸었지만, 신호만 갈 뿐 아무도 받지 않았다. 도와야 할 사람은 누구인지, 갈 곳은 어디인지 아무것도 알 수 없었다. 혹시 몰라 콜센터로 전화했더니 다행히도 번호를 추적해 연락한 환자가 누군지 알아낼 수 있었다. 환자의 이름은 릴리 웹스터였다. 나는 태블릿으로 기나긴 환자 목록을 뒤진 끝에 릴리의 진료기록을 찾아냈다. 담당 간호사가 가장 최근에 남긴 내용을 읽어보려 했지만 진료기록은 텅 비어 있었다. 업무용 메일함으로 들어가 이름을 검색했다.

"팀원 여러분, 조지아주에 사는 환자가 플로리다주로 여행을 온다고 합니다. 우리는 며칠만 지켜보면 돼요. 임종 전 마지막 여행이라곤 하지만 환자를 맡은 조지아주 호스피스 회사에 따르면 환자가 안정적인 상태라 웬만하면 별일 없을 거라네요. 관련 서류는 내일 업로드할게요." 접수처 직원이 보낸 메일이었다. 즉, 릴리는 여행 중인 환자였다.

데스틴이 관광지이다 보니 우리는 여행 중인 환자를 맡을 일이 꽤 많았다. 이들은 이미 호스피스 회사에 소속되어 있지만, 여행하다가 혹시 발생할지도 모를 긴급한 상황에 대비해 우리에게 대기 서비스를 요청하곤 했다. 하지만 여간해서는 이런 환자가 우리에게 전화를 걸 일이 없었다. 위독한 환자는 보통 여행을 떠날 힘도 없기 때문이었다. 사망한 환자를 다른 주로 이동하기 어렵게 해놓은 일부 주의 법 또한 환자가 여행을 단념하게 하는 요인 중 하나였다. 그러나 안타깝게도 병세가 손쓸 수 없을 정도로 나빠지고 나서야 이런 법이 있단 사실을 알게 되는 경우도 많았다.

따라서 여행하던 환자가 우리에게 연락했다는 건 상황이 까다로울 수도 있음을 의미했다. 우리에게 환자에 관한 정보가 그리 많지도 않을뿐더러 그들도 매우 긴박한 상황에 처해 있을 가능성이 컸다. 릴리 역시 긴급 환자일 게 뻔했지만, 나는 아무것도 모르는 상태로 그를 만나러 가야 했다. 차에 올라타 내비게이션에 주소를 입력했다. 해변에 자리 잡은 콘도에 도착해 공용 수영장 옆에 주차한 다음, 태블릿을 꺼내 몇 동으로 가야 하는지 확인했다. "3B, 3B. 잊으면 안 돼." 중얼거리며 건물로 들어섰다. 이동로가 바깥에 있어서 차갑고 매서운 북풍을 그대로 맞았다.

"들어오세요!" 문을 두드리자 누군가가 외치는 소리가 들렸다. 안으로 들어서자 청소 약품 냄새가 코를 찔렀다. 짧은 복도를 지나 반원형의 커다란 부엌으로 들어가니 문 옆에 놓여 있는 미처 풀지 못한 검은색 여행 가방 두 개가 눈에 들어왔다. 한쪽 벽을 가득 채운 통창에 내 모습이 비쳤다. 낮엔 바다가 장관을 이룰 게 분명했다. 하지만 지금 통창에는 내 앞에 펼쳐진 혼돈만이 비칠 뿐이었다. 20대 초반의 젊은 여자가 넋 나간 얼굴로 발만 동동 구르고 있었다. 릴리로 보이는 또 한 명의 젊은 여자는 고개를 쿠션 뒤로 젖힌 채로 소파에 앉아 양팔을 옆으로 축 늘어뜨리고 있었다. 릴리는 머리카락이 다 빠져버린 걸 가리려는 듯 분홍색과 갈색이 섞인 손뜨개 모자를 쓰고 있었다. 안색은 창백했고, 전혀 움직임이 없었다.

"안녕하세요, 좀 전에 통화한 간호사예요." 내가 릴리에게로 가며 말했다.

"조금 전까지만 해도 괜찮았어요." 릴리의 친구가 믿어달라고 애원하듯 말했다. "릴리가 마지막으로 한 번만 바다에 데려가 달라고 했어요. 차를 타고 오면서 노래도 부르고 과자도 먹었어요. 그러고 나서 릴리가 잠들었는데, 도착하기 한 시간 반쯤 전에 옆을 돌아봤더니 이 상태였어요."

나는 고개를 끄덕였다. 여행은 본인이나 동행자가 상상하는 것 이상으로 환자의 에너지를 앗아가곤 했다.

"조금 무서웠지만 릴리에게 거의 다 왔으니 이제 일어나라고 했어요. 미동도 없었어요. 더 크게 말했는데도 똑같았어요. 소리를 질러도 마찬가지였고요. 도착하자마자 차를 대고 반대편으로 달려가 문을 열었는데, 릴리가 몸을 가누지 못하고 차에서 거의 굴러떨어지다시피 했어요. 감자 포대처럼요. 제가 아기처럼 안아서 안으로 옮겨야 했어요." 친구의 눈은 울어서 붉게 충혈되어 있었고, 얼굴은 마스카라가 번져서 얼룩덜룩했다.

"이름이 뭐예요?" 내가 부드럽게 물었다.

"앨리슨이요." 친구가 목이 메어 대답했다.

"좋아요, 앨리슨. 제가 얼른 릴리의 상태가 어떤지 볼게요. 그런 다음 어떻게 할지 생각해 보기로 해요, 알겠죠?" 앨리슨은 고개를 끄덕였지만, 내가 릴리의 활력징후를 측정하는 내내 쉴 틈 없이 방 안을 왔다 갔다 했다.

나는 가장 먼저 릴리에게 호흡곤란 증세가 있음을 확인했다. "약은 가져왔나요?" 내가 묻자 앨리슨은 방을 나가더니 1분이 채 안 되어 약상자를 들고 돌아왔다. 나는 약상자를 뒤진 끝에 모르핀 성분이 든 약품인 록사놀의 상표가 붙은 병을 발견했다. 병은 뜯지도 않은 상태였다. "약을 한 번도 안 먹던가요?" 내가 물었다. 답이 빤히 보였다.

"네." 앨리슨의 대답은 예상대로였다.

병 옆에 최소량인 0.25밀리리터씩 복용하란 지시가 적혀 있었다. "릴리에게 알레르기가 있나요?"

"전 몰라요. 그냥 같이 바다에 놀러 온 것뿐이라고요!" 앨리슨이 초조해하며 대답했다.

"알았어요. 괜찮아요." 내가 침착하게 말했다. 나는 스포이트로 모르핀 0.25밀리리터를 빨아올렸다. 그런 다음 스포이트의 끝부분을 릴리의 볼 안쪽에 위치시키고서 손잡이를 눌러 입안에 약을 흘려 넣었다. 다행히 볼을 통해 흡수되는 약이라 릴리가 삼키지 않아도 됐다.

"그 약을 먹으면 죽는 건가요?"

"아뇨, 호흡을 도와주는 약이에요. 하지만 시간이 얼마 남지 않은 거 같네요."

앨리슨은 내 말을 듣고 우뚝 서더니 멍하니 앞을 응시했다. 그러다 릴리를 바라봤다. 잠시 침묵 속에서 릴리를 뚫어지게 바라보던 앨리슨이 별안간 부엌으로 달려가 서랍을 뒤적이기 시작했다. 나는 어떻게 반응해야 할지, 뭐라 말해야 할지 몰라 그저 릴리 곁에 무릎을 꿇고 앉아 약물 부작용이 있진 않은지 살펴봤다. 1분도 지나지 않아 앨리슨은 거의 튕겨져 나가다시피 밖으로 뛰쳐나갔다.

'어쩌면 혼자 있을 시간이 필요한지도 몰라. 감당하기엔 힘든 얘기였겠지.' 속으로 생각했다. 다시 릴리에게 몸을 돌려 그의 가슴이 오르락내리락하는 모습을 지켜봤다. 릴리의 호흡은 여전히 가쁘고 거칠었으며, 입술은 피부색만큼이나 핏기가 없었다. 릴리는 내 또래인 듯했다. 어쩌다 이 지경에 이르게 됐을까?

자신이 곧 죽는다는 걸 알게 된 지는 얼마나 됐을까? 릴리가 어떤 우여곡절을 거쳐 호스피스 환자가 되기로 결심했는지 궁금해졌다.

심박수를 잴 차례였다. 청진기를 사용하는 대신 손목으로 맥박을 체크할 작정이었다. 릴리의 손을 뒤집었더니 세미콜론 모양의 타투가 있어 깜짝 놀랐다. 세미콜론은 흔히 자살을 시도했다가 살아남은 이들이 몸에 새기는 희망의 상징이다. 릴리가 이 타투를 새긴 시기가 병에 걸리기 전일지 아니면 그 후일지 궁금해졌다. 한편으로는 자살 시도에서 살아남은 사람이 이런 식으로 삶을 마감하게 되면 이보다 더 비극적인 일은 없겠단 생각이 들었다.

내 손목시계의 초침이 12를 가리킬 때까지 기다렸다가 맥박을 재기 시작했다. 첫 10초 만에 이미 릴리의 맥박이 정상 수치만큼 강하지도 규칙적이지도 빠르지도 않단 사실을 알 수 있었다. 그래도 멈추지 않고 계속 숫자를 셌지만, 현관문이 열리는 소리에 흐름이 끊기고 말았다. 현관을 돌아보니 앨리슨이 모래가 잔뜩 든 우묵한 그릇을 양손에 받쳐 들고 우리 쪽으로 돌진하듯 달려오고 있었다. 당황스러우면서 살짝 무섭기도 했다. 릴리의 손목을 내려놓고 앨리슨에게 자리를 내주었다.

그리고 앨리슨이 몸을 숙이고 모래가 담긴 그릇을 릴리가 앉은 소파 근처에 내려놓는 모습을 경외심에 차서 바라봤다. 이윽고 앨리슨은 나를 지나치더니 널찍한 발코니로 연결되는 미닫이 유리창을 모조리 열어젖혔다. 끈적하고 짭조름한 공기가 곧장 실내로 불어 들어왔다. 이내 방 안에 스며들어 있던 적막이 사라졌다. 바람이 울부짖고 파도가 부서지는 소리만 귀에 들렸다. 앨리슨은 기도를 올리듯 릴리 앞에 무릎을 꿇었다. 앨리슨의 얼굴을 따라 눈물이 쉴 새 없이 흘러내렸다. 앨리슨이 릴리가 신고 있던 밝은 초록색 운동화를 하나씩 벗기더니 릴리의 맨발을 모래가 담긴 그릇 안에 넣었다. 앨리슨은 다정하게 릴리의 손을 잡고 손가락을 어루만지며 쉬지 않고 반복해서 말했다. "네가 해냈어, 릴리. 네가 결국 바다에 왔어. 사랑해, 릴리. 네가 해냈어." 릴리의 뺨 위로 흘러내린 눈물 한 방울이 티셔츠에 떨어졌다. 앨리슨이 더 크게 오열했다.

우주가 모든 걸 지켜봤던 걸까. 세차게 불던 바람은 릴리가 마지막 숨을 거두는 순간 마법처럼 잦아들었다. 방 안에 잠시 적막이 흐르다가, 이내 앨리슨이 흐느끼는 소리가 울려 퍼졌다.

콘도를 나오며 내 친구들을 떠올렸다. 누가 나를 위해 이렇게까지 해줄까? 나는 누구를 위해 이렇게까지 할 수 있을까? 답은 정해져 있었다. 그리고 시간이 얼마나 흐르든, 물리적으로 얼마나 멀리 떨어져 있든 그 답이 변치 않으리란 사실을 깨달았다. 나는 오로지 한 사람만을 떠올리며 휴대폰을 꺼내 문자를 보냈다. "안녕! 부탁이 있어. 내가 혼인 서약을 할 때, 언제나 내 편이 되어줬던 사람이 내 옆에 있으면 좋겠어. 예전처럼 매일같이 연락하진 않지만, 넌 날 위해 뭐든 해줄 사람이란 걸 알아. 내 신부 들러리가 돼줄래?"

차에 도착하기도 전에 해나가 보낸 답장이 휴대폰 화면에 떠올랐다. "당연하지! 난 널 영원히 사랑해!!"

나는 미소를 짓고 휴대폰을 다시 가방에 넣었다. 비로소 마음에 안정이 깃들었다.

# 9

# 삶도 죽음도
# 예측할 수 없는 것

: 바베트 :

2월의 어느 날 밤이었다. 이제 신부 들러리 문제도 전부 해결했겠다, 크리스와 나는 결혼식 날짜를 고르기 시작했다. 플로리다주에 사는 우리 둘에게 찔 듯이 더운 여름은 처음부터 탈락이었다.

"가을엔 토요일도 빼야 할 거야. 우리가 결혼식장으로 들어가는데 사람들이 미식축구 중계를 흘깃거리면 안 되잖아." 크리스가 농담 반 진담 반으로 말했다.

"겨울에 결혼식을 올리는 모습은 전혀 상상이 안 돼."

"그럼 내년 봄만 남네." 크리스가 달력을 보며 말했다.

"봄에 하는 결혼식이라니, 너무 멋져!" 벌써 머릿속에 결혼식장면이 그려졌다. 파스텔을 칠해놓은 듯한 색감의 정경, 덥지 않고 적당한 날씨, 상큼한 음료 그리고 관광객 인파로 북적이는 여름이 찾아오기 직전의 그 평온함까지. "그럼 내년 봄으로 하자! 이제 '꼭 해야 할 것'과 '하면 좋은 것' 목록을 훑어볼까?" 내가 구글에서 찾은 결혼 준비 점검표를 열며 말했다. 우리 둘은 노트북 화면 위로 몸을 한껏 숙였다.

"첫 번째로 장소. 해변은 어때?" 크리스가 제안했다.

"좋아. 하지만 해변에서 가까운 곳이면 좋겠어. 바로 해변 말고. 긴 드레스를 입고 모래 위를 걸을 생각을 하면 끔찍해."

"맞는 말이야." 크리스가 고개를 끄덕였다. 우리는 계속해서 스크롤을 내렸다.

"밴드 연주 아니면 디제이?" 크리스가 다음 항목을 소리 내어 읽었다.

"아무거나 상관없어." 내가 말했다.

"나도 그래." 크리스가 내 말에 동의하며 계속 스크롤을 내리다가 갑자기 멈췄다. 화면을 훑다가 크리스가 시선을 고정한 결혼 준비 항목이 눈에 들어왔다. '엄마와 아들의 댄스 타임에 쓸 곡을 고르세요.' 속이 울렁거렸다. 내년 봄이 되려면 1년은 더 있어야 했다. 우리는 아무 말도 하지 않고 가만히 앉아 있었지만, 사실 둘 다 같은 생각을 하고 있었다. 내년 봄엔 바베트가 여기 없을 수도 있다고.

크리스가 조용히 노트북을 닫고 밖으로 나갔다. 잔디를 깎을 때가 되려면 아직 멀었지만, 크리스는 생각을 정리하고 싶은지 기계를 켜서 잔디를 깎기 시작했다. 나는 노트북을 다시 열어 엄마와 아들을 위한 결혼식 댄스곡으로 가장 인기 많은 노래를 검색했다. 유튜브 재생목록이 하나 나왔다. 나는 맨 위에 있는 노래를 재생한 다음 눈을 감고 귀를 기울였다. 바베트가 없는 우리 결혼식은 어떤 모습일까? 크리스와 함께 결혼식장으로 입장할 부모는 한 분밖에 없을 테고, 맨 앞자리 하나는 텅 비어 있겠지. 엄마와 아들의 댄스 타임도 물론 없을 거야. 결국 바베트가 있어야 할 자리엔 뻥 뚫린 가족사진만 남고 말겠지.

항상 결혼식을 준비하는 데는 1년이 넘는 시간이 걸리리라고 짐작해 왔다. 적어도 내 친구들은 모두 그랬다. 하지만 정말로 필요한 과정일까? 크리스와 내가 몇 달 내로 결혼식을 준비하지 못할 이유가 있을까? 1년이란 준비 과정을 거치지 않고 결혼식을 올리면 어떤 모습일지 머릿속으로 그려봤다. 1순위로 정해둔 장소에서 결혼식을 올리지 못할지도 모른다. 오지 못하는 사람이 생길 수도 있다. 꿈에 그리던 웨딩드레스를 발견하지 못할지도 모른다. 하지만 우리가 결혼하는 날 바베트가 없을 때 모두가 느낄 슬픔에 비하면 이 모든 건 아무 문제도 되지 않았다. 그렇다면 답은 정해져 있었다.

밖으로 나갔더니 크리스는 깊은 생각에 잠긴 듯 허공을 응시하고 있었다.

"올해 5월은 어때?" 내가 물었다.

"3개월 뒤 말하는 거야?"

"응, 안 될 게 뭐 있어?" 손으로 햇빛을 가리며 크리스를 바라봤다. 크리스의 표정을 보자 내 얼굴에도 환한 미소가 퍼졌다.

크리스는 흐뭇하게 웃으며 나를 꽉 껴안았다. "고마워."

더없이 행복한 순간이었다. 내 선택이 옳았음은 의심할 여지가 없었다.

온 우주가 나를 돕는 것처럼 결혼 준비는 차질 없이 착착 진행됐다. 해변이 내려다보이는 아름다운 옥상이 딸린 공간을 발견했다. 결혼식이 열린 적은 한 번도 없지만, 곧 결혼식장 사업을 시작할 계획이 있는 곳이었다. 그래서 우리 결혼사진을 웹사이트에 올리는 대신 큰 폭으로 비용을 할인해 주기로 했다. 웨딩드레스를 급하게 받으려면 배송비가 상당할 거라 예상했지만, 엄마와 함께 웨딩드레스를 사러 갔을 때 내 마음에 든 드레스가 우연히도 그날 바로 집에 가져갈 수 있는 상품이었다. 참석하지 못하는 지인이 몇 사람 있어도 신부 들러리와 신랑 들러리를 비롯해 대부분은 참석 가능했다. 결혼식 진행에 필요한 각종 업체를 고를 때는 그리 까다롭게 굴지 않았다. 우리와 일정이 맞는 업체 위주로 선택했지만, 빠짐없이 훌륭한 곳뿐이었다.

바베트는 우리가 결혼을 준비할 때 단 한 번도 간섭하지 않았고, 물어볼 때만 조언해 주었다. 나는 자신이 결혼식에서 입을 드레스 색깔과 엄마와 아들의 댄스 타임에 사용할 곡을 바베트에게 골라달라고 했다. 바베트는 드레스를 사러 가서 옷을 입어본 사진을 몇 장 보내주며 내가 제일 좋아하는 색은 뭐냐고 물었다. 가장 작은 치수의 드레스조차 바베트를 삼켜버릴 만큼 컸다. 나는 전부 다 눈부시게 아름답다고 답장을 보냈다.

몇 달 뒤 바베트가 점차 집 밖으로 나가는 일을 피하게 됐다. 바베트는 항암 치료의 여파로 늘 메스꺼움을 느꼈고 몸무게도 자꾸 줄어만 갔다. 크리스와 크리스네 부모님과 함께 넷이서 저녁을 먹으러 나가면, 바베트는 음식을 밀쳐두고 먹지 않을 때가 많았다. 그럴 때마다 크리스의 눈에는 고통이 가득했다.

"그래도 식사는 해야죠, 엄마." 어느 날 밤 크리스가 애원하는 목소리로 말했다.

바베트는 곧바로 말을 돌렸다. "댄스 타임에 쓸 노래를 골랐단다. 그린데이의 「굿 리든스!Good Riddance!」에 맞춰 춤추는 건 어떠니?"

아무 말도 하지 않았지만 속으로는 바베트의 머리가 어떻게 된 건 아닐까 하고 생각했다.「굿 리든스!」는 내가 본 어떤 목록에도 없는 곡일뿐더러, 지금까지 바베트가 그린데이 이야기를 하는 걸 한 번도 들어본 적이 없었다.

식사를 마치고 차로 돌아와서 스포티파이에서 그 노래를 검색한 뒤 재생 버튼을 눌렀다. 크리스와 나는 차 안에 앉아 그린데이의 목소리를 듣다가 눈물을 흘렸다. 인생은 예측할 수 없으며, 모든 일엔 이유가 있단 내용의 노래였다. "네가 인생을 충분히 즐기길 바라."

몇 달 후 크리스와 바베트는 우리 결혼식에서 그린데이의 노래에 맞추어 춤췄다. 완벽한 순간이었다. 눈물이 사정없이 흘러내려서, 앞일을 내다본 메이크업아티스트가 워터프루프마스카라로 화장해 주어서 무척 다행이라고 생각했다. 노래가 끝나고 누군가 내 등에 손을 올렸다. 뒤돌아보니 스티브 목사님이 서 있었다. 나는 눈물을 흘리며 목사님을 껴안았다. 목사님은 나를 안지 않은 다른 팔로는 무대에서 내려온 크리스를 안았다.

"두 분이 자랑스러워요." 스티브 목사님은 이렇게 말하고 나서 바베트와도 포옹을 나눴다. 황홀한 밤이었다.

죽음과 태어남은 비슷한 면이 많다. 시간이 다 되어간다는 건 알지만 그 시점을 예측할 수는 없단 점(다만 죽는 시점을 예측하기가 훨씬 어렵다), 기다리는 동안 불안하고 초조하단 점이 그렇다. 그런 이유로 사랑하는 사람이 시한부 삶을 살면, 사람들은 인생 계획을 수정하거나 자기 생활을 뒤로 미루곤 한다. 크리스와 나 역시 그리스를 신혼여행지로 점찍어 뒀지만, 그렇게 먼 곳으로 떠나기엔 마음이 편치 않아 만일을 대비해 신혼여행을 포기했다.

그해 여름 바베트는 매해 그랬던 것과는 달리 해변에 자주 나가지 않았다. 그 대신 이전보다 자는 시간이 더 늘었고 식사량은 훨씬 줄었다. 외식하는 날은 손에 꼽았다. 그래서 우리는 밖으로 나가는 대신 시가에 가서 저녁을 먹었다. 여름이 가고 가을이 오면서 바베트의 착란 증세가 뚜렷해졌다. 검사를 받아보면 결과가 늘 좋지 않았다. 호스피스를 받을 때가 됐다고 생각했지만, 내가 먼저 그 말을 꺼내고 싶진 않았다.

루이지애나주에 사는 크리스의 형 닉은 바베트를 간병하려고 휴직계를 내고 왔다. 몇 달 후 닉이 복직하자 시아버지 톰과 크리스와 내가 돌아가며 짬을 내 바베트를 병원에 데려갔다. 함께 집에 있다가 바베트가 아주 가끔 침대에서 일어나면 넘어지지 않도록 부축하거나 화장실에 가는 걸 도왔다. 마침내 바베트가 말하는 능력을 거의 잃고 대부분의 시간을 잠만 자며 보내는 상태에 이르자, 주치의가 호스피스를 제안했다.

크리스의 가족이 내게 기대리라고 어느 정도 예상했던 나는 이미 오래 전부터 몇 가지 방안을 추려서 장단점을 따져본 터였다. 어떤 날은 바베트를 다른 호스피스 회사에 맡겨서 사생활을 분리하는 게 낫겠다고 생각했고, 또 어떤 날은 바베트가 우리 회사 환자가 되면 내가 좀 더 세심하게 그를 보살필 수 있지 않을까 싶었다. 하지만 결국 쿠마르 선생님과 동료 간호사들, 스티브 목사님만큼 바베트를 믿고 맡길 만한 사람이 없단 생각에 이르렀다. 나는 트래비스에게 전화를 걸어 바베트가 호스피스를 받을 때가 됐단 소식을 전했다. 어맨다가 와서 바베트의 자격을 검토한 뒤 그를 호스피스 환자로 등록해 주었다.

지금까지 수많은 환자와 나눴던 대화와는 달리 보호자 자격으로 이야기를 나누려니 기분이 묘했다. 어맨다는 나와 다른 순서로 일을 진행한 까닭에 다음 차례가 뭔지 알 방도가 없었다. '심폐소생 금지'라고 쓰인 밝은 노란색 종이를 보는 순간 가슴이 철렁 내려앉으며 앞으로 닥칠 광경이 그려졌다. "이 서류에 서명하면 환자분의 심장이 자연적으로 멈췄을 때 저희가 아무것도 하지 않아도 괜찮다는 데 동의하시는 거예요." 어맨다가 톰에게 설명했다. 보험 서류를 안내할 때와 다를 바 없는 어조였다. '나도 저런 식으로 말했을까? 이처럼 중요한 서류가 그저 서명이 필요한 종잇장인 것처럼 행동했을까?' 그러지 않았기를 바랐다. 그리고 지금 이 순간부터 절대 그러지 않기로 다짐했다. 톰이 서류에 서명했다. 나는 톰을 설득하지 않아도 된다는 사실에 안도했다.

바베트가 호스피스를 받게 되자, 내 동료들이 돌아가며 날마다 집을 방문했다. 그들이 집에 와 있는 30분 정도를 빼면 대체로 조용한 날이 이어졌다. 낮에 바베트를 만나러 갈 시간이 없었던 날엔 일이 끝난 후에 크리스와 브로디와 나, 이렇게 셋이서 하루도 빠짐없이 그를 보러 갔다. 브로디는 이 상황을 제대로 이해하기엔 너무 어렸다. 나는 대부분의 나날을 한순간도 허투루 보내면 안 된다는 생각에 사로잡힌 채 보냈다. 바베트 옆에 앉아 있지만 말고 뭐든 해야 할 것 같은데 정작 뭘 해야 할지는 몰랐다. 그래서 바베트와 함께 있는 시간 대부분을 그에게 사랑한다고 말하며 보냈다.

사람들은 '죽음'과 '죽어감'을 우울하고 심각하게만 여긴다. 물론 그런 면이 많긴 하다. 하지만 그런 상황마저도 가볍게 웃어넘기게 하는 순간은 언제나 존재하기 마련이다. 비록 슬픈 유머일지라도 말이다. 어느 날은 내게 크리스가 무지개다리를 건넌 반려견 홀리가 저세상에서 엄마를 기다릴 것 같지 않으냐고 물었다.

연애 초반에 발야구 경기를 막 끝내고 나온 크리스가 휴대폰을 확인했더니 화면 가득 부재중 전화가 와 있던 적이 있다. "아버지와 형한테 전화가 열 통이나 와 있어." 크리스가 놀라서 말했다. 둘 다 입 밖으로 꺼내진 않았지만, 속으로는 바베트에게 무슨 일이 생긴 게 분명하다고 생각했다.

우리는 차로 뛰어가며 크리스의 남동생 에릭에게 연락했다. 부재중 전화는 크리스 가족의 반려견인 열여섯 살 먹은 웨스턴테리어 홀리가 갑자기 아팠기 때문에 온 것이었다. 황급히 시가로 달려가자 어수선한 분위기가 우리를 맞이했다. 톰은 식탁에 앉아 있었고, 에릭은 홀리를 담요에 감싸안고서 바닥에 앉아 있는 바베트 곁을 지키고 있었다. 상황을 살핀 크리스가 말했다. "동물병원에 데려가야겠어요."

"병원에 데려가면 수의사가 홀리를 안락사하고 말 거야!" 바베트가 울면서 외쳤다. "그렇게 하도록 내버려둘 순 없어!"

우리는 어떻게 해야 할지 몰라 서로를 바라보기만 했다. 언제 죽을지 모르는 사람에게 다른 생명체가 편히 죽음을 맞이하도록 돕는 게 가장 좋은 방법이라고 설득하는 일이 왠지 옳지 않은 행위처럼 느껴졌다. 몸을 숙인 크리스는 최대한 신중하게 말을 골라 홀리를 동물병원에 데려가는 일이야말로 그를 진정으로 위하는 길이라고 바베트를 타일렀다. 결국 바베트도 그러자고 했다.

수의사는 홀리를 살리려고 온 힘을 다했다. 그러나 몇 시간 후 우리는 홀리를 떠나보낼 시기가 다가왔음을 실감했다. 그날 새벽 2시, 우리는 삭막한 동물병원 진료실에 있는 홀리 곁에 모여 작별 인사를 했다.

몇 주가 흘러 홀리의 유골을 받은 바베트는 한사코 온 가족이 한날한시에 모여 유골을 뿌려야 한다고 주장했다. 하지만 성인이 되어 제각기 다른 주에 사는 자식 네 명이 한자리에 모이는 일은 말처럼 쉽지 않았다. 적어도 크리스마스까지는 기다려야 했다. 크리스마스가 되자 모두 고향에 내려와 다 함께 점심을 배불리 먹었다. 크리스와 함께 우리 아빠의 집으로 건너가기 전까지는 몇 시간이 남아 있어서, 나는 잠깐 짬을 내어 낮잠을 잘 생각에 들떠 있었다. 자연스럽게 빠져나갈 방법을 궁리하던 찰나 바베트가 손뼉을 치며 말했다. "자, 이제 바다로 가자!"

"지금이요? 나중에 가면 안 돼요?" 크리스의 여동생 시제이가 물었다.

"지금 당장 가야 해. 다들 일어나!" 바베트가 팔을 휘휘 내저으며 지금이 아니면 안 된다는 투로 명령하듯 말했다.

우리는 순순히 자리에서 일어나 차를 타고 바다로 향했다. 산책로를 따라 걷다가 바다에서 불어오는 거센 바람을 막아보려는 심산으로 외투를 단단히 여몄다. 바베트를 빼면 누구도 여기에 있고 싶지 않은 게 분명했다.

바다에 다다른 우리는 모두 바다와 멀찌감치 떨어진 백사장 위에서 걸음을 멈췄다. 바베트는 홀리의 유골이 담긴 커다란 지퍼 백을 꺼내더니 바다를 보며 걸어가기 시작했다. 지금 돌이켜 보면 그다음 무슨 일이 벌어질지는 너무나 뻔했지만, 그때는 우리 중 누구도 어떤 일이 일어날지 몰랐다.

바베트는 지퍼 백을 열고 재를 한 주먹 움켜쥔 다음 바다를 향해 던졌다. 그러나 재는 강한 바람 탓에 바다 쪽으로 날아가지 않았다. 대신 허공에서 유턴하듯 빠르게 방향을 바꾸더니 해변으로 다시 날아와 우리를 덮쳤다.

"그만! 그만해요, 엄마!" 다 같이 바베트를 향해 소리쳤지만, 그는 뒤에서 무슨 일이 벌어지는지 전혀 모르는 듯했다. 바베트가 잠시 멈추더니 우리에게 이렇게 외쳤다. "꼭 해야 하는 일이야! 군소리는 듣고 싶지 않구나." 그러면서 홀리의 유골을 더 많이 한 움큼 집어 또다시 바람을 향해 내던졌다. 바베트가 유골 다 뿌리고 뒤돌아서 올 때쯤, 우리는 이쪽으로 날아오는 홀리의 재를 이리저리 피하느라 혼이 나가 있었다. 겨우 정신을 차리고 있는데, 바베트가 손을 가슴 위에 얹더니 엄숙하게 말했다. "홀리는 언제까지나 우리 마음속에 있을 거야."

"그리고 폐 속에도요." 크리스의 농담에 우리는 모두 참지 못하고 폭소를 터뜨렸다.

바람이 바베트의 죽음에까지 영향을 미치리라곤 상상도 하지 못했다. 바베트를 간병하는 일은 몇 주 동안 순조롭게 흘러갔으며, 바베트는 긴 시간 동안 통증 없이 편안하게 잠만 자며 보냈다. 그러다 우리 힘으로는 도저히 손쓸 수 없는 시련이 닥쳤다. "허리케인 마이클이 곧 대형 허리케인으로 성장할 것으로 보입니다." 텔레비전에서 뉴스 속보가 흘러나왔다. 크리스와 나는 일기예보 진행자가 허리케인 북상이 예상되는 해안 지역을 가리키는 모습을 바라봤다. 우리 집은 태풍 영향권 한가운데에 있었다. 나는 좌절감에 신음 소리를 냈다. 그야말로 최악의 상황이었다.

"상황은 언제든 바뀔 수 있으니까 너무 걱정하지 말자." 크리스가 텔레비전을 다른 채널로 돌리며 말했다.

24시간이 채 지나지 않아 우리와 시부모님이 사는 지역에 강제 대피 명령이 떨어졌다. 나는 쿠마르 선생님에게 가서 어떻게 하는 게 좋을지 조언을 구했다. "바베트에게 대피는 힘들 거예요. 그냥 집에 계시는 게 제일 좋을 듯한데, 병세가 나빠지고 있어서 걱정이에요."

"선생님, 잘 생각해야 해요. 허리케인이 북상해서 도로가 폐

쇄되면 응급차도 발이 묶일 거예요. 911에 전화해도 달려올 사람이 없단 뜻이죠. 난 선생님이 응급 상황에서 아무 도움도 받지 못하는 건 싫어요." 쿠마르 선생님이 단호하게 말했다.

"그럼 방법은 대피밖에 없나요?" 내가 물었다.

그가 침울한 얼굴로 고개를 끄덕였다.

바베트를 옮기고 싶어 하는 사람은 아무도 없었지만, 별다른 수가 없어서 결국 그를 대피시키기로 했다. 허리케인이 오면 대다수의 의료기관은 A팀을 꾸려서 태풍이 지나가는 동안 생길 수 있는 만일의 상황에 대비했다. 태풍이 지나가고 도로 통제가 풀리면 B팀이 A팀과 교대해 갖가지 태풍 피해를 수습하는 방식이었다. 크리스와 나는 각자 회사에 상황을 설명하고 바베트와 함께 대피할 수 있도록 B팀에 넣어달라고 요청했다.

B팀으로 발령이 난 뒤, 우리는 덧문을 닫고 날아갈 만한 물건은 모두 집 안으로 들여놓는 등 피해를 입지 않도록 철저하게 대비했다. 그러고 나서 몇 시간 떨어진 미시시피주 빌럭시에 있는 엄마와 새아빠의 임대주택으로 대피하려고 차에 급히 짐을 실었다. 출신 주가 아니라 다른 주에서 사망했을 때 다시 시신을 출신 주로 옮기려면 얼마나 복잡하고 비용이 많이 드는지 알았기에 나는 바베트를 데리고 미시시피주로 대피할 생각에 약간 초조해졌다. 하지만 딱히 방법이 없었다.

바베트는 톰이 운전하는 차의 조수석에 앉아 몸을 똑바로 세우려 젖 먹던 힘까지 짜내면서 미시시피주로 대피하는 여정을 잘 견뎌냈다. 브로디와 나는 다른 차를 탔다. 크리스 역시 차를 따로 가져갔다. 도로 통제가 풀리고 B팀이 소집되면 각자 일정에 맞춰 데스틴으로 돌아가야 했다.

그 후 이틀간 우리는 뉴스를 보거나 바베트를 돌보는 일 말곤 아무것도 하지 않았다. 바베트에게 뭐라도 먹여야 했지만, 이제 그는 물 한 모금만 마셔도 기침을 했다. 깨어 있을 때 바베트는 말없이 텔레비전만 응시했다. 나는 바베트가 상황을 알긴 하는 건지 궁금했다. 허리케인 소식을 기다리고 있자면 돌아갈 집이 남아 있기나 할지, 직장 동료와 환자 들은 무사할지 걱정되면서 무력한 기분에 사로잡히곤 했다. 이번 허리케인이 지나가는 동안은 유난히 그런 것 같았다.

"허리케인 마이클이 5등급까지 세력을 키워 멕시코비치에 상륙했습니다." 거실에 켜둔 텔레비전에서 기자가 보도하는 목소리가 흘러나왔다. 우리는 일제히 고개를 돌려 새 소식에 집중했다. 허리케인이 당초 예상보다 훨씬 동쪽 부근을 강타한 덕분에 우리 동네는 태풍 피해로부터 무사할지도 모른다는 내용이었다. 한 시간이 지나기도 전에 관리자들에게서 연락이 왔다.

"아침 8시까지 오라네." 크리스가 전화를 끊으며 말했다.

"아직 허리케인이 완전히 지나가지도 않았잖아. 상황이 이런데 운전해서 오란 거야?" 내가 따졌다.

"새벽 5시에 출발해야겠어. 방법이 없잖아."

"오전 10시에 신규 가입 건이 하나 있어요." 조금 후 트래비스에게서 문자가 왔다.

"나도 바로 따라가야겠네." 크리스에게 문자를 보여주며 말했다.

다음 날 아침 일찍 크리스가 곧바로 출근할 수 있도록 수술복을 입고서 계획대로 길을 나섰다. 두 시간 후 나도 똑같이 했다. 어린이집이 문을 연 덕분에 환자를 만나러 가는 길에 브로디를 내려주고 갈 수 있었다. 톰과 바베트는 뒤에 남기로 했다.

허리케인이 비껴갔다기에 우리 동네엔 피해가 거의 없을 줄 알았는데, 예상이 빗나갔다. 마을 입구에 들어서자 사방에 나뭇가지가 부러져 있었다. 응급 상황에 대처하는 공공기관과 몇몇 어린이집을 제외하곤 문을 연 곳이 없었다.

나는 브로디를 무사히 어린이집에 맡긴 후 환자를 만나러 가면서 바베트가 괜찮은지 확인하려고 톰에게 전화했다. 바베트는 그대로였다. 여전히 잠만 자고 거의 먹지 않는다고 했다. 우리는 바베트가 익숙한 환경에서 지낼 수 있도록 그를 집으로 다시 데려오는 게 좋겠다는 결론을 내렸다. 나는 신규 환자 등록을 마무리하자마자 꼭 집에 들르겠노라고 약속했다.

그날 만난 환자와 보호자는 모두 친절했다. 약을 주문하기 전까지는 모든 일이 순조로웠다. 그들이 자주 가는 약국에 전화했더니 계속 신호만 가다가 달칵 소리와 함께 자동응답기에 녹음된 목소리가 흘러나왔다. "지금은 허리케인 마이클의 여파로 약국을 운영하지 않으니 다음에 찾아주시길 바랍니다." 혹시 몰라 다른 약국에도 연락해 봤다. 말만 조금 다를 뿐 똑같은 내용의 음성메시지가 흘러나왔다. 30여 분 동안 근처의 모든 약국에 연락해 본 끝에 결국 트래비스에게 전화를 걸었다.

"문을 연 약국이 없어요, 트래비스." 내가 말했다.

"다들 약국 때문에 난리군요. 주문만 하는 거면 내일 해도 돼요. 하지만 지금 당장 약이 필요하다면 병원으로 가는 수밖에 없어요." 트래비스가 내게 말했다.

"어머, 그렇군요. 제 환자는 괜찮아요. 또 제가 알아야 할 게 있을까요?"

"병원에 갈 일이 생기면 평소에 가던 곳 말고 포트월턴비치 병원으로 가세요."

"네? 거긴 너무 멀잖아요! 거기까지 가는 데 차로 한 시간 넘게 걸리는 환자도 있어요!"

"오늘 뉴스 봤어요?" 트래비스가 물었다. 일찍 나오는 바람에 뉴스를 볼 시간이 없었다. "베이의료센터 상황이 좋지 않아요. 차마 말로 설명하기도 어려울 정도로요. 거기에 있던 환자 대다수가 우리 쪽 병원으로 이송됐어요. 위독한 환자들도 복도에 방치돼 있고요. 어떤 상황에서도 절대 우리 환자를 그 병원으로 보내지 마세요."

"네, 알겠어요. 그런데 우리 시어머니 상태가 좋지 않으세요. 여기 일이 마무리되면 바로 시아버지를 도와드리러 가봐야겠어요."

"마지막으로 들었을 땐 괜찮으신 거 같았는데요." 트래비스가 답했다. "환자들도 시어머니만큼이나 선생님이 필요해요."

"신규 가입 건 때문에 이미 오늘 아침에 시어머니를 그냥 두고 나왔단 말이에요. 부탁해요." 내가 애원했다. 눈물이 흐르기 직전이었다. "환자들 상태는 전화로 확인할게요."

"그럼 그렇게 해요. 단 진료기록은 빠짐없이 작성해 주세요."

등록을 마무리하며 신규 환자에게 무엇이든 필요한 게 생기면 꼭 연락하라고 당부했다. 일이 끝나자마자 내 차로 달려갔다. 톰과 바베트가 집에 도착하기 전까지 30분 만에 환자 열일곱 명에게 전화를 돌려야 했다. 반쯤 전화를 돌렸을 때 톰에게서 전화가 왔다.

"집에 다 와간단다." 톰이 침착한 목소리로 말했다. "그런데 바베트의 숨소리가 좀 이상하구나."

"종종 그럴 때가 있어요." 내가 톰을 안심시켰다. "제가 금방 마무리하고 도와드리러 갈게요." 가지고 있는 약을 사용하거나 자세를 조금만 바꿔주면 바베트의 호흡곤란 증세는 가라앉으리라고 예상했다. 환자들에게 전화를 다 돌린 다음, 긴 진입로를 후진으로 빠져나가 시가로 향했다. 허리케인의 여파로 길에 떨어진 잔해를 피하기 위해 운전대를 몇 번 꺾어야 했다.

시부모님이 사는 콘도에 차를 막 대자마자 톰의 차가 눈에 띄었다.

"딱 맞게 도착했네!" 내가 말했다. 하지만 바베트가 어떤지 확인하자 나는 곧 충격에 휩싸였다. 바베트는 의식이 거의 없는 상태에서 숨을 헐떡이고 있었다. 세 시간 동안 차를 타고 오면서 병세가 급격히 나빠진 듯했다.

"록사놀이라고 적힌 약병을 찾아주세요." 내가 톰에게 부탁했다.

여행 가방을 열고 약을 찾던 톰이 당황하며 말했다. "약상자가 안 보이는구나."

그때 불현듯 깨달았다. 오늘 아침 출발하기 전 약을 챙기는 걸 깜빡한 것이었다. 눈앞이 아찔해졌다. "죄, 죄송해요." 내가 더듬거리며 말했다. "약을 냉장고에 두고 왔나 봐요." 눈물이 핑 돌았다. 항상 내가 바베트의 약을 챙기는 편이었다. 약은 차게 보관하는 게 가장 좋아서 냉장고 안에 넣어 두곤 다른 사람에게 그 사실을 말할 생각을 미처 하지 못한 것이었다. 평소라면 약국에 전화해 처방을 새로 받으면 될 일이었지만, 오늘은 문을 연 약국이 없어 그것마저 어려웠다.

"그럼 이렇게 해야겠어요." 내가 톰에게 말했다. "지금은 바베트를 병원에 데려가야만 약을 받을 수 있어요. 셋이서 병원에 같이 갔다가 약만 타서 바로 돌아오는 거예요." 바베트는 임종 단계에 들어선 게 틀림없었다. 즉, 일반적인 과정을 따른다면 임종까지 일흔두 시간 정도밖에 남지 않았단 뜻이었다. 이런 상황에서 바베트를 병원으로 데려가야 한다는 사실이 썩 내키지 않았지만, 약을 챙겨서 가장 편안한 장소인 집으로 돌아와 제때 도착한 자식들과 작별 인사를 나누기에는 충분한 시간이었다.

톰이 운전하기로 해서 나는 뒷좌석에 서둘러 올라탔다. 바베트는 불과 사흘 전과는 다르게 더는 스스로 몸을 가누지 못하고 조수석에 축 늘어져 있었다. 바베트가 숨을 크게 헐떡일 때마다 병원으로 가는 길이 더 멀게 느껴졌다. 내가 해야 할 일은 단 한 가지, 바베트가 집에서 편안히 지내도록 돕는 것이었지만 나는 그 하나마저도 제대로 해내지 못하고 있었다. 회사에 있는 크리스에게 전화할지 말지 고민했다. 굳이 오지 않아도 되는데 오라고 해서 시간을 뺏고 싶진 않았다. 게다가 바베트에게 남은 시간이 적어도 며칠은 되리라고 믿어 의심치 않았다. 그런데도 내 직감은 크리스에게 소식을 알려야 한다고 말하고 있었다. 떨리는 손으로 휴대폰을 집어 들었다.

"나야, 자기." 크리스가 전화를 받자 최대한 침착하게 목소리를 내려 애쓰며 말했다. "어머님을 모시고 병원에 가봐야 할 거 같아. 음, 당신이 꼭 와야 하는 건 아닌데, 그래도 알고 있는 편이 좋을 거 같아서. 포트윌턴비치 병원으로 갈 거야. 당신 회사에서 멀기도 하고, 와야 할 만큼 심각한 일은 정말로 아니야."

"실은 허리케인 때문에 나도 지금 포트윌턴비치 진료소에 있어. 병원 바로 맞은편이야. 오늘은 환자도 거의 없네." 크리스가 내게 말했다. "도착하면 연락해 줘."

병원에 도착하자 나는 톰에게 바베트를 휠체어에 옮겨 태울 수 있도록 응급실 입구에 차를 세워달라고 부탁했다. 우리를 기다리던 크리스가 손을 보태러 달려왔다. 크리스는 바베트가 옆으로 넘어가지 않도록 꼭 붙잡은 채 휠체어를 밀었고, 나는 접수처 직원에게 황급히 상황을 설명했다. 직원이 달려가 내용을 전달하자 간호사가 복도에 있는 침대로 우리를 안내했다. 즉시 의사가 와서 바베트의 고통스러운 호흡을 진정하게 해줄 약을 처방했다. 모든 일이 순식간에 벌어졌다. 어느 순간 바베트가 집으로 돌아가지 못하리란 사실이 불 보듯 뻔해졌다. 믿을 수 없었다. 지금껏 그토록 많은 환자가 익숙한 환경에서 평온하게 임종을 맞이할 수 있도록 도왔으면서, 정작 내 가족인 시어머니에게는 그렇게 해주지 못하다니.

간호사가 바베트의 호흡을 돕는 약을 투여하는 동안 톰은 바베트가 아들딸들과 작별 인사를 나눌 수 있도록 스피커폰으로 전화를 걸었다. 톰이 바베트의 얼굴 옆에 들고 있는 휴대폰을 통해 시제이와 닉이 차례로 엄마에게 사랑한다는 말을 전하는 모습을 그저 무력하게 지켜보기만 했다. 의사고 간호사고 환자고 할 것 없이 온갖 낯선 사람이 복도를 지나치며 바베트를 내려다봤다. 나는 금방이라도 무너져 내릴 것 같았다. 말도 안 되는 상황이었다. 나는 좋은 임종이란 어떤 모습이어야 하는지 몇 년 동안 배웠고, 바베트도 그런 임종을 맞이했으면 했다. 초가 몇 개 밝혀져 있고, 부드러운 음악이 흐르고, 바베트가 좋아해 마지않는 소금기 섞인 공기가 열린 발코니 문을 통해 방 안으로 불어 들어오는 그런 곳에서 맞이하는 임종. 바베트의 임종은 내가 지켜본 그 어떤 임종보다 평화로워야 했다. 내 앞에 펼쳐진 처참한 광경을 두 눈으로 똑똑히 바라보면서도 어쩌다 일이 이 지경까지 왔는지 정말이지 믿을 수가 없었다.

우리가 도착한 지 30분쯤 지나자 어맨다와 스티브 목사님도 병원에 모습을 드러냈다. 나는 안도하며 한숨을 내쉬었다. 어맨다는 바베트가 수많은 사람이 지나다니는 복도 한가운데 누워 헐떡거리며 호흡하는 상황을 확인하곤 숨을 짧게 한 번 들이마시더니 휙 돌아서서 수간호사를 찾으러 갔다.

"전부 어떻게 된 거 아니에요? 환자를 복도에서 죽게 하다니요! 다들 인정이라곤 없나 보죠?" 어맨다가 목소리를 낮춰 따졌다. 몹시 고마웠다. 어맨다의 질타가 먹혀들었는지 우리는 몇 분 후 6호실로 안내받았다. 그제야 한시름 놓을 수 있었다. 크리스가 거칠게 숨을 쉬는 바베트의 머리카락을 뒤로 쓸어 넘겨주는 동안 톰은 그 곁에 서서 자리를 지켰다.

살풍경한 와중에도 시제이와 닉은 엄마에게 가까스로 작별 인사를 건넬 수 있었다. 그러나 군에 복무하는 탓에 아직 연락이 닿지 않은 아들이 한 명 남아 있었다. 크리스의 남동생이자 톰과 바베트의 막내아들인 에릭이었다. 톰은 전화를 걸고 또 걸며 계속 통화를 시도했지만, 에릭은 좀처럼 전화를 받지 않았다. 톰은 결국 연락하기를 포기했다. 그리고 우리와 함께 셋이서 바베트의 곁에 앉아, 사랑한다고 말하며 마지막 순간을 기다렸다.

바로 그때 기적처럼 전화벨이 울렸다. 에릭이었다. 톰이 전화를 받아 서둘러 상황을 설명하곤 스피커폰 모드를 켰다. "사랑해요, 엄마." 에릭이 크고 또렷하게 말하자마자 바베트는 기다렸단 듯 마지막 숨을 거뒀다.

기나긴 침묵이 흘렀다. 이윽고 톰이 눈물을 흘리며 말했다. "에릭, 엄마가 세상을 떠났단다. 하지만 네 목소리는 분명 들었어. 엄마도 너를 사랑한단다."

이토록 삭막한 곳에서 생명이 빠져나간 채 누워 있는 작고 가냘픈 바베트의 몸을 보고 있자니 깊은 슬픔이 몰려왔다. 나는 시어머니를 잃은 것도 모자라 바베트의 마지막을 망치고야 말았다.

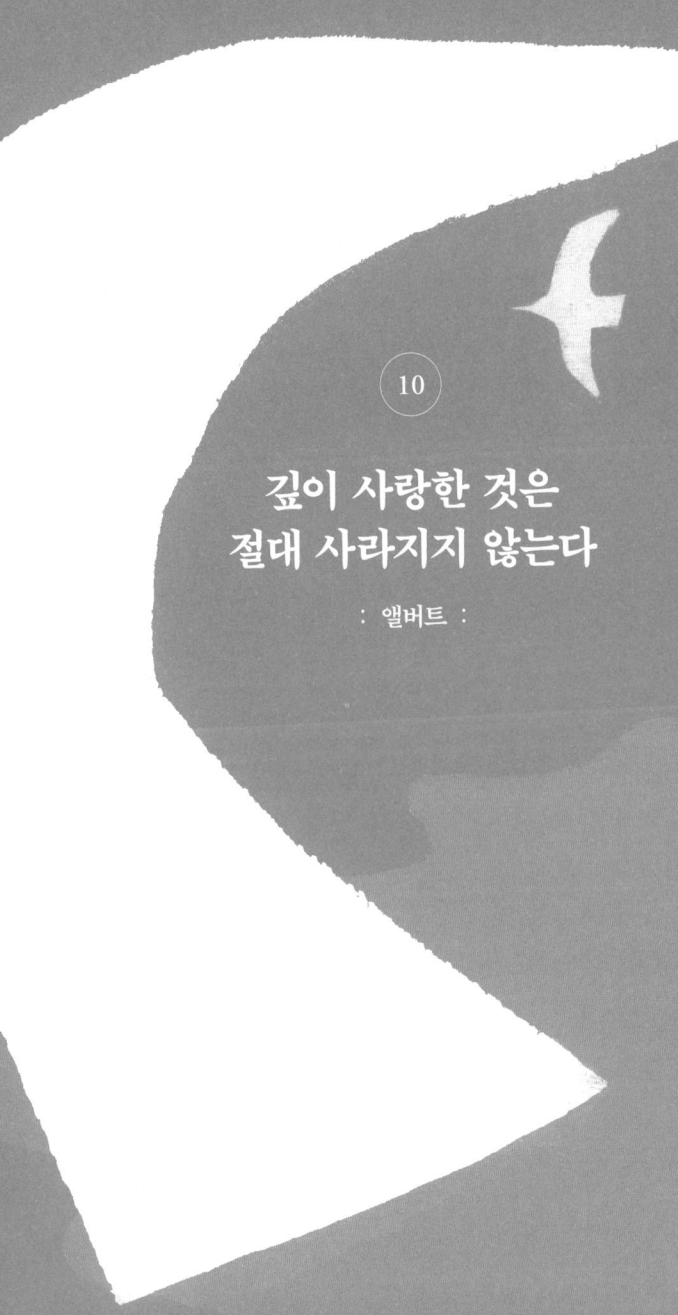

## 10

# 깊이 사랑한 것은
# 절대 사라지지 않는다

: 앨버트 :

바베트의 죽음은 내가 많은 이의 임종을 함께했는데도 임종 이후의 절차에 대해서는 거의 아는 게 없단 사실을 깨닫는 계기가 됐다. 환자의 시신을 장례식장에 넘기고 나면 내 할 일은 그것으로 끝이었다. 늘 장례식에 둘러싸여 지냈던 어린 시절이 무색하게 장례식을 준비하는 데 따라오는 자잘한 결정에 대해서는 전혀 몰랐다. 톰이 혼자서 모든 결정을 내리는 일을 버거워했기에 크리스와 나는 우리가 할 수 있는 선에서 장례식 준비를 도왔다.

다행히도 장례식장 측에서 모든 절차를 차근차근 도와주긴 했지만, 그래도 우리가 정해야 할 게 예상보다 훨씬 많았다. 장례식에서 손님에게 배부할 책자엔 어떤 사진을 넣을지, 성경에서 어느 구절을 읽어야 바베트가 좋아할지, 바베트의 부고엔 무슨 말을 쓸지, 부고 기사는 지역신문에만 실을지 아니면 바베트가 태어난 고향 신문에도 실을지, 매장할 때는 바베트에게 무슨 옷을 입혀야 할지, 관 위엔 무슨 꽃을 놓을지, 매장은 어디에다 하는 게 좋을지, 장례식은 언제 열어야 할지…… 결정할 게 산더미 같았다. 하나하나 결정하면 할수록 장례식 비용도 점점 늘어만 갔다.

가장 괴로웠던 건 관을 고르는 일이었다. 장례식장에서는 마치 박물관에서 반 고흐의 그림을 전시하듯 관을 진열해 놓고 있었다. 나와 크리스는 손을 맞잡고 말없이 그 광경을 바라봤다. 우리는 바베트에게 뭐든 가장 좋은 걸 해주고 싶었지만, 좋은 축에 드는 관의 가격은 적잖이 충격적이었다. 우리 중 누구도 톰이 바베트의 관에 돈을 얼마나 쓰는 게 적당할지 입에 올리고 싶어 하지 않았다. 그랬다가는 바베트를 가장 좋은 관에 누울 만한 가치도 없는 사람이라고 암시하는 듯이 보일 것 같았다.

우리가 도저히 답이 보이지 않는 이 문제를 풀고자 고심하고 있는데, 주머니에서 진동이 느껴졌다. "지금 대체 어디예요? 쉰다는 말 없었잖아요." 트래비스가 보낸 문자였다. 입이 딱 벌어졌다. 크리스에게 휴대폰을 보여주자 그도 놀라서 눈을 크게 떴다.

"내가 어디에 있는지 뻔히 알면서! 바베트는 우리 환자였잖아! 책상 위에 사망진단서가 버젓이 놓여 있을 거라고!" 나는 화가 나서 씩씩거렸다. 뜨거운 눈물이 차올랐다.

"심호흡 한 번 크게 하고, 우선은 답장하지 마." 크리스가 조언했다.

"시어머니가 돌아가셨는데 고작 하루 쉬고 출근해서 아무렇지 않게 죽어가는 사람을 보란 거야? 나 그만둘래."

크리스가 내 손을 꽉 잡았다. "진심은 그렇지 않은 거 알아. 상처받아서 그럴 거야. 답장하지 말고 조금만 있어봐."

나는 크리스의 말에 아랑곳하지 않고 울면서 답장을 썼다. "죄송해요. 지금 관을 고르느라 좀 바쁘거든요. 아시다시피 저희 시어머니께서 돌아가셔서요. 유급휴가도 많이 남았으니까 일주일쯤 쉬려고요. 연락하지 마세요." 나는 문자를 다시 읽어보지도 않고 보내기 버튼을 누른 다음 크리스에게 보여주었다. 놀랍게도 크리스는 즐거워하며 콧방귀를 뀌었다.

"당해도 싸. 당신이 후회만 하지 않으면 좋겠어. 엄마도 스스로를 위해 맞선 당신을 자랑스러워하실 거야."

나는 남편에게 미소 지어 보이곤 그의 어깨에 머리를 기댔다. "지금은 가족이 제일 중요해. 이것도 바베트에게 배운 거야. 이제 다시 아버님을 도와드리는 일로 돌아가자. 중간 정도 가격대에서 골라볼까?"

크리스는 고개를 끄덕였고, 우리는 다시 장례식 준비에 집중했다.

일주일 뒤 회사에 복귀한 첫날, 사무실 앞에 차를 대고 앉아 메일함을 열었다. 아직 누군가를 만날 준비가 되어 있지 않았다. 트래비스에게 여전히 화가 나 있었지만, 한편으로는 그런 문자를 보냈으니 사무실로 들어가면 어떤 후폭풍이 닥칠지 걱정스럽기도 했다.

스티브 목사님이 보낸 메일을 열었다. 가장 안전한 시작일 것 같아서였다. "해들리 선생님, 돌아온 걸 환영해요." 메일은 이렇게 시작했다. "정말 아름다운 장례식이었어요. 훌륭한 여인에게 어울리는 아주 멋진 헌사이고요. 선생님이 이 구절과 함께 하루를 시작했으면 해요. '한때 깊이 사랑한 것은 절대 사라지지 않습니다. 깊이 사랑한 모든 것은 우리의 일부가 되기 때문입니다.' 선생님이 미래에 근사한 일을 해내리란 걸 믿어 의심치 않아요. 바베트는 지금도 선생님 곁에 있어요. 그리고 앞으로도 늘 곁에서 길잡이가 돼줄 거예요." 나는 한숨을 쉬며 스티브 목사님이 나를 과대평가하는 건 아닐까 하고 염려했다. 당장은 뭔가를 하고 싶은 기분도 들지 않았고, 아직도 나 자신이 바베트의 죽음을 망쳐버린 인생의 패배자처럼 느껴졌다. 내가 정말 삶의 끝자락에 선 사람을 돌볼 자격이 있는 사람일까?

메일함을 훑다가 사회복지사 민디가 보낸 메일을 발견했다. "우리 환자 중에 암에 걸린 젊은 엄마가 있는데, 죽기 전에 아이들과 사진을 찍고 싶다고 합니다. 혹시 가발 가게 소개해 줄 분 없나요? 최대한 건강했을 때와 비슷한 모습으로 사진을 찍고 싶어 하거든요." 무거운 한숨을 내쉬고 나서 고개를 들어 하늘을 올려다봤다. '바베트, 제가 제일 먼저 했으면 하는 일이 이거군요?' 이런 생각이 들었다. 한 줄기 햇살이 차 안을 비췄다. 평소 같았으면 기쁜 마음으로 도왔을 법한 일이었지만, 오늘은 아니었다.

시아버지에게 문자를 보냈다. "우리 회사 환자에게 바베트가 쓰던 가발을 줘도 될까요?" 금세 답장이 왔다. "그러려무나. 집에서 놀고 있는 것보다 그 편이 훨씬 좋겠구나." 나는 민디에게 메일을 보내 환자가 금발 머리라면 내가 고급 가발을 많이 가지고 있으니 기부하겠단 소식을 전했다. 감정이 북받쳐 올라 메일함을 닫고 시간을 확인했다. 들어갈 시간이었다. 아침 회의가 이미 시작됐을 터였다.

내가 회의실로 들어가자 모두 늦은 이가 누군지 보려고 고개를 돌렸다. 나란 걸 알고 사람들의 표정이 누그러졌다. 트래비스만은 예외였다. 나는 바베트의 장례식에 와준 스티브 목사님과 쿠마르 선생님에게 고갯짓으로 감사 인사를 전했다. 쿠마르 선생님이 장례식장에 나타나 크리스와 나를 안으며 애도를 표하고 성당 뒤편으로 가서 앉아 있는 모습은 실로 놀라운 광경이었다. 그토록 바쁜 사람이 일부러 시간을 내 바베트의 장례식에 와주었단 사실 자체가 내게는 무척 큰 의미로 다가왔다.

어떻게 지나가는지도 모르게 회의가 끝나버렸다. 어느새 모두 짐을 챙기고 있었다. 어수선한 가운데 마케팅 담당자인 금발머리의 셰릴이 명랑한 목소리로 외쳤다. "모두 칠면조 목록 작성에 협조해 주세요! 모든 환자에게 한 명도 빠짐없이 물어봐 주셔야 합니다! 기한은 다음 주까지예요." 우리 회사는 매년 추수감사절마다 명절 음식을 마련할 여력이 안 되는 환자에게 칠면조 고기를 나눠주는 행사를 진행했다.

"간호사 선생님들, 잠깐 기다려줘요!" 트래비스가 소리쳤다. 나는 행동을 멈추고 짐을 다시 내려놓았다. "신규 가입 건이 있어요. 보기 드물게 특이한 상황인데, 누가 담당할지 정해야 해요. 여러분 모두 무척 바쁘고 힘든 상황이라는 건 압니다. 하지만 누군가는 맡아줘야 해요. 지금 환자가 몇 명이죠?" 트래비스가 볼펜으로 나를 가리키며 물었다.

"열다섯 명이요. 하지만 뇌종양 환자라면 맡고 싶지 않아요.

아직 감당할 수 없어요." 내가 말했다. 트래비스는 별다른 말을 하지 않고 내 이름 옆에 숫자 15를 적고 나서 다음 사람으로 넘어갔다.

"열여섯이요." 어맨다가 말했다.

"열다섯이요." 제나가 말했다.

"제나 선생님, 해들리 선생님, 두 분은 성인이니 알아서 결정할 수 있으리라 믿어요. 뇌종양 환자는 아닙니다." 트래비스가 말했다.

"누가 신규 환자와 더 가까운 곳에 사는 환자를 담당하고 있는지 확인해 보는 게 가장 쉬운 방법 같은데요. 이동 시간을 절약할 수 있을 테니까요." 제나가 내게 동의를 구하는 눈빛을 보내며 제안했다. 나는 고개를 끄덕였다. 트래비스가 머리를 긁적이더니 손바닥으로 얼굴을 쓸어내렸다.

"자, 그게 문제예요. 환자가 노숙자거든요. 이스트크리크 다리 밑에 살아요." 확실히 평범한 상황은 아니었다. 평소의 나라면 절대 먼저 나서지 않았겠지만, 머릿속에서 바베트의 목소리가 들렸다. '네가 맡으렴. 옳은 일을 하는 거야.'

"제가 맡을게요." 내가 자원했다.

"좋아요!" 일이 너무 쉽게 풀려 놀란 어조로 트래비스가 말했다. 트래비스는 내게 서류 더미를 건네곤 제나와 어맨다와 함께 회의실을 나갔다. 나는 병원 의사의 소견을 훑어봤다. "앨버트, 77세, 신장질환 및 당뇨, 진단 일자 미상, 환자가 본인의 병력에 관해 아는 바가 없음." 소견서를 중얼거리며 읽었다. "다리 절단을 거부함. 치료소 입소 또한 거부하고 있음. 호스피스로 연계함." 나는 서류를 맨 뒷장으로 넘겨 보험 정보를 확인했다. 텅 비어 있었다. '이상하네. 일흔일곱 살이면 적어도 메디케어 혜택은 받고 있어야 하는데······. 노숙자니까 메디케이드*도 당연하고.' 서류 뭉치를 챙겨서 사회복지사 사무실을 찾았다.

"민디, 잘 지냈어요? 근데 신규 환자 서류 봤어요? 앨버트라는 분이요." 내가 민디에게 물었다. 민디는 조금 남은 시리얼바를 입에 밀어 넣으며 의자를 내 쪽으로 돌렸다.

"그럼요." 민디가 말했다. "지금 메디케이드 신청서를 작성하고 있어요. 앨버트를 다리 밑에서 꺼내서 요양원에 입소하게 해야죠. 병원이 일을 좀 더 열심히 했으면 좋았을 텐데요."

내가 한시름 놓으며 숨을 내쉬었다. "정말 고마워요."

차를 몰고 있자니 내가 메디케이드 신청서를 썼던 때가 떠올라 얼굴이 화끈거렸다. 처음으로 산부인과를 방문했을 때였다.

---

* Medicaid. 미국의 저소득층을 대상으로 한 의료보험제도.

접수처 직원이 웃는 얼굴로 보험증이 있는지 물었다. 보험증을 꺼내서 건넸더니, 직원은 서류 한 뭉치를 주며 전부 작성하라고 했다. 몇 분 후 그 직원이 나를 접수대로 다시 불렀다.

"다른 보험증 있어요?"

위가 뒤틀리는 듯했다. "아뇨, 그거로는 안 되나요?" 내가 물었다.

"전화해 봤더니 해지됐다네요." 직원이 말했다.

내 보험은 아빠 밑으로 들어가 있었는데, 내가 임신한 걸 탐탁지 않게 여긴 아빠가 보험을 해지해 버린 듯했다. "그럼 오늘 진료는 그냥 취소할게요. 아픈 곳도 없으니까 괜찮아요."

접수처 직원이 옆자리 동료를 슬쩍 보더니 말했다. "산전産前 관리는 필수예요. 진료를 안 받으면 아이가 태어나자마자 나라에서 데려갈 수도 있어요. 관리가 소홀했단 이유로 말이죠."

정신이 나갈 것 같았다. "알겠어요. 그럼 일을 구하고 다시 올게요."

"총 3만 5000달러고, 일부는 선급이에요."

내 계좌에 있는 돈은 100달러도 채 되지 않았다. 엄마는 이혼한 지 얼마 되지 않아 주택담보대출도 겨우 갚고 있는 처지였다. 엄마에게는 절대 부탁할 수 없었다.

"제 이름으로 보험에 가입할게요." 내가 말했다.

"임신 중인 상태라 가입할 수 있는 보험은 메디케이드뿐이에요."

"메디케이드가 뭔데요?"

"가난한 사람을 위한 보험. 공짜예요."

"잠깐 생각 좀 해봐도 될까요?" 내가 물었다.

병원에서 나와 내 차로 돌아갔다. 국가의 지원을 받는 사람은 "집에서 뒹굴뒹굴하며 남이 자기를 위해 일해주길" 바라는 게으른 사람이라는 소리를 항상 들어왔다. 사람들이 나를 그런 사람으로 보는 게 싫었지만 당시엔 다른 방법이 떠오르지 않았다. 그날 밤 나는 눈물을 머금고 메디케이드 신청서를 작성했다. 이 상황에서 반드시 벗어나겠다고, 나 자신과 내 아기를 위해 더 나은 인생을 살겠다고 굳게 다짐했다.

컴퓨터에서 인터넷 창을 새로 열고 여러 직업을 검색하기 시작했다. '내게 맞는 직업은?'이란 이름의 검사까지 해봤다. 성격을 묻는 문제에 잔뜩 대답하고 났더니 화면에 결과가 나타났다. 간호사! 간호사에 관한 정보를 좀 더 검색해 보곤 이내 새로운 희망과 각오로 부풀어 지역 대학의 진로 상담사와 약속을 잡았다. 기분이 나아지기 시작했다. 드디어 내게도 계획이 생겼다.

며칠 후 지역 대학의 진로 상담실을 찾았다. 한 시간 넘게 기다려야 했다. 점점 임신한 티가 나기 시작했지만, 임부복을 살 돈이 없었던 나는 복도의 딱딱한 플라스틱 의자에 앉은 채 이리저리 자세를 바꿔가며 셔츠를 연신 밑으로 당겨 내렸다. 마침내 내 차례가 되어 진로 상담실로 들어갔다. 진로 상담사가 안경 너머로 내 배를 유심히 보더니, 곧 눈길을 거두고 1학년 때 대학 성적증명서를 포함해 내가 준비해 간 서류를 꼼꼼히 살폈다. 그러더니 마침내 서류를 내려놓고 얼굴 앞에서 양손을 맞잡았다. "간호학교에 들어가는 건 쉬운 일이 아니에요." 상담사가 말했다.

나는 고개를 끄덕였다. 인터넷에서 통계를 봐서 이미 알고 있었다.

"내가 보기엔……" 상담사가 말을 이었다. "학생이 간호학교에 입학하려면 필수과목에서 전부 A 학점을 받아야 하는데, 지금은 더 중요한 게 있어 보이네요."

나는 다시 한번 고개를 끄덕이곤 이렇게 말했다. "할 수 있어요. 제발 수업을 듣게 해주세요."

상담사는 땅이 꺼지게 한숨을 쉬며 키보드를 한참 두드리다가 그만두고 책상 위로 손을 다시 올려놓았다. "좀 더 쉬운 일을 찾아보는 건 어때요? 학생한테는 약간 힘들 거 같은데."

배에서 한동안 느껴보지 못한, 불에 타는 듯한 통증이 느껴졌다. "꼭 간호사가 되고 싶어요. 제발 등록하게 해주세요."

상담사는 못 말린다는 듯 고개를 절레절레 흔들며 컴퓨터에 내가 수강할 과목을 입력했다. 수강 신청이 다 끝나자 내게 수업 시간표를 내밀며 말했다. "그만두고 싶거나 과목을 바꾸고 싶거든 찾아와요."

시간표를 받아 사무실에서 나오는 내 마음은 어느 때보다도 결연했다. 그 상담사의 생각이 틀렸다는 걸 증명해 보일 작정이었다.

며칠 후 예약을 다시 잡고 산부인과로 갔다. 손엔 메디케이드 증서가 들려 있었다. 지난번과 다른 접수처 직원이 보험증을 달라고 했다. 증서를 제출하고 다음 절차를 기다리는데, 그 직원이 어이없단 듯 눈알을 위로 굴렸다. 그러더니 나를 등진 채로 옆자리 동료에게 이렇게 말했다. "아이를 키울 돈이 없는 사람은 부모가 되면 안 되는 거 아냐?"

온몸이 얼어붙었다. 도망가고 싶은 마음이 굴뚝같았다. 하지만 직원이 다시 앞쪽으로 몸을 돌려 나를 보며 미소 짓는 순간 내가 할 수 있는 일이라곤 그를 향해 똑같이 빙그레 웃는 것뿐이었다. 그날 병원을 나서며 내가 만약 정말로 간호사가 된다면 절대 남을 저런 식으로는 대하지 않겠다고 다짐했다.

몇 년이 흐른 지금, 나는 의심 많은 대학 진로 상담사와 뻔뻔한 산부인과 직원에게 당한 수모를 이겨내고 보란 듯이 능력 있는 간호사가 되어 있다. 지금이야말로 산부인과 대기실에서 나

자신과 했던 약속을 지킬 기회였다.

이스트크리크 다리가 점차 가까워졌지만, 다리 밑으로 내려가는 방법은 몰랐다. 다리를 사이에 두고 한쪽엔 상점가가, 반대쪽에는 군부대가 관리하는 해안이 있었다. 별수 없이 단단하게 다져진 모래 위로 차를 몰아 대문짝만하게 '출입 금지'라고 적힌 표지판 옆에 주차했다. 간호사 가방과 태블릿을 챙겨 차에서 내린 다음 잠금 버튼을 세 번도 넘게 눌렀다. 다리 쪽으로 걸어가고 있었지만, 아직까지는 아무도 보이지 않았다. 다리에 점점 다가가자 여기저기 흩어진 쓰레기와 텐트가 눈에 들어왔다. 나는 손차양을 만들어 햇빛을 가린 채로 발을 옮길 때마다 운동화가 푹푹 빠지는 모래 위를 걸었다.

첫 번째 텐트에 다다르자 어떤 여자가 쭈그리고 앉아 막대기로 모래 위에 원을 그리고 있었다. 머리카락은 지저분하게 엉겨 붙어 있었고, 티셔츠는 낡고 후줄근했다. 이제 밤이 오면 제법 추운 날씨라서 그 여자가 걸칠 만한 따뜻한 옷이 텐트 안에 있으면 좋겠다고 생각했다. 내가 가까이 가자 여자가 고개를 돌려 나를 바라봤다.

"안녕하세요! 앨버트 할아버지를 찾고 있는데요."

여자가 찌푸렸던 얼굴을 펴고 이가 빠진 잇몸을 드러내며 활짝 웃더니, 이윽고 나를 향해 고함을 지르기 시작했다. 외국어도 아닌데 알아들을 수가 없었다. 여자가 막대기를 휘두르며 소리를 지르는 모습에 겁이 나서 나도 모르게 한 발짝 뒤로 물러섰다. 스티브 목사님에게 전화해 동행을 부탁해야 하나 고민이 되어 바지 주머니에 있는 휴대폰을 만지작거렸다.

그때 상의는 입지 않고 꾀죄죄한 청바지만 입은 남자가 50미터쯤 떨어진 곳에서 나를 향해 외쳤다. "저기요! 앨 만나러 왔어요?"

나는 고개를 끄덕였지만, 곧 그 남자에게는 내가 잘 보이지 않을 수도 있겠단 생각이 들어 크게 소리쳤다. "네, 아마도요! 앨버트 할아버지요!"

웃통을 벗은 남자가 나를 향해 뛰어오는 모습을 보자, 다음 엔 또 무슨 일이 일어날지 몰라 또다시 무서워졌다. 그 남자는 내 얼굴에서 두려움을 읽었는지 이렇게 말했다. "앨은 저기에 있어요. 그리고 방금 그분도 대화가 서툴 뿐이지 누굴 해치진 않아요. 앨에게 데려다줄게요." 남자는 다리를 가리키더니 왔던 곳으로 다시 걸어가기 시작했다.

나는 그 남자를 따라가면서 주위를 둘러봤다. 사람이 아주 많았고 모래 위 곳곳에 침낭, 불을 지핀 흔적, 빈 병 따위가 흩어져 있었다. 웃통을 벗은 남자는 지나치는 사람마다 전부 알은체하며 고개를 끄덕이거나 손을 흔들었다. 손을 흔들 때 슬쩍 보니 팔뚝 여기저기에 흉터가 많았다. 구불거리는 갈색 머리는 헝클 어져 있었다. 나이는 30대 정도로 보였고, 볕에 그은 피부가 자연에 그대로 노출된 그의 생활환경을 말해주고 있었다. 걸어가면서 남자는 가끔 뒤를 돌아 내가 잘 따라오는지 확인했다.

"참, 제 이름은 길이에요."

"저는 해들리라고 해요." 내가 답했다.

앨버트 할아버지가 사는 텐트엔 네임 펜으로 '세상에 증오가 아닌 사랑을'이라고 휘갈겨 쓴 판지가 기대어져 있었다. 열린 입구 사이로 텐트 안 바닥에 누워 있는 남자가 보였다. 그 남자는 신발을 신지 않고 있었는데, 한쪽 발이 퉁퉁 부어 있었으며 다른 쪽 발도 지저분한 붕대가 칭칭 감겨 있었다. 병원에서 감아준 붕대에 적힌 날짜가 10월 25일인 것으로 봐서 나흘 동안 붕대를 갈지 않은 모양이었다. 당뇨 관리를 소홀히 한 탓에 감염된 발 치료가 어렵단 사실은 서류를 봐서 이미 알고 있었다. 관리만 제대로 했다면 충분히 막을 수 있던 상황이었다.

"안녕하세요! 앞으로 제가 할아버지를 돌봐드릴 거예요." 내가 말했다.

길처럼 앨버트 할아버지의 피부도 햇볕에 그을려 어두웠고, 얼굴에 잡힌 주름은 매우 깊고 선명했다. 많이 웃어서 생긴 주름 같았지만, 지금은 누가 봐도 웃고 있지 않았다. 할아버지는 불쑥 고개를 들더니 나를 보고 인상을 찌푸렸다. "뭐 하러 왔어요? 빌어먹을 간호사는 필요 없다니까."

당황스러웠다. 병원에서 분명 간호사가 방문할 거란 말을 전했을 터였다.

"할아버지께서 아무 치료도 받지 않겠다고 하시니까 잘 계시는지 확인하라고 병원에서 절 보냈어요."

앨버트 할아버지는 심드렁히 눈알을 위로 굴리더니 머리를 바닥에 다시 댔다. 그러고는 아무 말도 하지 않았다.

"앨, 그냥 하란 대로 해봐요. 언제까지 이런 꼴로 있으려고요. 아픈데 참는 거 다 알아요." 길이 부추겼다. 앨버트 할아버지는 신음을 내며 일어나 앉더니 앉은 채로 엉덩이를 끌어 텐트 밖으로 나왔다. 그리고 내가 평소에 하는 것보다 더 단단히 붕대를 직접 고쳐 감았다. 할아버지가 수락한 것으로 받아들인 나는 옆으로 자리를 옮겨 간호사 가방에서 가입 서류를 꺼냈다.

"얼마 안 걸릴 거예요. 몇 군데에 서명만 해주시면 돼요." 나는 펜을 찾아 가방 속을 더듬다가 이내 서류를 받칠 만한 물건이 아무것도 없단 사실을 깨달았다. 보통은 환자 가족과 함께 식탁에 앉아서 서명을 받았다. 내가 두리번거리는 동안 앨버트 할아버지는 어딘가 불편한 듯 머리를 아래로 떨구고 앉아 있었다. 고맙게도 내가 곤란해하는 걸 눈치챈 길이 판지를 집어 들어 받침대로 쓰라고 건네주었다.

내가 서류 작성을 진행하며 내용을 설명하는 동안 앨버트 할아버지는 알았다고 중얼거리며 각 장에 서명했다. 통증 강도를 묻는 단계까지 가자 할아버지가 드디어 고개를 들었다. "10을 가장 심한 통증으로 놓고 현재 느끼는 통증을 1에서 10까지 숫자로 나타낸다면 몇이라고 하시겠어요?" 나는 답을 받아 적으려고 펜을 들고서 물었다.

앨버트 할아버지는 쿡쿡 웃으며 바다로 눈길을 주더니 이내 나를 똑바로 바라봤다. "10. 그냥 6이라고 적지 그래요. 10이라고 하면 전부 내가 약을 받으려 거짓말한다고 생각하더군."

뭐라고 적어야 할지 몰라 잠시 가만히 있었다. 일단 빈칸으로 남겨두기로 하고, 앨버트 할아버지에게 통증을 조절하는 약을 주문해도 괜찮겠느냐고 물었다. 할아버지는 내 물음에 어깨를 으쓱했다. 다음 질문을 하는데 주머니에서 진동이 울렸다. 민디가 보낸 문자였다. "메디케이드를 신청하려면 앨버트 할아버지의 운전면허증과 통장 사본이 필요해요." 난 휴대폰을 주머니에 다시 넣으며 말했다. "우리 회사 사회복지사가 문자를 보냈네요. 할아버지께서 시설에 입소하실 수 있도록 보험 신청서를 쓰고 있대요. 사진을 찍어야 해서 그러는데 잠깐 운전면허증과 통장 좀 주시겠어요?"

앨버트 할아버지가 웃음을 터뜨렸다. "길, 들었나?" 그러고 나서 다시 나를 돌아보며 말했다. "아가씨, 나는 운전면허증도 없고 은행 계좌도 없어요. 내 이름으로 된 건 단 1페니도 없다고요."

"아, 그러세요? 그럼 그렇게 전할게요. 메디케이드 측에서도 이해할 거예요." 내가 앨버트 할아버지의 상황을 휴대폰에 옮겨 적으며 말했다. 잠시 후 민디에게서 답장이 왔다. "그럼 시간이 좀 걸려요. 그 두 가지 서류를 업로드하지 않으면 시스템상으로는 제출하지 못하게 돼 있나 봐요. 메일로 보내야겠어요."

답을 받고 불만에 차서 씩씩거리고 있으니 앨버트 할아버지가 말했다.

"요양원 같은 곳엔 들어갈 생각도 없으니까 쓸데없는 데 힘 빼지 마요. 질문이나 마저 끝냅시다."

"그게 무슨 말씀이세요! 그럼 계속 이런 곳에서 사실 거예요?" 내가 따져 물었다.

"안 될 건 뭐요?"

"여긴…… 여긴 안전하지 않으니까요." 기어들어 가는 목소리로 말했다.

"의사나 간호사가 주변에 있으면 안전하다고 생각하는 이유는 뭐요?"

말문이 막혔다. 지금까지는 사람들이 아무런 의심 없이 간호사인 나를 믿는 데 익숙했지만, 앨버트 할아버지의 입장도 충분히 이해했다. 나도 산부인과에서 비슷한 기분을 느꼈던 일이 떠올랐다.

"제멋대로 판단해서 죄송해요." 나는 붕대가 감긴 할아버지의 발을 내려다보며 말했다. "붕대 바꿔드릴까요?" 내가 상처를 가리켰다. 할아버지가 고개를 끄덕였다. 길이 주변을 맴돌며 경계하는 듯한 태도로 내 움직임을 살폈다. 필요한 용품을 꺼내 깨끗한 천 위에 올려놓으면서 그다음에 무슨 말을 해야 할지 고민했다. 프로답게 행동하는 것도 중요했지만, 내 본능은 앨버트 할아버지에게 신뢰를 얻으려면 조금 솔직해져야 한다고 말하고 있었다. 나는 파란색 실리콘 장갑을 끼고 너덜너덜해진 테이프를 붕대에서 떼어내기 시작했다. "전 스무 살 때 아기를 낳았어요." 손을 움직이면서 말했다. "미혼이었죠. 할아버지 상황만큼 심각하진 않았지만, 제가 믿었던 많은 사람이 절 멀리하더라고요."

"손가락에 그렇게 커다란 보석이 올라가 있는데 무슨 말인지 모르겠군." 할아버지는 내 이야기를 믿지 않는 모양이었다.

나는 고개를 끄덕이며 붕대를 풀었다. "결혼은 올해 했어요. 오랫동안 절 사랑할 사람은 아무도 없으리라고 생각했어요. 마치 제가 고장 난 물건이 된 것 같았죠. 하지만 절 사랑해 주는 남자가 나타난 거예요. 심지어 제 아들까지도요."

"고장 난 물건? 그래, 그 기분은 내가 잘 알지." 앨버트 할아버지가 생각에 잠겨 고개를 끄덕였다. 할아버지는 내가 붕대를 감는 동안 잠시 조용히 있더니 입을 열었다. "우린 어쩌면 잘 지낼 수도 있겠군요. 노숙자가 사는 데에 그렇게 큰 보석 반지를 끼고 오는 바보를 믿어도 되는지 모르겠지만." 고개를 들자 환하게 웃는 앨버트 할아버지의 얼굴이 보였다. 할아버지가 나를 놀리고 있었다.

나도 똑같이 활짝 웃곤 농담을 던졌다. "어휴, 그래도 차 문은 잠갔어요. 평소보다 신경 많이 쓴 건데요!"

"여자들이란." 할아버지가 고개를 절레절레 흔들며 킥킥거렸다. "혼자 오다니 그거 하난 대단해요. 그래도 해코지할 사람은 없을 테니 걱정하지 마요. 내가 장담해요. 날 도우려는 사람을 건드렸다가는 길이 나서서 큰코다치게 해줄 테니까." 할아버지의 말대로 길은 그런 일이 생기면 누군가를 혼쭐내고도 남을 사람으로 보였다. 왠지 모르게 믿음이 갔다. 붕대 교체를 마무리하고 나자 칠면조 목록이 떠올랐다.

"아참! 추수감사절에 칠면조 고기를 드리는 행사를 하고 있어요. 몇 주 내로 드릴 건데, 좀 가져다드릴까요?"

"됐어요, 됐어. 곧 추수감사절이니 음식을 주는 사람이 넘쳐날 거요. 1년 중 배불리 먹을 수 있는 유일한 시기죠. 몇 주 지나면 싹 사라질 테니 그때 가서 다시 물어보는 게 어때요?"

나는 고개를 끄덕였다. 1년 중 오직 추수감사절에만 음식을 제공한다는 사실에 죄책감이 들었다. 그곳을 떠나기 전에 간호사들의 번호가 정리된 밝은 주황색 종이를 할아버지에게 건넸다. "911이라고 생각하고 이쪽으로 전화하세요. 간호사가 스물네 시간 대기하고 있으니 911 대신 저희에게 전화하면 되셔요." 말을 해놓곤 뜨끔했다. 무심코 평소처럼 말했다가 앨버트 할아버지의 상황에 맞춰 다시 바꿔 말한 게 벌써 다섯 번은 되는 것 같았다. "휴대폰 있으세요?" 내가 다시 물었다. 무의식적으로 내뱉는 말이 많단 사실을 깨달은 나는 앞으로는 의식적으로 노력을 기울이겠노라고 속으로 다짐했다.

"있을 리가 있나요. 하지만 도로 바로 위에 공중전화가 있어요." 길이 팔짱을 낀 채 말했다. "전화할 일이 있으면 제가 대신 할게요."

"좋아요, 마지막으로 하나만 더요. 우리 의사 선생님이 약을 처방해 줄 거예요. 저는 약을 보관할 작은 금고를 하나 가져올 거고요. 약국에 약 가지러 갈 수 있으시겠어요?" 내가 물었다.

"1.5킬로미터만 가면 편의점이 하나 있어요. 제가 가지러 갈게요." 길이 안심하란 듯 앨버트 할아버지의 어깨에 손을 올리며 나섰다.

"할아버지께서 좋은 친구를 두셨네요." 내가 짐을 챙기며 길에게 말했다.

"친구라뇨, 여기선 모두 가족이에요. 서로 보살펴 주죠."

"좋은데요. 전 이틀 후에 다시 올게요. 어때요?"

할아버지와 길은 고개를 끄덕였다.

나는 차로 돌아와 약 처방을 요청하러 쿠마르 선생님에게 전화를 걸었다. 선생님은 그런 환경에 있는 환자에게 마약성 진통제를 처방하는 게 마음에 걸린다며 평소보다 적은 양을 처방하려고 했다. 나는 길이 약을 타러 가려면 왕복 3킬로미터를 걸어야 한다고 말했다.

쿠마르 선생님은 곤란해하며 한숨을 쉬었다. "요양원에 들어갈 생각은 없으시대요?"

"네, 안 가시겠대요. 다리 밑에 있는 사람들이 가족이라면서 거기에서 눈을 감고 싶어 하세요. 가족 곁에 있고 싶어 하는 다른 환자들처럼요." 내가 휴대폰을 고쳐 잡으며 말했다.

"알겠어요. 평소대로 처방할게요. 대신 방문할 때마다 남은 양을 확인해 줄래요?"

"그야 물론이죠." 내가 동의했다. "꼭 앨버트 할아버지가 아니더라도 항상 그러긴 해요. 감사해요, 선생님."

서류 작성을 끝내고 제출 버튼을 누르자마자 간호조무사 데자에게서 전화가 왔다. "해들리 선생님! 휴가 끝났어요?" 전화를 받자마자 데자가 물었다. "복귀한 것 같아서요. 아직 휴가 중이라면 정말 죄송해요."

"복귀했어요. 앨버트 할아버지 얘기 들었어요? 전 방금 만났어요. 좋은 분이에요."

"네, 들었어요. 며칠 내로 다시 갈 거면 같이 갈까요?"

"좋아요! 아들은 잘 지내요?" 내가 물었다.

"척추측만증 수술은 잘 끝났고, 요즘은 물리치료를 받고 있어요. 환자를 보러 다니면서 아들이랑 병원까지 왔다 갔다 하려니 여간 힘든 게 아니더라고요."

"힘들겠어요. 도울 일이 있으면 언제든 말해요."

전화를 끊으며 시간을 확인했다. 다음 환자를 보러 가기 전까지 한 시간 정도가 남아 있었다. 마침 내가 있는 곳이 시가 근처라서 잠깐 가발을 가지러 들르기로 했다. 톰도 오늘부터 회사에 출근하느라 집을 비운 탓에 시부모님의 침실에서 가발을 찾는 동안 집 안에는 적막이 흘렀다. 아니, 이제 시아버지의 침실이라고 해야 할까? 뭐라고 불러야 할지 헷갈렸다. 가발은 사람 머리 모양 마네킹 위에 정리되어 있었지만, 사람 머리카락을 쓴 스티로폼 머리를 그대로 들고 다니면 사람들이 이상하게 볼 것 같아 가발만 장바구니에 넣어 가기로 했다.

차를 타고 가발을 전해주러 가다가 그 환자의 집이 레지가 살았던 골목에 있단 사실을 깨달았다. 레지의 집이 누구에게 넘어갔을지 궁금했다. 근방의 개발업자들에게 가진 않았기를 바랐지만, 길을 올라가다가 커다란 불도저가 보여서 마음이 불안해졌다. 나는 일꾼들이 나를 어떻게 바라보든 아랑곳하지 않고 길가에 차를 댄 다음 말끔하게 밀린 집터를 물끄러미 바라봤다. 레지의 집은 흔적도 없이 자취를 감춰버렸고, 이웃집 역시 보이지 않았다. 그뿐 아니라 리사와 마지막 대화를 나눌 때 바람에 흔들리던 그 나무들까지도 몽땅 뽑혀 나가고 없었다. 두 집터를 다져서 만든 토대 위에 백만 달러짜리 흉물 덩어리가 올라가고 있었다. 레지가 어떻게든 피하려 했던 일이었건만.

몇 블록을 더 지나 암에 걸린 젊은 엄마의 집으로 갔다. 개발업자 때문에 불편해진 심기를 숨기며 애써 웃는 얼굴로 초인종을 눌렀다. 내 손에 들린 장바구니엔 가발이 가득했다. 나이가 지긋한 여자가 밖으로 나왔다.

"안녕하세요. 이거 전해주려고 왔어요. 어, 가발이에요." 어색하게 장바구니를 들어 올려 보이며 말했다.

"아, 왔군요! 들어와요. 제 딸이 필요하다고 해서요. 저기에 있어요." 원래 들어갈 생각은 없었지만, 순순히 환자의 엄마를 따라 침실로 들어갔다.

"얘야, 간호사 선생님이 가발을 가져왔어." 여인이 내게 안으로 들어오라고 손짓하며 말했다.

침대엔 야위고 창백한 여자가 분홍색 잠옷과 어울리는 복슬복슬한 같은 색 모자를 쓰고 누워 있었다. 그 여자는 조심스럽게 이불을 걷더니 침대에서 일어났다. 나를 보는 여자의 얼굴에 진심으로 고마워하는 표정이 어렸다.

"여기 두면 될까요?" 나는 서랍장을 가리키며 물었다.

"실은 지금 바로 써볼까 해요. 저에게 맞지 않으면 도로 가져가서 다른 사람에게 주면 되니까요."

나는 고개를 끄덕였다. 다른 사람이 바베트의 가발을 쓴 모습을 볼 마음의 준비가 되지 않았지만, 어쩔 수 없었다. 나는 여자가 가방에서 가발을 하나씩 꺼내 손가락으로 머리카락을 빗어 내리는 모습을 지켜봤다. 바베트도 수없이 했던 행동이었다. 여자는 가발을 하나씩 꼼꼼히 살펴보고 나서 앞머리가 성글게 내려와 있는 밝은 금발 머리 가발을 골랐다. 그러더니 모자를 벗고 머리 위에 가발을 얹었다. 곧은 생머리가 어깨 바로 밑까지 내려왔다. 나는 뒤에 서서 거울에 비친 여자의 표정을 봤다. 눈엔 눈물이 그렁그렁했지만, 얼굴 가득 환한 미소를 짓고 있었다.

"이제야 진짜 네 모습 같구나." 여자의 엄마가 침실 입구에서 감격스러운 목소리로 속삭였다. 그 딸이 우리를 마주보려고 돌자, 금발 머리가 사방으로 흩날렸다.

"고맙습니다. 덕분에 아이들과 평범한 모습으로 사진을 찍을 수 있게 됐어요." 여자가 내게 말했다.

나는 빙그레 웃으며 말했다. "다행이에요." 그 환자에게는 잘된 일이었다. 그러나 한편으로는 내 시어머니가 곱게 화장하고 가발을 쓴 채 가족과 저녁을 먹으면서 가발이 어찌나 자연스러운지 모른다고 너스레를 떠는 모습을 마지막으로 한 번만 더 볼 수 있다면 얼마나 좋을까, 하고 마음속 깊이 바랐다.

나는 집을 나오며 환자의 엄마를 마지막으로 한 번 더 봤다. 곧 나와 같은 처지가 될, 가슴이 찢어지는 슬픔을 마주할 사람이었다. '이토록 잔인한 인생이라니.' 속으로 생각했다.

그날 밤 집에 돌아오자 브로디와 크리스는 소파에서 텔레비전을 보고 있었다. 크리스는 아직도 수술복 차림이었다.

"출근 첫날 어땠어?" 내가 짐을 내려놓으며 물었다.

"그럭저럭 괜찮았어. 당신은?"

"글쎄. 환자를 새로 한 명 맡게 됐는데, 그 사람이 노숙자야. 그런데 그 환자가 오늘 한 말이 뇌리에서 떠나질 않아." 나는 몸을 숙여 브로디의 머리에 입을 맞추며 말했다.

"뭐라고 했는데?"

"매년 추수감사절이 되면 사람들이 음식을 못 줘서 안달이래. 그런데 연휴가 지나면 마치 그런 일이 있었느냐는 듯 잊어버린다는 거야. 그 말을 듣는데 기분이 너무 안 좋았어."

"추수감사절이 끝난 뒤에도 그분이 당신 환자라면, 필요할 때마다 우리가 먹을 걸 좀 가져다주자."

나는 빙긋 웃고 결의에 차서 말했다. "좋은 생각이야. 고마워, 자기."

크리스가 몸을 일으키더니 개수대 밑에서 물뿌리개를 꺼냈다. 바베트의 장례식이 끝나자 장례식장 측에서 사람들이 보내온 그 많은 화초를 전부 누가 가져갈 거냐고 물었다. 회사 동료와 친구, 먼 친척 들이 보낸 대형 화초가 적어도 여덟 개는 됐다. 다 큰 어른들이 어린아이처럼 서로 멀뚱히 쳐다보기만 할 뿐 아무도 발 벗고 나서지 않았다.

결국 크리스가 입을 열었다. "저희가 가져갈게요." 나는 먼저 상의해야 한다는 뜻으로 크리스의 손을 힘주어 잡았다. 그 많은 화분을 전부 어디에 놓을지 아득했다. 둘만 남게 되자 크리스가 나를 돌아보며 말했다. "우리가 가져가자. 버릴 순 없잖아." 나는 그저 고개를 끄덕였다. 화분을 가져오는 일이 크리스에게 얼마나 중요한 문제인지 느꼈기 때문이다. 이제 크리스는 며칠에 한 번씩 화분에 정성껏 물을 주며 식물이 건강한지 살폈다. 마치 엄마가 이렇게라도 세상에 살아 있어 다행이라고 여기는 사람처럼.

몇 주가 흐르고 추수감사절이 지났다. 그 무렵 앨버트 할아버지는 나와 제법 친해져서 이렇게 말하기까지 했다. "내 친구들은 다들 날 앨이라고 불러요. 그러니까 선생님도 그렇게 불러요." 나는 할아버지가 10대 때 부모님과 함께 멕시코에서 이민을 왔고, 건강할 때는 건설 현장에서 일했었단 사실을 알게 됐다. 할아버지는 자기가 불법 이민자인지 아닌지 터놓고 이야기하진 않았지만, 아파서 일을 그만두게 됐을 때 기댈 곳이 없었단 말을 듣고 내 나름대로 결론을 내렸다. 길은 항상 앨 할아버지의 곁에 머무르면서 내게 할아버지의 증상을 말해주고, 심지어 붕대 가는 법을 익히기까지 했다. 하지만 내가 무슨 일이 생기면 당직 간호사에게 전화하라고 아무리 얘기해도 절대 당직 번호로 전화하는 법이 없었다. 앨 할아버지는 기어코 내가 정식으로 방문하는 날을 기다렸고, 어쩌다 내가 조금 늦어도 전혀 불평하지 않았다.

어느 날 다리에 도착했더니 앨 할아버지가 극심한 통증에 시달리고 있었다. 얼마나 이러고 있었는지 묻자 그는 얼마 되지 않았다고 대답했다.

길이 불쑥 끼어들었다. "거짓말이에요. 이틀간 줄곧 저 상태였어요."

나는 헉하는 소리를 냈다. "할아버지! 왜 저한테 전화 안 하셨어요?"

"선생님도 가족과 보내는 시간이 있어야죠. 난 익숙해서 괜찮아요."

금고에 비밀번호를 입력한 나는 쿠마르 선생님이 응급 상황에 대비해 처방한 모르핀을 꺼내며 앨 할아버지에게 당부했다. "그래도 이건 꼭 알고 계셔야 해요. 통증이 이렇게 심해질 때까지 내버려두면 증세를 조절하기가 더 힘들어요. 술래잡기처럼요. 통증이 평소보다 조금이라도 심해졌을 때 바로 연락해야 오히려 제 일이 쉬워져요. 아셨죠?"

할아버지가 고통으로 얼굴을 찌푸리며 고개를 끄덕였다. 나는 모르핀 최소 투여량을 주사기에 넣고 나서 말했다. "통증을 조절하려는 거예요. 괜찮으시겠어요?" 앨 할아버지가 고개를 끄덕였다. "약효는 제법 좋을 거예요. 안됐지만 이렇게라도 해야 해요. 적당히 사용할 테니 걱정하지 마시고요. 약속할게요." 물을 찾아 주위를 두리번거렸다. 나는 주사기를 사용하고 나면 찐득거리지 않도록 바로 헹구는 편이었지만, 이곳엔 물을 쓸 수 있는 개수대가 없었다. 그래서 주사기를 상자에 다시 담은 뒤 다음

번에는 새 주사기와 뜯지 않은 생수를 가져와야겠다고 기억해 뒀다.

"토할 거 같구먼." 갑자기 앨 할아버지가 배를 부여잡으며 말했다.

"뭐 좀 드셨어요?" 내가 물었다.

"아뇨. 요즘 먹을 게 많이 없었어요." 길이 말했다. "음식이란 음식은 전부 앨한테 주는데, 그걸로도 부족하네요. 가서 쓰레기통이라도 뒤져볼게요. 잠깐만요."

눈물이 날 것 같았다. "아니에요. 제 차에 땅콩버터 크래커가 좀 있어요. 금방 가져올게요." 나는 차에서 돌아와 크래커 봉지를 뜯어 앨 할아버지에게 주었다. 그리고 할아버지가 크래커를 조금씩 베어 먹는 모습을 바라봤다.

"좀 낫군요. 통증도 조금씩 사라지는 듯하고요. 고마워요, 선생님." 할아버지는 남은 크래커를 다시 돌려주려 했지만, 나는 고개를 세차게 흔들며 그러지 않아도 된다고 했다. 다리 밑을 떠나기 전 나는 길에게 모르핀을 투여하는 방법을 알려주고 그가 시범을 보이는 모습을 확인했다.

"꼭 전화한다고 약속하세요." 내가 앨 할아버지와 길을 손가락으로 콕콕 집으며 다그쳤다.

"알겠어요, 선생님. 전화할게요." 앨 할아버지가 손을 흔들며 말했다. 아까 도착했을 때보다는 괜찮아 보여 다행이었다.

주간 회의가 있어 차를 타고 사무실로 향했다. 회사에 도착한 나는 사회복지사 사무실을 지나며 민디에게 손을 흔들다가 복도 끝에서 불쑥 나타난 트래비스와 거의 부딪칠 뻔했다.
"앨버트 할아버지께서는 좀 어떠세요?" 트래비스가 물었다.
"오늘은 일이 좀 있었어요. 식사도 못 했는데 통증이 심하셨거든요. 오늘 밤에 먹을거리를 좀 사서 내일 가져다드리려고요. 내일 아침 회의는 빠질게요."
트래비스가 자기 오른쪽에 있는 빈 회의실을 곁눈질하더니 그쪽으로 고개를 까딱했다. 따라 들어오란 말이었다. 회의실로 들어온 트래비스가 문을 닫았다. 나는 어리둥절해서 물었다. "무슨 일이에요?"
"사실 환자에게 뭔가를 사주는 건 금지돼 있어요. 회사 규정이 그래요."
"제가 음식을 사드릴 여력이 되는데 앨 할아버지께서 굶으시도록 내버려둘 순 없어요." 나는 트래비스의 눈을 똑바로 바라보며 말했다. 완화의료 comfort care에 종사한다는 사람이 환자가 굶는다는데 어떻게 눈 하나 깜짝하지 않을 수 있는지 도무지 이해가 가지 않았다.

"회사가 알면 잘릴 수도 있으니 조심하라고 알려주는 거예요. 나도 나쁜 사람은 되기 싫어요. 그저 보호해 주려는 것뿐이에요." 트래비스도 내 눈을 들여다보며 말했다.

직장에서 잘려도 될 만큼 풍족한 형편은 아니었기에 트래비스가 한 말에 아무 대꾸도 하지 않았다. 나는 조용히 문을 열고 무거운 마음으로 사무실로 돌아갔다.

그날 밤 크리스에게 앨 할아버지 이야기를 했다. 크리스는 내 말이 끝나자마자 우리가 음식을 마련해 주어야 한다고 했다.

"근데 문제가 하나 있어. 트래비스 말로는 그럼 내가 잘릴 수도 있대."

크리스는 옆에서 장난감 트럭을 가지고 노는 브로디에게 들리지 않도록 나직이 욕설을 중얼댔다. 그러고는 잠시 생각하더니 이렇게 말했다. "그냥 사 드리자. 뭐 어때."

"잘리면 어떡해. 돈이랑 건강보험도 있어야 하잖아."

크리스가 깊은 한숨을 내쉬곤 짙은 색 머리카락을 뒤로 쓸어 넘겼다.

"어쩌면 지금이 심리치료사 말대로 일과 삶을 분리해야 하는 순간인지도 모르겠네. 일단 저녁부터 먹고 오자." 내가 말했다.

"그러자. 브로디, 우리 옷 입을까?" 크리스는 내 말에 동조하며 외투와 차 열쇠를 챙겼다. 우리가 가장 좋아하는 바닷가 근처 식당에 자리를 잡고 앉자 잠깐 일 생각을 떨쳐버릴 수 있었다. 하지만 그것도 음식이 나오기 전까지만 그랬다. 종업원이 수북이 쌓인 나초를 우리 앞에 내려놓는 순간 크리스를 보며 말했다.

"도저히 넘어갈 거 같질 않아."

"나도." 크리스가 답했다. 우리는 나초만 깨작거리다가 결국 아무것도 더 주문하지 않고 식당을 나왔다. 집에 돌아와서도 배를 곯고 있을 앨 할아버지 생각에 잠이 오지 않아 밤새도록 뒤척거렸다. 아침에 눈을 뜨니 침대가 비어 있었다. 부엌으로 가자 크리스가 방금 내린 커피를 들고 환하게 웃으며 나를 맞이했. 출근하기가 끔찍하게 싫었다.

"오늘은 내가 브로디를 데려다줄게." 크리스가 먼저 나섰다. 브로디를 어린이집에 데려다주는 건 보통 내 일이었지만, 크리스가 그 일을 대신해 준다면 좀 더 여유 있게 오늘 하루를 시작할 수 있을 터였다.

샤워하고 옷을 입고 어젯밤에 온 메일까지 훑어보고 나서 차에 올라타 늘 하던 대로 지갑을 옆자리로 던졌다. 바스락거리는 소리가 나기에 옆을 돌아보니 조수석에 과자 몇 봉지와 크래커, 과일 컵 따위가 놓여 있었다. 나는 미소를 지으며 휴대폰을 꺼내 크리스에게 문자를 보냈다. "방금 차에 탔어. 내 예상이 맞으려나?"

"응. 당신이 옳다고 여기는 걸 포기하지 마. 잘리는 건 그때 가서 생각하면 돼."

나는 계기판의 시계를 흘끗 확인했다. 원래는 아침 회의에 참석할 생각이었다. 회의에 가지 않으면 트래비스에게 선전포고를 하는 거나 매한가지였다. 반대로 회의에 간다면 오늘 방문할 다른 환자들에 밀려 앨 할아버지를 만나러 갈 짬이 나지 않을 게 뻔했다. 방법이 없을까 하고 머리를 굴리며 간호조무사 일정표를 꺼냈다. 오늘 데자가 방문하는 환자 중에 앨버트 할아버지가 있었다. 데자는 보통 하루를 일찍 시작하는 편이니, 어쩌면 이미 앨버트 할아버지를 만나러 갔을지도 몰랐다. 나는 떨리는 마음으로 데자에게 전화를 걸었다. "좋은 아침이에요!" 금세 전화를 받은 데자가 밝은 목소리로 인사했다.

"혹시 지금 앨 할아버지와 같이 있어요?" 내가 물었다.

"네, 방금 도착했어요."

"제가 도울 일은요?" 넌지시 속셈을 드러냈다.

"없어요. 저 혼자로도 충분해요, 선생님." 데자가 깍듯하게 대답했다.

"데자, 오늘은 꼭 내 도움이 필요해야 해요." 내 말이 데자에게 설득력 있게 들리기를 바랐다. "앨버트 할아버지께서는 덩치도 큰 편인데 이제 걷지도 못하시잖아요. 혼자서 씻겨드릴 수 있겠어요?"

휴대폰 저쪽이 잠잠했다. 잠깐이었지만 데자가 전화를 끊어 버린 줄 알았다. 그러다 마침내 데자가 입을 열었다. "생각해 보니까 웬일인지 허리가 너무 아프네요. 트래비스에게 메일로 지원을 요청해야겠어요."

나는 속으로 환호성을 질렀지만, 차분한 목소리로 기꺼이 가서 도와주겠다고 대답하며 이렇게 제안했다. "트래비스에게 아예 이번 주 동안은 우리 둘이 같이 움직이겠다고 말해보는 건 어때요?"

"그럴게요." 데자가 답했다. 나는 트래비스가 우리 꿍꿍이를 꿰뚫어 볼까 봐 초조한 동시에 만족스러운 기분으로 앨 할아버지가 있는 다리로 차를 몰았다. 출발한 지 10분쯤 됐을 무렵 사무실에서 걸려온 전화로 휴대폰 화면이 밝아졌다.

"여보세요?" 내가 전화를 받았다.

"선생님." 트래비스였다. "데자가 앨버트 할아버지 일로 도와줄 사람이 필요하대요. 지금 그쪽으로 건너가서 데자를 도와주는 건 무리일까요?"

잠시 고민하는 척하며 잠자코 있었다. "가능할 것 같아요." 대화를 더 이어나갔다가는 속내가 드러날까 봐 얼른 통화를 마무리했다. 여전히 긴장이 가시지 않은 상태로 다리에 도착해 차를 세웠다. 그리고 가져온 먹을거리를 탑처럼 쌓아 올린 다음 턱으로 눌러 균형을 잡았다. 저 멀리서 데자가 내게 손을 흔들었다. 앨 할아버지의 텐트에 도착한 나는 근처에 음식을 내려놓은 뒤 길을 찾아 두리번거렸다.

"길은 앨 할아버지께서 목욕하시는 동안엔 늘 자리를 피해줘요. 프라이버시라면서요." 데자가 내 마음을 꿰뚫어 보고 말했다.

"그랬군요. 안녕하세요, 앨 할아버지!" 내가 외쳤다. 할아버지는 손을 흔들어 인사하긴 했지만, 상태는 어제보다 훨씬 나빠진 것 같았다.

"잡수실 음식을 좀 가져왔어요. 죄다 제 아들이 좋아하는 것뿐이라 미안하네요. 그래도 오늘 밤엔 장 보러 갈 시간이 날 거 예요. 크래커 좀 드실래요?" 내가 물었다. 앨 할아버지가 말없이 고개를 끄덕였다. 나는 봉지를 뜯어 크래커를 하나하나 할아버지의 손에 쥐여주었다. 하나씩 먹을 때마다 할아버지의 안색이 조금씩 나아졌다. 할아버지는 크래커를 몇 입 먹을 때마다 꼭 병에 든 생수를 조금씩 마셨다.

"데자, 아무에게도 얘기하면 안 돼요." 내가 데자에게 목소리를 낮춰 말했다.

데자가 웃다가 눈을 찡긋했다. "저 생수는 어디서 났겠어요?"

나는 휘둥그레진 눈으로 데자를 바라봤다. "우리만의 비밀이에요." 그가 말했다.

우리는 앨 할아버지가 크래커 몇 봉지를 다 먹을 때까지 기다렸다가 할아버지를 함께 씻겼다. 나는 붕대를 교체하기 전에 앨 할아버지에게 진통제를 주려고 금고를 열었다. 붕대를 갈 때면 할아버지는 늘 고통스러워했다. 혹시 몰라 진통제가 모자라진 않는지 확인했지만, 약병엔 아직 약이 반이나 남아 있었다.

주사기에 약을 넣고 있는데, 앨 할아버지가 나를 막았다. "그만해요. 그럴 필요 없어요. 이제 다리에 감각도 거의 없는데요, 뭘." 할아버지가 말했다. 좋은 징조는 아니었다. 상태가 점점 나빠지는 모양이었다. 아니나 다를까, 원래 감겨 있던 붕대를 걷어 내는데도 앨 할아버지는 예전처럼 통증 때문에 얼굴을 찡그리거나 몸을 비틀지 않았다. 아니, 내가 붕대를 가는 걸 전혀 모르는 사람처럼 보였다.

내가 상처를 소독하는 동안 데자는 옆에서 유심히 보다가 내게 필요한 물품을 때맞춰 건네주었다. "언젠가 선생님도 하게 될 일이죠?" 앨 할아버지가 데자에게 물었다.

"그럼 좋겠어요. 과정이 만만치 않다는 게 문제지만요." 데자가 답했다.

"데자는 훌륭한 간호사가 될 거예요." 내가 거들었다. "이제 몇 달만 더 있으면 회사에서 학비를 지원받을 수 있겠네요. 맞죠?"

내가 물었는데 데자는 희미하게 미소 짓곤 아무 말 없이 내 어깨에 손을 올렸다. 영문을 몰라 당황스러웠다. 몇 주 전만 해도 간호학교에 다니면 아들을 더 좋은 환경에서 키울 수 있겠다며 신나서 이야기하던 사람이었다. 붕대 교체를 마무리하면서 나는 웃음을 머금은 채 앨 할아버지에게 더 도와줄 일이 없는지 물었다.

"뭐가 더 있겠어요. 두 분은 이미 내게 천사나 다름없는걸요." 할아버지가 말했다. 데자와 나는 할아버지에게 이제 가보겠다며 인사했다. 그러면서 무슨 일이 생기면 꼭 당직 간호사에게 전화하라고 다시 한번 신신당부했다.

나는 데자와 함께 차가 있는 곳으로 걸어갔다. 바다에서 불어오는 찬 바람을 막으려고 두 손을 외투 주머니에 쑤셔 넣은 채 그렇게 잠시 걷고 있는데, 데자가 침묵을 깼다.

"저 그만두려고요."

깜짝 놀랐다. 데자는 지금까지 함께 일했던 간호조무사 중 단연 최고였기 때문이다. 데자의 결정을 존중하고 싶은 한편, 제발 그만두지 말라고 애원하고 싶기도 했다.

"트래비스가 월급을 올려준대요. 그리고 지역 간호조무사를 교육하는 직책으로 승진도 시켜주겠대요." 데자가 말을 이었다.

나는 한층 더 혼란스러워하며 말했다. "축하해요! 당연히 그럴 만해요. 그 일도 멋지게 잘해낼 거예요."

데자가 고개를 저었다. "아뇨, 그럴 수가 없어요. 몇 번이고 계산해 봤어요. 직장인 건강보험으로 아들과 제 보험을 들면 보험료로 한 달에 900달러가 나가더라고요. 지금은 메디케이드 수혜자라서 보험료가 안 드는데, 900달러를 보험료로 내게 되면 오히려 지금보다 수입이 적어지는 셈이에요. 지금도 하루 벌어 하루 먹고 사는데…… 월급이 인상되면 더는 저소득층이 아니라서 메디케이드 혜택을 받지 못할 거라네요. 아들이 아파서 보험을 안 들 순 없어요."

나는 데자의 말을 이해해 보려 노력하면서 해결책이 없을까 하고 머리를 쥐어짰다. "그럼 월급 인상이나 승진은 없던 일로 하고 지금 업무를 그대로 하는 건 괜찮대요?" 내가 물었다.

데자가 고개를 젓자 등 뒤로 땋아 내린 머리가 흔들렸다. "이미 새로운 사람을 구했대요. 저는 다른 회사로 가기로 했고요. 이번 주가 마지막 출근이에요."

나는 무거운 한숨을 내쉬었다. "보고 싶을 거예요."

"저도요, 선생님." 데자가 말했다. "인생은 가끔 참 가혹해요, 그죠?"

"그러니까요."

그날 밤 침대에 눕기 전에 세수를 하며 크리스에게 데자가 그만둔다는 소식을 전했다.

"안타까운 상황이네. 아 참! 그래도 환자에게 음식을 준 걸 들켜서 직장을 옮길 일이 생기면 데자가 당신을 추천해 줄 순 있겠다." 크리스가 농담 삼아 말했다.

"그건 그렇네." 내가 얼굴에 물을 끼얹으며 말했다. 잠옷으로 갈아입고 잠자리에 들었지만, 몇 시간 후 갑자기 울린 휴대폰 벨소리에 잠에서 깨고 말았다. 시계는 새벽 3시 33분을 가리키고 있었다. 나는 무슨 일인가 싶어 눈을 찡그리고 휴대폰을 확인했다. 어맨다였다.

"여보세요?" 나는 크리스를 깨울세라 조용히 욕실로 들어가 잠에서 덜 깬 목소리로 전화를 받았다.

"해들리, 정말 미안해요. 오늘 당직이 아닌 건 알지만, 좀 전에 앨버트 할아버지 친구에게서 전화가 왔어요. 무척 급한 듯했는데, 선생님이 아니란 걸 알자마자 전화를 끊어버렸어요. 다시 전화해 보니 연결이 안 됐고요."

"세상에." 숨이 턱 막혔다.

"트래비스에게 이미 전달했으니 선생님은 가보지 않아도 돼요." 어맨다가 말했다.

내가 어맨다의 말을 잘랐다. "제가 가야겠어요. 그렇게 전화를 달라고 했는데도 전화한 적이 한 번도 없었거든요. 급한 일인가 봐요. 바로 출발할게요." 아드레날린이 솟구쳐 오르는 게 느껴졌다. 휴대폰 불빛으로 서랍을 뒤져 깨끗한 수술복을 찾았다. 옷을 다 입고 크리스를 가볍게 흔들어 깨웠다.

"화내지 말고 들어. 환자를 보러 가봐야겠어. 설명은 나중에 해줄게."

"뭐? 오늘 당직 아니잖아."

"응, 그래도 가봐야 해."

"심리치료사가 이러면 금방 지쳐버릴 거라고 했잖아." 잠에서 조금 더 깬 크리스가 말했다.

"자기, 나 믿지? 무슨 일이 생겼나 봐. 모두가 이 사람에게서 등을 돌렸는데 나까지 그럴 순 없어."

"어서 가. 믿을게. 단지 당신이 걱정될 뿐이야." 크리스가 말했다.

"당신 마음 알아. 사랑해." 나는 크리스에게 서둘러 입을 맞추곤 문밖으로 달려 나갔다.

다리가 가까워져 오자 타오르는 모닥불과 그 주위에 빙 둘러선 사람들의 어두운 실루엣이 보였다. 찬 바람이 들어올세라 입고 온 두툼한 외투를 단단히 여몄다. 이런 상황에서도 무섭단 생각이 들지 않았다. 앨버트 할아버지의 말이 맞았다. 내가 이곳에 온 이유를 아는 한 아무도 나를 건드리지 못할 터였다. 굴러다니는 빈 병을 넘어 혼잣말을 중얼거리는 사람들 곁을 지나치면서도 마음만은 편안했다. 얼굴을 분간하려고 애쓰며 어둠 속을 두리번거린 끝에 길이 눈에 들어왔다. 나와 눈이 마주치자 길의 얼굴에 안도감이 번졌다. "와줬네요." 길이 모닥불을 빙 돌아서 내 쪽으로 바삐 걸어오며 말했다.

"당연히 와야죠. 무슨 일이에요?"

길이 뒤통수를 긁적거렸다. "앨에게 직접 들어보는 게 좋겠어요. 의사 선생님한테 연락하지 말고 우선은 들어줄래요?"

의아했지만 고개를 끄덕이곤 길을 따라 앨 할아버지의 텐트로 갔다. 앨 할아버지는 얇은 담요 한 장을 덮고 바닥에 누워 있었다. 나는 간호사 가방을 내려두고 앨 할아버지의 눈높이까지 몸을 낮췄다. 바닥에 앉자 옷에 모래가 잔뜩 묻었다. "할아버지, 저 왔어요." 내가 부드럽게 말했다.

할아버지가 눈을 뜨고 나를 바라봤다. "선생님, 할 말이 있어요. 약물 부작용이겠지만 일단 한번 들어봐요."

나는 고개를 끄덕인 다음 외투 소매를 당겨서 차가운 손등을 덮었다. "뭐든 말씀하세요. 편견 없이 들을게요."

"그건 알죠. 근데 그것보다도 약만 가져가지 말아요. 제발요."

앨 할아버지는 잠자코 있다가 입을 열었다. "우리 엄마가 여기에 와 있어요."

나는 얼굴에 감정을 드러내지 않으려고 애쓰며, 이야기를 계속하라고 격려하듯 고개를 끄덕였다.

"사실 우리 엄마는 오래전에 돌아가셨어요. 환영인 건 알지만 내 평생 이렇게 행복했던 적은 없었어요. 통증도 없고, 엄마랑 같이 있다니요. 제발 약을 가져가지 말아요."

"할아버지, 환영이 아니라면요?" 내가 물었다.

앨 할아버지는 가만히 있다가 나를 지나쳐 어둠 속을 바라봤다. 잠시 후 그의 얼굴에 미소가 번졌다.

"그럼 환영이 아니라 진짜 우리 엄마라고요? 내가 미친 게 아니고요?" 할아버지가 물었다.

"네, 정말이에요. 할아버지께서는 지극히 정상이세요. 어머니께서 뭐라고 하시던가요?"

"곧 여행을 떠날 거라고 하더군요. 이제 푹 쉴 수 있다면서."

"그럼 어머니 말씀을 들으셔야죠." 나는 빙긋 웃었다. 길도 옆에서 미소를 띤 채 서 있었다. '고마워요.' 길이 소리 없이 입 모양으로 말했다.

"약이 모자라지 않게 제가 계속 확인할게요." 내가 길에게 말했다. 금고를 가져와 모르핀을 꺼낸 나는 깜짝 놀랐다. 약은 어제 아침과 똑같은 양이 남아 있었다. 앨 할아버지는 오늘 진통제를 전혀 맞지 않았는데도 통증을 느끼지 않고 있었다. 그렇다면 약물 부작용은 아니었다.

"할아버지, 약물 부작용을 겪을 리가……." 나는 앨 할아버지에게 말을 걸려다가 할아버지가 곤히 잠든 모습을 보고 말을 멈췄다.

"그냥 주무시게 둬야겠어요." 내가 길에게 말했다. "아침에 다시 올게요. 아니, 몇 시간 후가 되겠네요. 이미 아침이니까."

"앨을 사람으로 대접해 줘서 고마워요." 길이 말했다.

"멋진 친구가 돼줘서 제가 더 고마운걸요. 길의 도움이 없었다면 앨 할아버지께서는 여기서 버티지 못하셨을 거예요."

혼자서 차를 세워둔 곳으로 돌아가는 동안, 마치 한 친구가 조용히 내 옆에서 함께 걷는 것만 같았다. 말을 하지 않아도 어색하지 않은 침묵이었다. 어느 때보다도 든든했다.

집으로 돌아온 나는 이불 속으로 들어가 몇 시간이라도 더 자보려고 잠을 청했다. 침대에 누워 있는데도 아까처럼 누군가의 존재가 느껴졌다. 무섭진 않았다. 같은 방에 함께 있지만 단지 내 시야엔 들어오지 않는 친구 같았다. 여기 분명 존재하지만 지금은 눈에 보이지 않는 친구.

한두 시간 후 잠에서 덜 깨어 비틀거리며 침대 밖으로 나왔다.

옆방에서 브로디가 노는 소리가 들렸다. 여전히 혼자가 아닌 듯한 낯선 기분이 들었다. "혼자 있는데도 누구랑 같이 있는 기분이 들어." 커피를 마시려고 부엌으로 들어가며 내가 크리스에게 말했다. "이런 기분 느껴본 적 있어?"

"그럼. 자주는 아니지만 무슨 말인지 잘 알아."

"그냥 피곤해서 그런가 봐." 출근을 준비하러 침실로 걸어가면서 말했다. 나는 서랍에서 깨끗한 수술복을 꺼내 입은 다음, 잠옷을 돌돌 말아 빨래 바구니에 던져 넣었다. 잠옷이 몇 시간 전 입었던 지저분한 수술복 위에 떨어지는 바람에 그 수술복에서 명찰을 떼지 않았단 사실이 기억났다. 빨래 바구니를 뒤적이는데 돌연 목덜미 뒤로 바람이 훅훅 불었다. 온몸이 얼어붙었다. 순간 바람이 불어온 쪽을 돌아보기가 겁나서 잠시 그대로 있다가, 방문을 열고 크리스에게 외쳤다. "에어컨에서 그냥 갑자기 바람이 나오기도 해?"

"전원이 켜져 있으면 그러기도 하지. 왜?" 크리스가 큰 소리로 대꾸했다.

"아냐, 신경 쓰지 마. 내가 착각했나 봐. 고마워." 나는 문을 닫고 나서 웃음을 터뜨렸다. 화장한 다음 어수선한 머리를 돌돌 말아 고정했다. 브로디에게 옷을 입히고, 아이를 안아 올려 차로 데려갔다. 뭔가 빠뜨린 듯한 기분을 떨칠 수 없었다. 그렇지만 그게 뭔지 도무지 기억이 나지 않았다. 브로디를 어린이집에 데려다주고 나서야 문득 수술복에서 명찰을 떼지 않았단 사실이 떠올랐다. 앓는 소리를 내며 차를 돌렸다. 집에 들렀다 가면 아침 회의에 지각할 게 분명했다. 하지만 반대로 회의 시간에 맞춰 가더라도 트래비스가 명찰을 가져오라고 집으로 돌려보낼 게 뻔했다. 집 안으로 달려 들어가 수술복에서 명찰을 잡아 뜯으며 곁눈질로 손목시계를 확인했다. 회의 시간에 1~2분밖에 늦지 않을 듯해 비로소 마음이 놓였다.

차를 타고 사무실로 가는데, 앞서가던 차들이 갑자기 멈춰 섰다. "어휴!" 나는 좌절하며 신음했다. "이제 정말로 늦게 생겼네." 몇 분이 지나자 한 줄로 길게 늘어서 있던 차들이 천천히 앞으로 나아가기 시작했다. 2킬로미터쯤 가다 보니 교통체증의 이유가 밝혀졌다. 어떤 트럭이 바로 앞에 가던 트럭을 들이받은 것이었다. 엉망이 된 차 상태를 보니 숨이 턱 막혔다. 하지만 사고를 당한 차가 그만큼 튼튼하지 않았다면 피해는 더 심각했을지도 몰랐다. '나한테도 생길 수 있는 일이었어. 죽었을지도 몰라.' 속으로 생각했다. 다행스럽게도 차에 있던 사람들은 크게 다치지 않은 듯 모두 밖으로 나와 있었다. 문득 명찰을 두고 나와 다행이란 생각이 들었다.

아침 회의는 무사히 끝났다. 트래비스가 공식적으로 데자가 회사를 떠나게 됐단 소식을 전했다. 나는 데자를 향해 입을 삐쭉 내밀었다.

"송별회 다과 준비를 위해 참석자를 파악할게요." 트래비스의 말이 끝나기가 무섭게 접수처 직원이 회의실로 얼굴을 빼꼼 들이밀고는 내 쪽을 쳐다봤다. "앨버트 할아버지께서 돌아가셨대요. 방금 그분 친구에게서 연락이 왔어요." 직원이 말했다.

나는 짐을 챙겨 조용히 회의실을 빠져나온 다음 다리로 차를 몰았다.

아름다운 광경이 나를 기다리고 있었다. 앨 할아버지와 동고동락하던, 이젠 내게도 익숙한 얼굴이 모두 함께 손을 맞잡고 할아버지를 둥그렇게 둘러싼 채 기도를 올리고 있었다. 그들은 눈물이 흐르는 얼굴로 상냥한 미소를 지으며 내가 안으로 들어갈 수 있도록 길을 터주었다. 사망 선고를 하려고 청진기를 꺼내고 2분에 맞춘 타이머를 작동시킨 다음, 앨 할아버지를 사랑했던 모든 사람을 쭉 둘러봤다. 그러고는 그들이 할아버지를 위해 나지막하게 기도하는 소리에 귀를 기울였다. 눈을 뜬 사람도 있고, 감은 사람도 있었다. 앨 할아버지가 그에겐 가족과 다름없는 소중한 사람들 곁에서 눈을 감아 참 다행이었다. 2분이 지난 뒤 나는 사망 시각을 말하고 나서 고개를 들었다. 몇 미터 떨어진 모래 위에 앉아 먼바다를 응시하는 길이 보였다.

"길." 내가 길에게 다가가며 조용히 이름을 불렀다.

"언젠가 이런 날이 올 줄 알았어요." 길이 눈물을 삼켰다. "앨이 선생님을 무척 좋아했어요. 앨을 보살펴 줘서 고맙습니다."

"저도 앨 할아버지를 많이 좋아했어요." 내가 길 옆에 앉으며 말했다. "장례식장에서 화장을 무료로 진행해 줄 거예요. 친지가 나타나지 않는다면 할아버지의 유골을 드릴까요?" 내가 묻자 길이 대답했다.

"네, 앨이 여기 사람들과 같이 바다에 뿌려달라고 했거든요. 선생님도 오세요."

"꼭 갈게요."

장례식장 직원들이 도착해 길과 함께 앨 할아버지를 조심스럽게 들것에 옮겼다. 길은 눈물을 흘리며 친구에게 마지막 인사를 했다.

"장례식 날짜가 정해지면 꼭 알려줘요. 저도 갈게요. 알겠죠?" 내가 길에게 말했다.

"네, 약속할게요."

"그럼 우린 마지막이 아니겠네요. 또 만나요."

"또 만나요." 길이 희미하게 웃었다.

나는 손을 흔들며 발걸음을 옮겼다. 그리 멀리 가지 않았을 때, 느닷없이 길이 나를 향해 이렇게 소리쳤다. "아, 얼마 전에 앨이 선생님한테 차 사고가 날 것 같은 불길한 예감이 든다고 한참을 걱정했어요. 운전 조심해요, 알겠죠?"

나는 가던 길을 멈추고 몇 초 동안 그대로 서 있었다. 그러다 뒤돌아서 길을 봤다. "고마워요. 조심할게요."

세월이 흐르면서 논리적으로 설명할 수도 없고 일어난 원인도 모르는 이런 일들을 쉬이 받아들이게 됐다. 지금 돌이켜 보면, 그날 밤부터 다음 날 아침까지 뚜렷하게 느껴졌던 누군가의 존재가 앨 할아버지의 영혼이 아니었을까 싶다. 나를 차 사고로부터 구해준 바로 그 존재 말이다.

"한때 깊이 사랑한 것은 절대 사라지지 않습니다.
깊이 사랑한 모든 것은 우리의 일부가 되기 때문입니다."

## 11

# 누구도 혼자 죽게
# 내버려두지 않기를

: 프랭크 :

맥앤드치즈*를 들고 회의실로 들어가 주위를 둘러봤다. '보고 싶을 거야!'라는 글귀가 인쇄된 현수막이 기다란 나무 탁자 위에 걸려 있었다. 데자의 송별회는 쿠마르 선생님도 참석하는 주간 회의 날에 하는 것으로 일정이 잡혀 있었다.

나는 데자에게 줄 카드를 쓰려고 수술복 주머니에서 펜을 꺼냈다. 카드에 데자처럼 훌륭한 간호조무사를 대신할 사람은 아무도 없을 거라고 쓰자마자 쿠마르 선생님이 접시를 들고서 들어왔다.

---

* 마카로니와 치즈를 섞은 요리.

"냄새가 정말 좋은데요!" 내 접시 옆에 자기 접시를 내려놓는 선생님에게 물었다. "뭐예요?"

"사모사*예요." 선생님이 답했다. "아시다시피 제가 만든 건 아니고요. 아내가 만들어줬어요."

"그럼 다행이네요." 내가 농담했다.

쿠마르 선생님은 노트북을 탁자 위에 내려놓더니 바로 뒷벽에 있는 콘센트에 꽂았다. 병원에서 입는 하얀 의사 가운을 입고 있다가, 그 가운을 벗으며 할 말이 생각났는지 이렇게 말했다. "아, 병원에서 새롭게 시작한 프로그램이 하나 있는데, 제가 돕기로 했어요."

"그래요?" 불과 30분 만에 메일함이 터져 나갈 만큼 쌓여버린 메일을 확인하는 데 정신이 팔린 내가 휴대폰을 보며 건성으로 대답했다.

"네, 선생님한테도 잘 맞을 일이에요. 이제 곧 호스피스 간호사로 일한 지 2년이 되죠?"

"몇 주 전에 2주년이었어요." 내가 답했다.

"실은 선생님과 어맨다 선생님이 병원에서 호스피스 상담을 해줬으면 해요. 환자 가족이 호스피스에 관해 물을 때마다 병

---

* 남아시아의 요리로 삼각형 모양의 튀김만두.

원 사회복지사가 전부 답하는 덴 한계가 있더라고요."

"맞아요. 어쩌면 그게 당연하죠." 내가 고개를 끄덕이며 말했다.

대화가 거의 마무리될 무렵 트래비스가 들어오더니 쿠마르 선생님의 설명이 끝나기가 무섭게 끼어들어 한마디를 보탰다. "사실 벌써 선생님을 기다리는 환자가 있어요." 트래비스가 말했다.

"너무 빠른 거 아니에요?"

"회의 끝나고 가볼래요?"

"네, 질문에 대답하는 거야 식은 죽 먹기죠." 내가 장난스레 말했다.

병원으로 들어서자 낯익은 풍경과 소리가 나를 맞이했다. 시어머니가 세상을 떠나고 나서는 처음이었다. 늘 그렇듯 소독약 냄새가 코를 찔렀고, 바닥은 방금 왁스를 칠한 듯 반짝거렸다. 접수처 직원이 타원 모양의 접수대 뒤에서 당장이라도 질문에 답할 태세로 앉아 있었다. 나는 접수대를 빙 돌아 엘리베이터로 향했다. 수술복을 입고 있으면 내가 어디로 가든 아무도 신경 쓰지 않았다.

나는 곧 만날 환자 프랭크의 정보를 머릿속으로 한 번 더 정리했다. 환자의 가족이 이전에 했던 말을 처음부터 끝까지 또다시 반복하게 하고 싶지 않았다. 그게 얼마나 괴롭고 힘든 일인지 바베트를 간호하며 몸소 알게 됐다.

328호로 가자 커다란 창문과 소파가 있는 널찍한 방이 나왔다. 등받이가 거의 의자처럼 세워진 병원 침대 위에서 두꺼운 붕대를 목에 감은 한 남자가 나지막하게 코를 골며 자고 있었다. 소파에서는 60대쯤으로 보이는 여자가 콧등에 안경을 걸치고서 뜨개질을 하고 있었다.

"안녕하세요. 호스피스 회사에서 나왔어요. 해들리라고 해요." 여자에게 조용히 인사했다.

뜨개질을 멈춘 여자는 고개를 들어 나를 쳐다봤다. "셰릴이에요." 나는 손을 내민 셰릴과 악수하고 나서 의자에 앉아도 되겠느냐고 물었다. 셰릴은 고개를 끄덕였고, 자리에 앉은 나는 안내용 소책자와 펜이 들어 있는 서류철을 꺼냈다.

"혹시 시작하기 전에 질문 있으세요?" 내가 물었다.

"기도 같은 종교적인 행위를 꼭 해야 하나요?"

"전혀요. 저희는 배경에 상관없이 모든 환자를 받아요. 원하신다면 저희 목사님을 소개해드릴 순 있지만 절대 의무는 아니에요."

"그렇군요." 셰릴이 안심한 목소리로 대답했다. "도움을 청하려고 몇 군데 전화해 봤는데, 한 군데도 빠짐없이 우릴 위해 기도해 주겠다는 종교 단체뿐이었어요. 그런 건 딱 질색이거든요."

"그럼 어떤 도움을 원하시나요?" 내가 물었다. "저희가 사회복지사를 소개해 드릴 수도 있거든요."

"실은 오늘 아침에 프랭크가 수혈을 한 번 더 받아야 한다는 말을 들었어요." 나는 계속하라는 의미로 고개를 끄덕였다. "그런데 곧 호스피스에 들어갈 생각이니 꼭 받진 않아도 되거든요. 해봤자 고작 며칠 더 사는 정도겠죠. 보험도 없어서 우리가 모든 비용을 감당해야 하고요. 돈이 얼마나 드는지 물어봤는데 아직 답이 없네요. 몇천 달러는 되겠죠, 뭐."

셰릴의 말을 들으면서 나는 머릿속으로 몇 가지 방법을 추려 봤다. 프랭크는 아직 65세가 되기 전이라 메디케어에 가입할 수는 없었다.

"메디케이드는 신청해 봤어요?" 내가 물었다.

"거절당했어요. 숙소 대여 사업체를 하나 운영하는데, 여름엔 수입이 꽤 짭짤하지만 겨울엔 돈을 못 벌거든요. 세금 내역에는 작년 우리 수입이 제법 괜찮았던 걸로 나와 있어요. 5만 달러요. 그런데 그 돈도 프랭크가 아프면서 금세 바닥나 버렸어요. 민간 의료보험도 찾아보긴 했지만, 매달 그만한 보험료를 낼 형편이 안 돼요."

"좋은 소식은 저희가 무료 환자도 받는 호스피스 회사라서 비용이 안 든다는 거예요. 하지만 수혈 비용까지 포함되는지는 잘 모르겠어서……." 내가 말꼬리를 흐렸다. 프랭크가 기침을 심하게 하는 바람에 생각의 흐름이 거기서 끊기고 말았다. 프랭크는 쿨럭거리며 목에 감긴 붕대를 움켜쥐었다. 프랭크의 아내가 재빨리 자리에서 일어나 달려가더니 붕대를 밑으로 내려주었다. 그러자 기침을 멈춘 프랭크는 침대에 다시 기대더니 나를 쳐다봤다.

"총무과에서 왔어요?" 프랭크가 물었다.

"아뇨. 호스피스 회사에서 나왔어요. 상담을 요청하셨다고 해서요."

"빌어먹을, 그 사람들은 대체 언제 오는 거야?" 프랭크가 짜증 난 듯 말했다. 하지만 프랭크를 탓할 수는 없는 노릇이었다. 가진 돈으로 살날을 며칠 더 연장할 수 있을지 알려줄 사람을 기다리는 일은 고문이나 다름없었다.

"제가 가서 물어볼게요." 내가 말했다. 복도로 나갔더니 병동 서무가 있었다. 사정을 설명하자 서무는 뒤쪽 책상에 앉아 컴퓨터 키보드를 두드리는 수술복 차림의 여자 무리를 엄지손가락으로 가리켰다.

"안녕하세요." 내가 그들에게 다가서며 말했다. "바쁜 건 알지만, 328호 환자의 수혈 비용이 얼마인지 아는 분 없나요?"

짙은 색 머리카락을 정수리 위로 깔끔하게 틀어 올린 여자가 서류를 뒤적거리더니 대답했다. "아, 그분이요. 알려주러 갈 틈이 없었네요. 근데 아마 수혈 못 받으실걸요? 호스피스로 연계해야겠어요."

"아, 실은 제가 호스피스 회사에서 나왔는데요." 내가 말했다.

"잘됐네요!" 그 여자가 앞에 놓인 서류에 커다랗게 체크 표시를 하며 말했다. "그럼 선생님이 전달해 주세요. 덕분에 할 일이 하나 줄었네요." 이 말을 끝으로 여자는 다시 컴퓨터로 되돌아갔다.

"그건 제가 할 일이 아닌 거 같은데요." 내가 대꾸했지만, 여자는 내 말을 듣지 못한 건지 듣지 않기로 작정한 건지 계속 키보드만 두드려댔다. '일이 커졌네.' 328호로 돌아가며 생각했다.

"직원이랑 얘기해 봤는데요……, 수혈 비용이 두 분 예산 범위 밖이라네요." 내가 프랭크와 셰릴에게 전했다. "정확한 금액은 못 들었어요."

둘은 눈길을 주고받았다.

"퇴직금에서 충당하면 돼요." 셰릴이 말했다.

프랭크가 한숨을 쉬었다. "내가 죽고 나서 당신이 빈털터리가 되는 건 싫어."

"난 당신을 잃는 게 더 싫어." 셰릴이 말했다.

"고작 며칠 더 살아서 뭐가 달라지겠어?" 프랭크가 되물었다. "어차피 결과는 똑같아. 그냥 저 선생님이 가져온 서류에 서명합시다."

셰릴은 눈물을 글썽이며 나를 돌아봤다.

"결국 방법은 이것뿐이네요. 어디에 서명하면 되죠?"

그들의 대화에 할 말을 잃었다. 이렇게 떠밀리듯 호스피스를 선택해야 하는 상황을 나로서는 상상조차 할 수 없었다. 나는 잠시 생각을 정리하고 나서 그들에게 병원 측에서 프랭크를 집으로 이송해 줄 거라고 일러주고, 등록은 집에서 만나 마무리하자고 했다. 셰릴이 고개를 끄덕였다. 프랭크는 모든 걸 체념한 듯 눈앞의 허공만을 응시했다.

몇 시간 후 신규 가입에 필요한 서류를 챙겨 프랭크와 셰릴의 집으로 갔다. 현관에 서서 초인종을 누르고 셰릴이 문을 열어줄 때까지 기다렸다.

"오늘만 두 번째 보네요. 미안한데 이름이 뭐였죠?" 셰릴이 나를 집 안으로 안내하며 물었다.

"해들리요. 여러모로 정신없을 텐데 그렇게까지 신경 쓰지 않아도 돼요." 내가 셰릴에게 말했다.

"정말이지 끔찍하네요." 이렇게 말하며 셰릴은 프랭크가 깊이 잠들어 있는 침실로 나를 데려갔다. 프랭크의 잠을 방해하지 않으려 노력하며 검진을 진행했다. 프랭크는 두경부암 환자였다. 붕대는 프랭크의 목을 뚫고 나온 커다란 종양을 가리려고 감아둔 것이었다. 차를 타고 오는 길에 쿠마르 선생님에게 전화해 상황을 이야기했더니, 선생님은 내게 피가 비칠 때만 붕대를 교체하라고 지시를 내렸다. 종양에서 피가 조금씩 나는 모양이었다. 쿠마르 선생님은 프랭크가 맞이할 임종이 매우 드문 사례이며 차마 눈 뜨고 볼 수 없을 만큼 끔찍할 수도 있다고 경고했다.

프랭크의 잠을 방해하지 않고 진행할 수 있는 절차를 모두 끝낸 다음 통증 강도를 물어보려고 그를 깨웠다. 프랭크는 펜타닐* 패치 덕분에 통증은 잘 조절되고 있다고 했다. 질문 목록을 아래로 내리자 신앙에 관한 질문을 모아둔 부분이 나왔다. 셰릴이 싫어할 게 분명했지만, 그래도 가입하려면 꼭 답변해야 하는 질문이었다.

"프랭크, 종교가 있나요?" 내가 프랭크에게 물었다.

"난 무신론자예요." 프랭크가 답했다. "죽으면 그대로 끝이라고 생각해요."

---

* fentanyl. 마약성 진통제의 일종.

나는 태블릿에 프랭크의 대답을 적었다. "혹시 죽음에 관해 걱정되는 건 없나요?" 나는 누구에게나 이 질문을 했는데, 그러면 보통 무신론자는 간단히 '없다'라고 대답하곤 했다.

"아니, 죽고 나면 그 뒤에 뭐가 있을지 두렵긴 해요." 프랭크가 말했다. "하지만 그렇다고 별수 있나요? 당신이 뭘 해줄 수 있는 것도 아니고요. 어쨌든 난 죽고 나면 아무것도 없다고 생각해요."

"생각보다 많은 사람이 죽음을 두려워하더라고요." 내가 프랭크에게 말했다. "저도 한때는 죽고 나면 무슨 일이 생길지 무서웠어요. 저와 비슷한 환자도 많았고요."

"한때는 그랬다고요? 달라진 건 뭔데요?" 프랭크가 물었다.

질문에 답하기에 앞서, 내 대답이 가볍게 들리지 않기를 바라며 신중히 생각을 정리했다. 나는 사후 세계가 있다고 철석같이 믿으며 자랐다. 그러나 테일러가 죽은 뒤 10대 후반부터 20대 초반까지는 내내 이 믿음을 의심했다. 그 무렵의 나는 세상을 흑과 백으로 바라봤다. 종교에서 말하는 천국이 있는 게 아니라면, 죽음 뒤엔 아무것도 없다고 생각했다. 내가 세상을 바라보는 방식대로라면, 삶과 죽음에 대한 질문에는 확실하고 뚜렷한 답이 존재하거나 아니면 답이 없거나 둘 중 하나였다. 그러나 호스피스 간호사가 되고 나서 오늘날에 이르기까지, 순전한 우연으로 치부할 수도 없고 의학적으로도 도저히 설명할 수 없는 일을 무수히 목격해 왔다. 먼저 세상을 떠난 사랑하는 사람이 눈에 보이는 경우를 비롯해, 이디스 할머니가 예견한 화재나 앨버트 할아버지가 직감한 교통사고처럼 말로는 도저히 설명하기 어려운 우연까지. 내가 겪은 이 모든 일을 동료 간호사들 또한 수도 없이 경험했다. 죽음 뒤에 뭔가가 존재한다는 사실을 확실하게 보여주는 이 증거를 모른 척할 수 없었다. 이 문제는 이제 이성의 영역을 벗어나 있었다.

어렸을 때는 주변에서 벌어지는 일의 이유를 어떻게든 찾으려 했다. 한쪽에서 아름다운 기적이 일어나는 동안, 또 다른 한쪽에서는 어떻게 끔찍한 일이 일어날 수 있을까? 테리사가 말했듯이 "신이 있다면 왜 우리에게 이런 끔찍한 일이 생기도록 내버려두는 걸까?" 그러다 호스피스 일을 시작하면서 세상을 완전히 다른 시선으로 바라보게 된 것이었다. 심리치료사 덕분에 우리가 삶과 죽음 사이의 중간 세상In-Between이라고 부르기로 한 그 세계를 더 편안하게 받아들이게 됐다. "꼭 모 아니면 도라고 생각해야 하는 건 아니에요." 치료사가 내게 말했다. 그제야 살다 보면 나쁜 일도 일어나기 마련이란 사실을 받아들이는 한편, 내 일과 삶에서 경험한 영적인 순간까지도 껴안을 수 있게 됐다. 그리고 가장 중요한 사실을 깨달았다. 바로 그 둘은 모두 똑같이

'현실'이라는 것 말이다.

비로소 프랭크의 질문에 대답할 준비가 된 것 같았다. "바로 이것 때문이었어요." 나는 프랭크의 침실을 가리키며 말했다. "환자를 돌보는 일이요. 환자가 세상을 떠난 사랑하는 사람이 눈에 보인다고 할 때, 임종을 맞이하는 환자의 얼굴에서 두려움이 씻은 듯 사라지는 모습을 볼 때. 그런 일을 겪을 때마다 공포가 조금씩 사라졌어요. 그리고 우연이요. 한두 번은 우연이랄 수 있겠죠. 하지만 그런 일이 수백 번이고 되풀이해서 일어난다면요? 그건 더는 우연이 아니지 않을까요?"

"나중에 책 한 권 써도 되겠네요." 프랭크가 작게 미소 지으며 말했다.

"어쩌면요." 나도 프랭크를 향해 미소를 지었다.

"하지만 한 가지 조건이 있어요." 프랭크가 말했다. "책에 내 얘기도 꼭 들어가야 해요. 나처럼 사후 세계를 믿지 않는 사람도 있단 걸 사람들이 알아야 하지 않겠어요?"

"좋아요." 내가 새끼손가락을 내밀었다. 우리는 손가락을 걸고 약속했다. 프랭크의 목소리에서 지친 기색이 느껴져 그가 쉴 수 있도록 서둘러 남은 질문을 끝냈다.

집을 떠나기 전 마지막으로 셰릴에게 더 물어보고 싶은 사항은 없는지 확인했다. 셰릴은 고마워했지만, 프랭크와 마찬가지로 몹시 지쳐 있었다. 나는 셰릴에게 우선 좀 쉬라고, 그러다 무슨 일이 생기면 꼭 전화하라고 당부했다.

전화로 일일 회의에 참여해서 팀원들에게 프랭크의 상태를 간단히 설명했다. 그러면서 그들 부부는 종교와 관련한 것이라면 그 무엇도 강요받고 싶어 하지 않는다고 강조했다. 모두 알겠다고 했다. 곧 회의가 끝났다. 이제 집으로 돌아가 가족과 저녁 시간을 보낼 차례였다. 나는 프랭크의 목에 감긴 붕대에서 피가 스며 나오면 무슨 일이 벌어질지, 셰릴이 그 광경을 보고 얼마나 충격받을지 한참을 상상했다. 그런 일이 일어나지 않기를 진심으로 바랐지만, 내가 손쓸 수 있는 일이 아니란 사실을 받아들이기로 했다. 이 또한 심리치료사에게 배운 마인드컨트롤 방법이었는데, 이제야 슬슬 어떻게 활용하면 좋을지 감을 잡아가고 있었다. 그날 밤 브로디와 크리스하고 함께 소파에 앉아 영화를 보면서는 놓친 전화가 없는지 휴대폰을 수백 번이고 확인하는 짓을 하지 않았다. 심리치료사가 동의할지는 모르겠지만, 내가 예전보다 훨씬 잘하고 있단 기분이 들었다.

이틀 후 프랭크의 집을 다시 찾았다. 셰릴은 걱정스러운 표정으로 문을 열었다.

"프랭크가 사람들과 얘기해요." 셰릴이 말했다.

"정상이니 걱정할 거 없어요." 내가 안심시켰다. "침실로 가서 좀 더 자세히 말해줄게요."

침실로 들어가니 프랭크가 목에 감긴 붕대를 자꾸 만지는 모습이 눈에 들어왔다. 그것 말고는 편안해 보였다.

"여보, 간호사 선생님 오셨어." 셰릴이 말했다. 프랭크가 나를 보고 희미하게 미소 지었다. "선생님한테 요즘 당신이 좀 이상하다고 말했어." 셰릴이 프랭크에게 말했다.

"난 멀쩡해. 여동생이 왔다고 하니까 무서워서 그러는 거지? 그럴 필요 없다니까." 프랭크가 차분하게 말했다.

"당신 여동생은 죽었잖아." 한 옥타브 올라간 목소리로 셰릴이 말했다.

셰릴의 팔에 가만히 손을 올리고는 이렇게 물었다. "가입 서류 가지고 있어요?"

셰릴은 휴지로 코를 풀며 고개를 끄덕이더니 서랍에서 서류를 꺼내 왔다. 나는 건네받은 서류에서 소책자 뭉치를 뒤져 「먼 길을 떠나는 사람들 Gone from my sight」이란 제목이 붙은 작은 푸른색 책자를 찾았다. 내가 호스피스 간호사가 된 지 1년쯤 됐을 때 가입 서류 세트에 추가된 책자였다. 이런 현상이 몹시 흔하게 일어나다 보니, 지금은 보호자가 환자의 임종 단계에서 일어나는 일들을 예측할 수 있게 하나의 과정으로 포함되어 있었다.

나는 책자를 펼쳐서 사랑하는 고인이 환자를 찾아오는 건 정상이란 설명을 셰릴에게 보여주었다.

"왜죠?" 셰릴이 물었다.

나는 어깨를 으쓱했다. "별 이유 없이 그냥 일어나는 일이에요. 판단은 각자 알아서 할 일이고요."

"종교 얘기는 끌어들이지 말았으면 해요." 셰릴이 곤혹스러워했다. "말했잖아요."

"사실 이건 의학적인 현상이에요. 신앙과 관계없이 일어나는 일이요."

"전 정신이 온전치 못한 사람에게만 이런 일이 일어난다고 생각했단 말이에요. 프랭크는 정상이라면서요. 그런데 행복해하다니요. 어떻게 이 상황에 행복할 수가 있죠?" 셰릴이 물었다.

"답해드리고 싶지만, 저도 이런 놀라운 일을 편히 받아들이게 된 지 얼마 되지 않았어요. 제가 말할 수 있는 건 이것뿐이에요. 프랭크처럼 삶의 끝자락에 있는 환자들이 우리에게 죽음을 두려워하지 않아도 된다는 사실을 알려준다는 거요. 언젠가 우리도 알게 되겠죠."

"조금은 알겠어요. 전 그이를 믿어요." 셰릴이 느릿하게 말했다. "언젠가 알게 될 거라고요······." 내 말을 되풀이하던 셰릴은 남편의 침대 옆에 무릎을 꿇고 앉아 그의 손을 꼭 잡았다.

얼마 지나지 않아 프랭크는 혼수상태에 빠졌다. 나는 환자의 가족이 시간이 얼마나 남았는지 내게 물어볼 때마다 항상 똑같이 대답했는데, 그 말을 셰릴에게도 해주었다. "일반적으로 환자가 혼수상태에 들어가면 일흔두 시간쯤 남았다고 봐요. 몇 분일 때도 있고 몇 주일 때도 있지만, 대개 일흔두 시간 안에 돌아가신다고 보면 정확해요."

셰릴은 이틀 동안 프랭크의 곁을 떠나지 않았다. 사흘째에 들어서자 나는 셰릴에게 임종봉사자인 윌을 부를 테니 좀 쉬는 게 어떻겠느냐고 제안했다.

"돈 내야 하나요?" 셰릴이 물었다.

"아뇨, 무료로 봉사하는 분이에요. 무척 친절한 사람이니 마음에 들 거예요." 내가 말하자 셰릴은 그러겠다고 했다. 나는 다음 환자를 만나러 이동하는 동안 윌에게 전화해서 셰릴이 눈을 붙일 수 있도록 그날 밤 프랭크네 집으로 가줄 수 있느냐고 물었다. 윌은 저녁 7시까지 가겠다고 약속했다. 나는 오늘 내가 야간 당직이니 필요한 게 있으면 곧바로 내게 전화하면 된다고 덧붙였다.

"오늘 정말로 당직이에요, 아니면 프랭크 때문에 자체 당직을 서는 거예요?" 윌이 물었다.

"윌, 이제 심리치료사 노릇까지 하려고요?" 내가 웃었다. "오늘 당직 맞아요. 제 심리치료사가 일 좀 그만하라고 하도 닦달해서 이제 그런 짓은 안 해요."

"그래도 못 믿겠어요."

"딱 걸렸네요. 사실 오늘 당직 아니에요. 하지만 정말 많이 줄이긴 했어요." 내가 웃으며 말했다.

월에게서 전화가 걸려 온 건 밤 10시 무렵이었다. 다행히 가족과 함께 저녁 식사를 마치고, 브로디를 잠자리에 재우고 난 후였다.

"붕대에서 피가 새요." 월이 상황을 일러주었다. "셰릴을 깨워야 할까요?"

"아뇨!" 그랬다가는 셰릴이 프랭크의 어떤 모습을 목격하게 될지를 알기에 재빨리 대답했다. "제가 얼른 갈게요."

나는 조용히 프랭크와 셰릴의 집으로 들어갔다. 그리고 거실 소파에서 자는 셰릴을 깨우지 않도록 최대한 노력하며 살금살금 침실로 다가갔다. 침실은 어두컴컴했다. 협탁 위에 놓인 램프만이 불이 켜진 채로 월의 시험지를 비추고 있었다. '선한 사마리아인'이 아닐 때는 교사로 일하던 월은 환자가 자는 동안 종종 시험지를 채점하곤 했다.

두 눈이 희미한 불빛에 익숙해지자 낮에 봤을 때보다 창백해진 프랭크의 얼굴과 축축하게 젖은 붕대가 눈에 들어왔다. 쿠마르 선생님이 경고한 대로 피가 조금씩 새어 나오는 게 분명했다. 나는 가방에서 깨끗한 장갑과 거즈를 꺼내고, 방에 딸린 욕실에서 작은 쓰레기통을 가져와 내 발치에 놓았다. 원래 있던 거즈를 걷어내고 재빨리 새 거즈를 목에 댔지만 깨끗했던 거즈는 금세 흠뻑 젖어버렸다. 옆에서 계속 지켜보다가 몇 분에 한 번씩 거즈를 가는 수밖에 없었다. 침대 옆에 서서 거즈로 프랭크의 목을 지그시 누르는데, 윌의 시선이 느껴졌다.

"이렇게 봉사하는 거, 정말 대단해요." 내가 윌에게 부드럽게 말했다. "고마워하는 사람이 얼마나 많은지 몰라요."

윌이 어깨를 으쓱했다. "저 자신을 위해 하는 건데요, 뭘."

"너무 겸손한 거 아니에요? 자기 자신을 위해서 하는 일이라니 말도 안 돼요."

"어쩌다 이 일을 시작하게 됐는지 말해줄까요?" 윌이 물었다. 내가 고개를 끄덕이자 윌은 말을 이어나갔다. "우리 엄마는 제가 10대 때 돌아가셨어요."

"유감이에요." 내가 이렇게 말하자, 윌이 손을 들어 내 말을 막았다.

"엄마가 세상을 떠나실 때 같이 있어 드리지 못했어요." 윌이 말했다. "1년 동안 남처럼 지내고 있었거든요. 커밍아웃을 하고 나서 엄마와 크게 다퉜고, 그 후로는 한마디도 안 했어요. 결국 엄마는 혼자 숨을 거두셨죠. 이게 제가 엄마에게 참회하는 방식이에요. 아무도 혼자 죽게 내버려두지 않는 거요."

프랭크의 거즈를 다시 한번 가는 동안 월의 말이 묵직하게 내 가슴을 울렸다. 월의 잘못이 아니라고 말해주고 싶었지만 그가 묻지도 않은 내 의견을 강요하는 건 옳지 않은 일처럼 느껴졌다. 그래서 그렇게 말하는 대신, 이유야 어찌 됐든 그 자체로도 대단한 일을 하고 있다고 말해주었다. 내가 여전히 같은 자리에 서서 프랭크의 목을 붙들고 있는 동안, 월은 다시 시험지를 채점하기 시작했다.

요즘 나는 감정이입을 하기보다는 공감을 바탕으로 사고하는 연습을 하고 있었다. 심리치료사와도 이 주제에 관해 대화를 많이 나눴다. 나는 응급실 생활을 시작했을 무렵까지 거슬러 올라가야 할 정도로 무척 오랜 시간 동안 감정이입을 바탕으로 움직이는 사람이었다. 나는 환자나 보호자에게 나 자신을 투영했다. 월 같은 사람에게도 마찬가지였다. 그들이 느끼는 고통과 상실감을 그대로 느꼈으며, 이는 내게 엄청난 영향을 미쳤다. 솔직히 말하자면 타인의 감정을 고스란히 느끼는 이 능력 덕분에 내가 좋은 간호사, 특히 좋은 호스피스 간호사가 될 수 있었다고 생각한다. 하지만 감정이입이 지나치다 보면 그만큼 개인적인 희생이 따랐다. 이는 간호사가 갖가지 정신 건강 문제를 감당하지 못하고 의료계를 떠나는 이유가 되기도 했다. 실제로도 의료계에서 5년 넘게 버티는 호스피스 간호사는 네 명 중 한 명밖에 되지 않는다.

반면 공감은 개인적인 영향을 받지 않고 타인의 처지와 감정을 헤아리는 능력을 말한다. 공감 능력은 남이 처한 상황을 내 문제로 가져오지 않고도 내가 그들의 입장에서 감정을 헤아릴 수 있도록 해주었다. 또한 같은 의료계 종사자들이 흔히 그러듯, 나 자신을 보호하고자 세상을 꼬아서 보거나 완전히 지쳐서 탈진하는 일 없이 오랫동안 좋은 간호사로 남을 수 있도록 해주었다. 그 덕분에 나는 한 사람의 인생과 그 사람이 소중히 여기는 누군가의 인생에서 가장 중요한 순간을 지켜보는 목격자가 될 수 있었다.

이 일을 계속하고 싶었다. 나는 환자가 집에 편히 머물 수 있도록 도우면서 그들의 인생과 가족과 반려동물을 더 잘 알게 되는 특별한 경험을 계속 이어나가고 싶었다. 앞으로도 환자가 인생의 마지막 나날을 평화로운 환경에서 보내는 데 조금이나마 힘을 보태고 싶기 때문에, 그들이 내 삶에 들어오도록 기꺼이 마음을 열어두고 싶기 때문에 반드시 나 자신을 잘 보살펴야 했다.

프랭크는 윌과 내가 지켜보는 가운데 임종을 맞이했다. 심장이 멈추자 목에서 흐르던 피도 멈췄다. 나는 넘치는 쓰레기통을 서둘러 비운 다음 셰릴이 남편에게 작별 인사를 할 수 있도록 그를 깨우러 갔다. 셰릴은 내게 단 한 가지만을 물어봤다. "평화로운 임종이었나요?"

나는 있는 그대로 대답했다. "지금껏 지켜본 임종 중 가장 평화로웠어요."

"그럼 이렇게 생각해 봐요.
세상엔 우리가 예측할 수 없는 일도 있어요."

① 

# 모든 일엔
# 그럴 만한 이유가 있다

: 애덤 :

애덤을 맡게 된 게 달갑지 않았다.

"트래비스랑 얘기된 건가요?" 방금 콜센터 간호사에게서 내가 뇌종양 환자를 간호하게 됐단 소식을 전해 들은 참이었다.

"네, 트래비스도 아는 일이에요." 간호사가 쩔쩔매면서 대답했다.

전화를 끊은 나는 곧장 트래비스의 번호를 눌렀다. "뇌종양 환자는 맡지 않겠다고 몇 번이나 말했잖아요. 확실하게 전했다고 생각했는데요." 트래비스가 전화를 받자마자 내가 쏘아붙였다.

"알아요. 그런데 선생님 말곤 맡을 만한 사람이 정말 아무도 없어요. 부탁해요." 트래비스가 말했다.

씩씩거리며 전화를 끊었다. 뇌종양 환자를 보살피며 바베트가 겪은 일을 그대로 지켜볼 생각을 하면 속이 울렁거렸다. 바베트가 평온한 임종을 맞이하도록 돕는 일은 그 당시 내게 최우선 순위였지만, 결국 실패하고 말았다. 크리스와 심리치료사는 바베트의 죽음이 내 탓이 아니라고 끊임없이 나를 설득했지만, 반년이 지난 지금까지도 여전히 무거운 죄책감에 시달리고 있었다.

병원 주차장에 차를 대는 동안 마음을 다잡으려 숨을 깊게 들이마셨지만, 별 효과는 없었다. 소리를 지르고 싶었다. 바베트가 세상을 떠나고 나서 병원에는 두 번째로 오는 것이었다. 병원 안으로 들어가 접수처 직원에게 내 환자가 어디에 있는지 물었다.

"응급실로 가서 6호실을 찾으세요." 직원이 일러주었다.

그럼 그렇지. 시어머니가 돌아가신 곳과 똑같은 방이라니.

언제나처럼 응급실은 분주했다. 간호사들이 동분서주하며 뛰어다녔고, 여기저기서 어린아이의 울음소리가 들렸다. 간호사들이 사방에서 들리는 온갖 기계음을 어떻게 일일이 구분하는지 신기할 따름이었다. 고요한 환경에 익숙해져버린 내게는 너무도 생경한 풍경이었다.

6호실 앞에 도착해 숨을 한 번 더 깊게 들이마셨다. 애덤으로 추정되는, 서른다섯 살도 채 안 되어 보이는 환자가 침대에 누워 있었다. 그 남자가 입은 환자복 밑으로 셀 수 없이 많은 호스가 뻗어 나와 있었다. 남자는 혼수상태이거나 자고 있는 것 같았다. 갈색기가 도는 금발 생머리를 늘어뜨린 여자가 침대 옆 플라스틱 의자에 앉아 남자의 손을 잡고서 모니터를 바라보고 있었다. 또 여섯 살에서 일곱 살쯤 될 법한 어린 남자아이가 다른 의자에 앉아 있었는데, 게임에 빠져 있었다.

"안녕하세요, 해들리라고 해요. 호스피스 회사에서 나왔어요." 내가 애써 차분한 목소리로 말했다.

"아, 안녕하세요!" 여자는 자리에서 일어나 악수를 청했다. "전 질리언이에요."

"죄송한데 환자 정보를 많이 받지 못했어요." 나는 방에 있는 컴퓨터로 진료기록을 정리하는 간호사를 돌아보며 말했다. "상황을 간단히 설명해 주겠어요?" 간호사에게 물었다.

"네, 그러죠." 간호사가 껌을 짝짝 씹으며 대답했다. "응급실에 온 지 한 시간쯤 됐고요. 뇌종양이에요. 병원에선 더 할 수 있는 게 없어요. 선생님이 여기에 있는 이유죠." 나이도 젊은 환자의 아내와 아들이 병실 안에 버젓이 있는데도 이토록 무신경하게 구는 간호사의 태도가 놀라웠다. 고개를 끄덕인 나는 내가 알아서 하겠다고 말했다. 나는 남아 있는 빈 의자에 앉아서 질리언을 마주 봤다. "힘들겠지만 조금 더 말해줄래요?"

질리언은 침을 꿀꺽 삼키고 나서 이야기를 시작했다. 머리가 아파지기 시작했을 때 애덤은 부동산 중개업자로 일하고 있었다. 다른 아픈 곳은 전혀 없었다. 그러던 어느 날 애덤이 고객에게 집을 보여주다가 기절했고, 고객이 응급차를 불렀다. 응급실에서 골프공 크기의 종양을 발견했지만 항암 치료를 시작하고 나서 잠깐은 상황이 나아지는 듯이 보였다.

"갑자기 이렇게 된 건 아니에요. 서서히 안 좋아졌죠." 질리언이 말했다.

나는 고개를 끄덕였다. "무슨 말인지 잘 알아요."

"애덤은 점점 적게 먹기 시작했고, 그러다 한 번 넘어졌어요." 질리언은 잠시 말을 멈췄다. "잠깐만요. 제가 이렇게 말하면 잘못 알아듣는 사람이 대부분이에요. 뇌종양 환자를 많이 만나봤나요?"

나는 쓰던 걸 멈추고 고개를 들었다. 바베트 이야기를 꺼낼까 하고 고민했지만, 결국 그러지 않기로 했다. "네, 많이 만나봤어요." 대신 이렇게 말했다.

"훨씬 마음이 놓이네요." 질리언이 한시름 놓은 듯 내 팔을 잡았다. 나도 마음이 조금 누그러졌다. "아무튼 병세가 점점 나빠지다가 결국 이 지경이 된 거예요." 질리언이 말했다. "제가 911에 전화해서 여기로 왔어요. 호스피스란 게 있는지도 몰랐거든요.

어떻게 해야 할까요? 고작 스물일곱 살에 이런 일을 겪게 될 줄은 꿈에도 몰랐는데." 질리언이 말했다.

"저도 스물일곱이에요." 나도 모르게 말이 튀어나왔다. 내 또래인 사람을 보살필 일이 그리 많지 않았던 데다가 질리언의 남편과 아들도 크리스와 브로디 둘과 비슷한 나이로 보여서 기분이 이상했다.

"대체 왜 이런 일을 하나요?" 질리언이 내게 물었다. 하지만 너무 솔직했다 싶었는지 창피해하며 했던 말을 곧바로 취소했다. "그렇게 말하면 안 되는 거였어요. 선생님 같은 분이 있어서 정말 감사하지만, 저라면 절대 못 할 거예요."

나는 어깨를 으쓱했다. 솔직히 털어놓아도 됐다면, 나는 오히려 질리언에게 20대에 곧 과부가 될 당신의 입장을 상상할 수도 없다고 말했을 것이다. 생각만으로도 고통스러운 일이었다.

"애덤이 집에서 임종을 맞이하길 바라나요?" 내가 질리언에게 물었다.

"실은 집만 아니면 좋겠어요." 질리언이 아들을 가리키며 말했다. "아들에게 안 좋은 기억으로 남지 않았으면 해요."

애덤을 집으로 데려가고 싶지 않은 질리언의 마음을 이해하면서도 환자가 병원보다는 더 나은 곳에서 임종을 맞이할 수 있으면 좋겠단 생각이 들었다. 우리 회사에서 운영하는 입원환자

병동은 병원보다 그다지 나을 게 없었지만, 지금으로서는 그나마 제일 좋은 선택지였다.

"애덤이 갈 만한 곳이 있어요." 내가 제안했다. "여기와 다를 건 없지만, 우리 회사가 운영하는 곳이거든요. 지금 전화해서 물어볼게요."

"그럼 너무 감사하죠!"

나는 병동에 전화를 걸어 간호사에게 상황을 설명했다. 간호사가 내 말을 잘랐다. "자리가 없어요, 선생님."

"자리가 없다고요?" 내가 놀라서 물었다. "이런 일은 거의 없잖아요!"

"지금은 자리가 없다니까요. 얼마 전에도 비슷한 일이 있었는데, 그땐 환자를 병원에 그대로 두고 호스피스 등록을 진행했으니까 참고하세요. 병원 간호사들에게 환자를 어떻게 돌보면 되는지 일러줘도 괜찮고요."

"네, 그럴게요. 감사합니다." 나는 전화를 끊고 나서 질리언에게 앞으로의 계획을 알려주었다.

질리언이 내 계획을 듣고 알겠다고 하자 우리는 가입 서류를 하나씩 작성하기 시작했다. 나는 밝은 노란색의 '심폐소생 금지' 서류를 꺼내다가 바베트가 떠올라 흠칫했지만, 이내 심호흡하고 나서 말했다. "이 서류가 무섭게 느껴질 수도 있어요. 실제로 매우 중요한 서류이기도 하고요. 하지만 여기에 서명하더라도 애덤이 세상을 떠나기 전까지 저희가 제공하는 간호는 아무 변함 없을 거예요."

질리언이 고개를 끄덕였다. "무슨 말인지 이해했어요. 애덤도 이걸 원해요. 이미 끝낸 얘기예요." 질리언은 펜을 손에 쥐었지만, 종이를 바라보기만 할 뿐 손을 움직이지 않았다.

"뭐든 물어봐도 돼요." 내가 몇 분 후 말했다. 나를 바라보는 질리언의 얼굴 위로 눈물이 흘렀다.

"사망진단서에 서명하는 기분이에요. 애덤이 죽어도 괜찮다고 생각하는 사람이 된 거 같고요. 사실 그럴 리가 없잖아요." 질리언은 이렇게 말하더니, 펜을 내려놓고 흐느껴 울기 시작했다. 질리언을 안고 위로하는 내 눈에도 눈물이 고였다. 질리언은 내 품에 안겨 한참을 울었다. 몇 분 후 그는 여전히 내 어깨에 머리를 기댄 채 펜을 들어 서류에 서명하곤 내게 미안하다고 했다. 아들을 슬쩍 돌아봤더니, 다행히 아직까지도 게임기에 빠져 있었다.

"사과하지 않아도 돼요. 당연한 반응이니까요." 내가 질리언을 다독였다. 마음을 가라앉힌 질리언이 몸을 가눌 수 있게 되자 우리는 남은 서류 몇 장도 작성을 마무리했다.

6호실을 담당하는 관리자가 누군지 이곳저곳에 물은 끝에 간신히 내가 찾던 사람을 발견했다. 나는 우리 회사 입원환자 병동이 꽉 찼다고 말하면서 애덤에게 남은 시간이 얼마 없는 듯하다고 덧붙였다.

"3층으로 옮겨드릴게요. 조용한 곳에서 있을 수 있게요." 관리자가 말했다.

"감사합니다." 내가 안도했다. 6호실로 돌아갔더니 아들이 보이지 않았다.

"아이 할머니, 할아버지께서 아이를 데리러 왔다 가셨어요. 그게 제일 낫겠더라고요." 질리언이 내 마음을 읽은 듯 말했다. 잠시 후 애덤을 위층으로 옮기려고 남자 한 명이 병실로 들어왔다. 애덤은 180센티미터가 넘었지만 병 때문에 체중이 너무 많이 줄어서 간호사 한 명과 나 둘만으로도 너끈히 옮길 수 있었다. 아무리 많이 나가도 55킬로그램이 채 안 될 것 같았다.

3층 병실이 정리되자 간호사가 들어와 애덤의 오른쪽 팔에 혈압계 밴드를 둘렀다. 혈압만 한 번 측정하고 끝날 줄 알았는데, 간호사는 혈압계 밴드를 그대로 둔 채 심박수를 확인하는 접착식 패드를 애덤의 가슴에 붙이기 시작했다.

"그대로 둘 건 아니죠?" 내가 간호사에게 물었다.

"당연히 그대로 둬야죠." 간호사가 답했다.

"아직 못 들었나 봐요. 애덤은 호스피스 환자예요."

"그래서요?" 간호사가 눈을 치켜뜨며 물었다.

"저희가 하는 일은 환자를 편안하게 해주는 거예요. 가끔 활력 징후를 재는 건 괜찮지만, 애덤이 항상 이렇게 수많은 모니터에 둘러싸여 있는 건 원치 않아요."

간호사는 한숨을 쉬더니 모든 기기를 애덤의 몸에서 떼어냈다. "병원에서 가만히 내버려두지 않을걸요." 간호사가 이렇게 말하고는 방을 나갔다. "두고 보죠." 질리언은 의자를 하나 더 찾아내 애덤 옆으로 가져왔다.

"호스피스 간호사 있어요? 잠시 저 좀 보죠." 병실 입구에서 무뚝뚝한 목소리가 들렸다. 의아해하며 자리에서 일어나 복도로 나갔더니, 내·외과 병동 의사가 와 있었다.

"우리 병원에선 모든 환자의 상태를 모니터합니다." 의사가 단호하게 말했다. "호스피스 환자든 아니든 상관없어요."

이 일을 처음 시작한 몇 년 전이었다면 굳이 맞서지 않고 물러섰을 것이다. 하지만 이제 나는 무엇이 옳고 그른지를 알고 있고, 그 이유도 자신 있게 설명할 수 있었다.

"선생님이라면 죽어가면서도 온몸에 모니터를 줄줄이 달고 있고 싶겠어요?" 내가 의사에게 물었다.

"난 가정 같은 건 안 합니다. 규칙은 규칙이에요." 의사가 언성을 높였다. 그 의사의 말에 반기를 드는 간호사가 별로 없었을 것 같다는 인상을 받았다.

"무슨 일이죠?" 뒤에서 누군가의 목소리가 들렸다. 돌아서자 쿠마르 선생님이 서 있었다.

"선생님 밑에서 일하는 간호삽니까?" 이제 잔뜩 화가 난 의사가 물었다.

"네, 무슨 문제 있나요?"

"보시다시피 이 철없는 아가씨가 우리 병원의 환자 모니터링 규정을 얕잡아 보네요." 이렇게 말하며 의사는 누가 봐도 나를 비하하려는 의도로 삿대질을 해댔다.

쿠마르 선생님은 나를 한 번 쳐다보곤 의사에게 몸을 돌려 물었다. "환자를 모니터하려는 이유가 뭐죠?"

"선생님도 따르는 바로 그 규정 때문이죠." 의사가 답했다.

"그럼 해들리 선생님이 굳이 모니터하지 않으려는 이유는요?" 쿠마르 선생님이 물었다.

"환자를 편안하게 해주려는 거라더군요." 의사가 무시하는 투로 내 답을 가로챘다.

"좋아요. 환자의 심박수가 떨어진다고 칩시다. 그럼 치료할 건가요?"

"아뇨." 의사가 대답했다.

"모니터 결과가 비정상이라고 해도 손 놓고 있을 건가요?" 쿠마르 선생님이 물었다.

"네." 의사가 빠져나갈 구멍이라도 찾는 것처럼 눈을 피하며 말했다.

"그렇다면 굳이 모니터해야 하는 이유를 모르겠네요. 아무 의미 없이 사람을 불편하게 하는 게 우리 일은 아니잖아요. 그렇지 않나요?"

"그러네요." 의사는 바닥을 내려다보며 마지막으로 말했다.

쿠마르 선생님이 내 팔을 힘주어 잡았다. 나는 애덤이 있는 병실로 되돌아갔다. 쿠마르 선생님이 있어서 다행이었지만, 선생님이 옆에 있지 않았더라도 나 자신을 지켜낼 수 있었을 거라는 확신이 들었다. 그래도 결과는 만족스러웠다. 불현듯 내가 이 일을 맡을 운명이었단 생각이 들었다.

하지만 그런 의기양양한 기분은 병실로 돌아가자마자 감쪽같이 사라져 버렸다. 질리언은 남편의 몸 위에 거의 쓰러지다시피 엎드려 떨어지지 않고 있었다. 나는 질리언의 등에 가만히 손을 올렸다.

"때가 됐나 봐요." 질리언이 눈물 젖은 얼굴로 말했다. 나는 애덤을 내려다봤다. 한 번 숨을 쉬고 나면 한참 동안 숨을 쉬지 않았다.

"침대에 올라가서 애덤 옆에 누울래요?" 내가 질리언에게 물었다.

"그래도 되나요?"

고개를 끄덕인 나는 질리언이 위로 올라갈 수 있도록 침대 난간을 내렸다. 질리언은 애덤의 가슴 위에 머리를 얹고서 그에게 노래를 불러주기 시작했다. 나는 방해되지 않도록 옆으로 물러나 자리를 지켰다. 나지막하게 「할렐루야」를 부르는 질리언의 청아한 목소리가 병실을 가득 채웠다. 「할렐루야」는 바베트가 좋아하는 노래였다. 애덤은 질리언이 마지막 후렴구를 부르는 순간 세상을 떠났다. 이토록 아름답고도 가슴 아린 순간을 눈앞에서 목격하다니, 참 행운이었다.

그날 밤 집에 돌아가니, 크리스가 부엌에 서서 감자칩을 먹고 있었다. 나는 크리스에게 달려가 어느 때보다도 그를 세게 꽉 껴안았다.

"무슨 힘든 일 있었어?" 크리스가 물었다.

눈물이 차올랐다. "당신이랑 나이가 비슷한 환자를 맡았었어. 아내도 있고, 어린 아들도 있는 사람이었어. 뇌종양 환자였는데, 오늘 숨을 거뒀거든. 병원에서 죽었어. 그 사람이 그러고 싶다고 해서." 내가 횡설수설했다. "난 절대 당신을 잃고 싶지 않아."

"나도 당신을 절대 잃고 싶지 않아." 크리스가 내 이마에 입을 맞추며 달래듯이 말했다. "근데 그 사람이 그러고 싶어 했단 게 무슨 뜻이야?"

나는 숨을 깊게 내쉬곤 크리스의 물음에 답했다. "말 그대로야. 병원에서 임종을 맞이하길 원했어. 바베트와는 다르게. 바베트는 내가 집에서 잘 보살폈어야 했는데."

"안 그래도 요즘 그 생각을 많이 했어." 크리스가 말했다. "그냥 그럴 운명이었던 거 같아."

"무슨 말이야?" 내가 물었다.

"글쎄, 약을 잘 챙겼더라면 당신이 엄마를 모시고 병원에 갈 일도 없었겠지. 허리케인이 오지 않았다면 바로 그 병원으로 가지도 않았을 거야. 나도 멀리서 일하고 있었을 테고. 이 모든 일이 일어나지 않았다면 엄마는 집에서 편안하게 돌아가셨겠지."

"맞아, 그렇게 됐어야 했어." 내가 말했다.

"근데 생각해 봐. 그럼 내가 집에 없었을걸? 다른 병원에서 일하다가 엄마의 임종을 지켜드리지 못했을 거 아냐. 그러니까 모든 일엔 그럴 만한 이유가 있었던 거야."

"모든 일엔 그럴 만한 이유가 있다……." 크리스의 말을 그대로 되풀이하는 순간, 나도 줄곧 그와 같은 생각을 하고 있었단 사실을 깨달았다.

**나가며**

끝없는 미지의 세계로 발을 내딛기 직전에 서 있는 사람을 가까이할 일이 많다 보니, 사후 세계를 믿느냐는 질문을 제법 많이 받는다. 이 책에도 썼듯 답을 찾는 건 긴 여정이었다. 나는 다양한 종교적 배경이 있는, 삶의 끝자락에 다다른 환자를 여럿 간호하면서 중요한 건 종교가 아니라 그가 살아온 인생이라고 믿게 됐다. 종교가 있든 없든 근사하고 풍요로운 인생을 사는 사람을 수없이 봤다. 어느 쪽이 더 낫다고는 생각하지 않는다. 다만 가장 중요한 게 있다면, 그건 바로 내면의 평화와 행복을 찾는 일이다. 그게 자신에게 뭘 의미하든 말이다. 나의 경험에 따르면 삶의 끝자락에서 가장 행복한 사람은 자신이 걸어온 삶을 갈무리하고 내면의 평화를 찾은 사람, 사후 세계에 대한 자기 믿음을 의심하지 않고 편안하게 받아들이는 사람이었다.

신앙이 무엇이든 결국에는 모든 사람이 똑같이 죽는다는 사실도 알게 됐다. 나는 사후 세계를 믿는 사람만큼이나 사후 세계를 믿지 않는 사람도 많이 만났다. 그들은 삶의 막바지에 이르면 먼저 세상을 떠난 사랑하는 사람이 우리를 찾아온다는 사실 역시 믿지 못한다. 하지만 지구에서 일어나는 일조차 전부 설명하기가 어려운데, 하물며 이 지구를 떠난 뒤에 일어날 일은 더욱 그렇지 않을까. 나는 우리가 세상을 떠날 때가 되면 사랑하는 사람이 찾아와 우리를 데려간다고 믿는다. 또한 인생의 마지막 순간에 찾아오는 이런 현상이 뇌에서 일어나는 화학작용의 결과라고는 생각하지 않는다. 이 책에 묘사한 일종의 방문visitation은 환영hallucination과는 큰 차이가 있다. 나는 방문과 환영을 모두 목격했지만, 이 둘은 절대 같지 않다. 환영은 벽 위를 기어다니는 거미부터 꿈틀거리며 형태를 바꾸는 집까지 어떤 모습으로든 나타나지만, 방문은 이를 경험하는 환자에게 실제와 다를 바 없이 또렷한 모습으로만 구현된다. 환영은 불안이나 공포를 불러일으키지만, 방문은 환자에게 평온과 평화를 가져다준다.

이 모든 사실을 알게 된 나는 삶과 죽음 사이의 중간 세상에서 평화와 행복을 찾을 수 있게 됐다. 나는 힘든 일이 생길 때마다 내가 임신한 사실을 처음 알았을 때 교회에서 겪었던 것과 같은 종교적인 경험에 의지한다. 응급실에서 인턴으로 일하면서 내 눈으로 직접 봤듯 이 세상에 시련과 고통이 존재한다는 사실 또한 잘 알고 있다. 그리고 내가 맡은 환자들이 삶의 끝자락에서 겪는 다양한 일 사이에 공통점이 있단 사실을 깨달으면서 이번 생 뒤에도 분명 뭔가가 존재한다는 결론을 내리게 됐다. 내게 길잡이가 되어주는 존재가 늘 곁에 있음을 알고, 내 주변 사람이 어떤 힘든 일을 겪는지 결코 온전히 알 수 없단 사실을 기억하고, 이번 생이 끝이 아니라고 확신하는 것. 이 세 가지 깨달음은 내가 내일이 됐든 70년 후가 됐든 훗날 삶의 끝자락에 섰을 때 뿌듯하게 여길 만한 인생을 살아갈 수 있도록 도와주었다.

우연히 발을 들여 시작하게 됐지만, 감히 나의 천직이라고 말할 수 있는 이 일을 계속할 수 있어 감사하다. 요즘은 브로디뿐 아니라 크리스와 내가 결혼하고 나서 낳은 두 딸(막내딸은 내가 이 책을 쓰는 동안 뱃속에서 자라고 있었다)까지, 세 아이의 엄마 역할과 일 사이에서 균형을 맞추려 노력하며 시간제로 일한다.

나는 이제 신입 간호사가 아니다. 호스피스 간호사의 근속연수는 보통 짧은 편이니 이 시점에서는 오히려 베테랑 간호사로 보는 게 맞겠지만, 그래도 여전히 가장 어린 축에 속한다. 호스피스 일은 간호사로서의 내 모습뿐 아니라 한 인간으로서의 내 모습 또한 크게 바꿔놓았다. 뭔가를 바꿔보겠단 생각으로 이 직종에 뛰어든 건 결코 아니다. 그러나 돌이켜 보면 일하면서 만난 환자들은 내 인생관을 형성하는 데 깊은 영향을 주었다. 그 결과 난 완전히 다른 사람이 됐다.

내 일이 얼마나 중요하고 가치 있는 일인지 잘 알고 있지만(모든 호스피스 의료진과 완화의료 종사자가 하는 일도 마찬가지다), 환자 역시 우리에게 그들이 받는 만큼의 도움을 똑같이 돌려준다. 내게는 삶의 끝자락에 있는 사람을 주변에 둘 특별한 기회가 주어졌다. 그들은 대개 자기 죽음이 얼마 남지 않았단 사실을 인지하며, 바로 그때부터 자기 삶을 형성한 모든 경험을 되돌아본다. 그들 중 많은 이가 자신에게 가장 큰 영향을 끼친 삶의 교훈을 간절히 공유하고 싶어 한다. 나는 바로 그런 사람들을 만나오고 있다.

나는 그들이 기꺼이 나와 나누기로 한 지혜와 그들이 들려주는 이야기를 자못 진지하게 받아들인다. 그리고 나를 바꾼다. 내가 언제나, 언제나 케이크를 먹는 이유다.

**감사의 말**

 내 남편 크리스가 없었다면 이 책은 세상에 나오지 못했을 것이다. 크리스는 아이들을 어린이집에 데려다주고 데려오는 일과 밤마다 재우는 일을 나 대신 도맡았으며, 내가 밤늦은 시간까지 글을 쓸 때면 소파에서 내 곁을 지켜주었고, 내가 어린 시절의 힘든 기억을 끄집어낼 때면 듣는 귀가 되어주었다. 크리스가 매일같이 나를 위해 겉으로 드러나진 않아도 매우 중요한 일들을 해주고 있다는 사실을 나는 잊지 않는다.

 불확실하고 두려운 나날을 보내던 20대 초반, 엄마가 내게 해준 모든 일에 대한 은혜를 절대 갚지 못할 것이다. 다른 가족이 모두 등을 돌릴 때 엄마는 언제나 내 곁에 있겠다고 말했고 두 팔 벌려 내 편이 되어주었다.

  책에 아주 잠깐 등장하지만, 서머는 힘들게 간호학교에 다니던 시절 내게 없어서는 안 됐던 사람이다. 내가 간호학교를 그만둬야 할지도 모른다고 했을 때 서머가 해줬던 말을 나는 잊지 못한다. 내가 어떤 결정을 내리든 서머는 나를 응원해 주리라고 생각했다. 하지만 그렇지 않았다. 서머는 나를 응원하는 대신 그만두지 말라고 말했다. 그만두는 건 방법이 아니라고, 그런 생각은 좋지 않다고, 그럴 게 아니라 머리를 맞대고 졸업할 방법을 찾아야 한다고 했다. 서머가 아니었다면 나는 간호사가 되지 못했을지도 모른다.

  노스웨스트플로리다주립대학에서 나를 가르쳐주신 모든 간호과 교수님께도 감사 인사를 전하고 싶다. 많은 간호사가 교수님들에 대해 끔찍한 기억이 있는데, 나는 그런 기억이 없다. 우리를 혹독하게 가르친 교수님들 덕분에 간호사로서 일하게 될 첫 직장에 대비할 수 있었다고 자신 있게 말할 수 있다. 그들은 의학적인 기술은 물론 환자를 환자로만 보지 않고 한 명의 인간으로 보면서 제대로 보살피는 법까지 가르쳐주었다. 그들은 교수라는 직책을 단지 직업으로만 여기지 않고, 학생을 최고의 간호사로 키우는 데 마음을 쏟았다.

  베르브탤런트의 모든 분, 특히 노아에게 고맙단 말을 전한다.

2년 전 노아를 만났을 때, 나는 미디어산업에 발을 들인 지 얼마 되지 않아 중압감을 느끼거나 겁을 먹곤 했다. 노아와 그의 팀은 무엇보다 언제나 나를 한 명의 인간으로서 대해주었다. 그 은혜를 절대 잊지 못할 것이다. 출판 에이전트에게 "너무 걱정돼서 토할 거 같아요"라고 이야기했을 때 그가 심리치료사처럼 달래주는 일이 일반적이진 않다는 사실을 최근에 다른 작가들과 이야기를 나누다가 알게 됐다. 하지만 감사하게도 내 출판 에이전트는 그런 사람이다(하하). 책을 쓰는 모든 과정을 견딜 만한 걸 넘어 즐거운 경험으로 만들어준 노아에게 감사 인사를 전한다.

사라를 비롯한 밸런타인출판사의 모든 팀원에게도 고마운 마음을 전한다. 그들은 젊고 경험 없는 작가에게 기회를 주었다. 힘들었던 경험을 글로 옮기려니 무척 두려웠지만, 그들 덕분에 나는 늘 무탈하고 든든했다.

그리고 마지막으로 내 사랑스러운 세 아이 브로디, 캘리, 애리스티! 너희를 위해서라면 엄마는 세상 끝까지라도 갈 수 있단다. 너희들에게 자랑스러운 엄마가 됐기를!

**내 환자들에게**

환자 열두 명의 이야기를 이 책에 담았다. 그 이야기를 담은 이유도 제각각 다르고, 그들이 내게 가르쳐준 교훈도 전부 다 다르다. 그들 한 명 한 명에게 빠짐없이 감사 인사를 전한다.

  글렌다, 당신은 내가 처음으로 임종을 지킨 호스피스 환자였어요. 당신과의 만남은 내가 이후에 만난 환자를 대하는 기준이 되었습니다. 당신 덕분에 내가 중간 세상이라고 부르는 세계를 처음 접했어요. 당신의 경험을 숨김없이 내게 나눠주어 고맙습니다. 나는 당신이 그랬듯 사랑하는 고인을 보는 것과 환영을 보는 것의 차이를 더 잘 이해하게 됐어요. 당신을 만나 많은 이가 삶의 끝자락에서 겪는 일을 이해하는 여정을 시작할 수 있었습니다.

  칼! 오, 칼! 오늘 당신과 다시 같은 방에 있을 수 있다면 하고 싶은 말이 너무 많아서, 밤새도록 키보드를 두드려도 그 말을 온전히 다 전하지 못할 거예요. 나를 믿어주어서, 당신 그리고 당신의 아내와 아름다운 관계를 맺을 수 있도록 허락해 주어서 고맙습니다. 당신 덕분에 나는 날마다 환자와 뜻깊은 관계를 형성하기로 다짐하는, 젊고 열정 넘치는 간호사가 될 용기를 얻습니다. 당신이 천국에서 애나와 함께 춤을 추고 있기를 바랍니다. 이제 내게도 두 딸이 생겼어요. 인생을 살아가면서 당신과 당신의 아내를 종종 생각합니다. 당신들 둘이서 버텨야 했을, 끝없이 감내해야 했을 슬픔을 나는 상상하기 어렵습니다. 당신이 그리워요. 하지만 저세상에서 당신을 반겨주는 애나와 재회하고 나서 당신이 느꼈을 행복을 지금 나는 그 어느 때보다 잘 이해할 수 있어요.

고마워요, 수. 당신의 믿음에 관해 내게 거리낌 없이 이야기해 주어서, 인생의 희로애락을 공유해 주어서 고마워요. 화분에 물을 주고 빨래를 개키던 그 고요한 순간은 잠시 멈춰 내 믿음을 성찰하는 계기가 됐습니다. 이제 나는 무얼 믿는지와 관계없이 자기 믿음을 편안히 인정하는 사람이 가장 행복하단 사실을 압니다.

샌드라, 당신과 당신의 남편 덕분에 돈이 많고 형편이 괜찮다고 해서 인생의 마지막이 달라지진 않는다는 사실을 좀 더 깊이 이해하게 됐습니다. 나는 당신들과 같이 '그림처럼 완벽한' 인생이 누구에게나 찾아오는 죽음을 막을 수는 없다는 걸 알게 됐습니다. 그런 인생 대신 내가 바라봐야 할 건 당신들이 서로 그리고 인생을 살며 만났던 사람들에게 보여주었던 헌신적인 사랑입니다. 샌드라, 나를 믿고 당신을 보살피게 해주어 고맙습니다. 당신의 발자취를 따라가려 합니다. 집의 크기 때문이 아니라 당신이 타인을 대했던 태도, 타인을 위해 기꺼이 인생을 바쳤던 넓은 마음 때문입니다.

엘리자베스, 당신이 세상을 그토록 일찍 떠나지 않았다면 얼마나 좋았을까요. 당신의 지혜 그리고 힘든 상황에서도 인생을 낙관적으로 바라보는 태도는 수백만 명에게 영감을 주었습니다. 당신의 이야기를 내 틱톡 계정에 공유했을 때 쏟아진 반응에 나는 어안이 벙벙했어요. 그토록 많은 사람의 진심어린 공감을 끌어냈단 것도 놀라웠죠. 당신의 말을 계속 떠올리고 싶다며 문신을 새긴 사람도 몇 명 봤어요. 내게 당신의 약점을 솔직하게 드러내 주어서, 내가 자라며 배웠던 것과는 다른 관점으로 나 자신을 보게 해주어서 고맙습니다. 생각이 바뀌고 시간이 많이 흐른 지금 과거를 되돌아보면, 살이 찔까 봐 걱정하며 그 많은 시간을 낭비해 버린 게 바보처럼 느껴집니다. 그냥 "케이크를 먹어버릴 걸" 그랬어요.

이디스, 당신은 치매와 알츠하이머병이 내가 이전에 믿었던 것처럼 흑과 백으로 딱 잘라 바라볼 수 없는 질병임을 보여주었습니다. 나는 이제 당신이 치매라는 병의 울타리에 얽매이지 않을 수 있었던 이유가 우리가 이해하지 못하는 영역에 존재한다는 걸 압니다. 치매환자를 돌볼 때마다 항상 당신을 떠올립니다. 그리고 다른 모든 환자에게 그러듯, 진단과 상관없이 치매환자에게도 내가 어떤 일을 왜 하는지 꼭 말로 설명하려고 합니다.

레지와 리사, 당신들과 내가 만났던 일을 수도 없이 곱씹었어요. 심리치료사와 상담할 때도, 혼자 있을 때도 그랬죠. 무척 오랫동안 내가 맞출 수 있었던 퍼즐이라고 생각해 왔어요. '시간을 되돌려서 내가 놓쳤던 그 짧은 순간을 알아차릴 수만 있다면, 그럴 수만 있다면 리사는 지금까지 살아 있을 텐데.' 하지만 당신들 덕분에 나는 스스로 생각하는 것만큼 상황을 좌우할 통제력을 쥐고 있지 않다는 사실을 배웠습니다. 리사, 당신의 마지막이 달랐다면 더 좋았겠지만, 나는 그 일을 계기로 마침내 내게 꼭 필요했던 심리치료를 받기 시작했어요. 심리치료는 내가 결혼 생활이나 육아, 일 그리고 가족과 맺은 관계를 비롯해 인생의 모든 영역에서 부딪힌 어려움을 극복하는 방식을 바꿔놓았습니다. 이 여정에 당신이 함께했다면 좋았겠지요. 그러나 지금 내가 할 수 있는 건 앞으로 나아가는 일뿐입니다. 당신의 이야기가 계속 세상에 남아서 도움이 필요한 이 책의 독자를 편견 없이 격려해 주기를 바랍니다.

릴리, 당신과 앨리슨을 안 시간은 얼마 되지 않았지만, 그런데도 당신의 이야기는 내게 무척 많은 영감을 주었습니다. 내 인생을 돌아보며 내게 앨리슨 같은 친구는 누군지 생각해 보는 계기가 됐을 뿐더러 나 자신이 그런 **친구가 되도록** 용기를 북돋아 주었지요. 모든 우정이 평생 지속되진 않는다는 사실, 어떤 우정은 아주 잠깐뿐이지만 그래도 괜찮단 사실도 깨달았어요. 스쳐 지나가는 우정을 아쉬워하지 말고 평생토록 변하지 않을 우정에 그 자리를 내주어도 괜찮단 사실을 말이에요.

멋진 시어머니 바베트와 시아버지 톰, 시누이 시제이, 시형 닉과 시동생 에릭 그리고 남편 크리스는 그들의 인생에서 가장 힘든 시기를 보내면서도 나와 브로디를 따뜻하게 가족으로 맞이해 주었습니다. 미혼모를 받아들여 주는 사람이 아무도 없을까 봐 내가 두려워하고 있을 때, 그들은 모두 어머니를 잃어가고 있었습니다. 그런 시간을 보내면서도 그들 모두가 보여준 사랑을 나는 절대 잊지 못합니다. 그 큰 사랑과 타인을 포용하는 마음이 바베트에게서 왔음을 압니다. 바베트, 종종 당신을 떠올려요. 간호사로서 그리고 엄마로서 내가 당신에게 자랑스러운 며느리가 되기를 바랍니다. 당신은 지금도 하늘에서 브로디와 크리스와 나를 지켜보고 있겠죠. 우리 가족에게 찾아온 어여쁜 두 딸을 보내준 사람이 당신이란 걸 믿어 의심치 않아요. 그 아이들이 자라면서 꼭 당신을 기억하도록, 당신의 사랑을 느끼도록 당신의 이야기를 들려줄게요.

앨버트, 당신 덕분에 나는 지금까지 좀처럼 하지 못했던 방식으로 내 도덕관을 성찰할 수 있었습니다. 당신을 만나기 전까지 내가 얼마나 많은 일을 무의식적으로 하는지 깨닫지 못했습니다. 환자 등록은 물론이고 상부의 지시를 아무 의심 없이 따르는 것까지요. 당신과의 만남을 계기로 나는 한 회사의 직원이 되기 전에 먼저 사람이 되어야 한다는 중요한 사실을 깨달았습니다. 당신을 돌보고 나서부터 나는 내가 간호사로서 일하는 방식을 바꾸게 됐습니다. 이제 이달의 직원은 될 수 없을지도 모릅니다. 그렇지만 내가 옳다고 믿는 걸 포기하게 될까 봐 전전긍긍해하지도 않습니다. 난 그걸로 충분해요.

프랭크, 우리가 침실에서 대화를 나눴던 그날 나는 내가 정말 이 책을 쓰게 되리라곤 꿈에도 생각지 못했어요. 새끼손가락을 걸고 약속하면서 말도 안 된다고 나는 웃었지만, 이젠 당신이 웃고 있겠네요. 가끔은 당신이 그때부터 알고 있었던 건지 궁금하기도 합니다. 세상에 신은 없다는, 당신의 한결같은 믿음은 우리에게 신앙이 있든 없든 누구에게나 사랑하는 고인이 보인다는 사실을 내가 한층 더 이해할 수 있도록, 사람들에게 더 쉽게 설명할 수 있도록 해주었습니다.

애덤, 당신을 간호하면서 내가 느낀 복잡한 감정은 어떤 말로도 설명하기가 어렵습니다. 당신은 시어머니가 돌아가시고 나서 내가 처음으로 만난 교모세포종 환자였습니다. 당신의 가족을 보고 있으면 마치 내 가족을 보는 듯한 기분이 들었어요. 당신 덕분에 나는 진정으로 내가 일과 삶을 분리할 수 있는 사람인지 시험해 볼 수 있었어요. 당신을 만나고 나서 우리 사이에 개인적인 유대감이 있었기에 내가 당신의 편을 들 수 있었고, 그래서 나아가 더 좋은 간호사가 될 수 있음을 깨달았습니다. 다른 간호사들과는 달리 내 개인적인 경험을 바탕으로 보호자의 처지를 이해할 수 있었으니까요. 당신과 만난 일을 계기로 나는 이제 항상 먼저 나서서 교모세포종 환자를 맡는 사람이 됐습니다. 그리고 일과 삶을 완전히 구분하지 않아도 괜찮다는 사실을 좀 더 잘 받아들이게 됐습니다. 다른 것들처럼 좀 중간 in-between이면 어때요.

**옮긴이의 말**

이 책의 검토 작업을 하고 있을 때, 제주에 사는 할머니가 돌아가셨다는 소식을 들었다. 그 무렵 이상하게 자꾸 할머니 생각이 났었다. 나는 유튜브에 영상을 만들어 올리는 일을 하는데, 그즈음 한 영상에서 할머니 이야기를 많이 했다. 별로 좋은 이야기는 아니었다. 내가 완벽주의 성향 때문에 힘겨워하는 어른으로 성장한 데 할머니가 적지 않은 영향을 미쳤다는 대충 그런 말이었다. 그 영상을 올리고 얼마 지나지 않아 할머니는 세상을 떠났다.

돌아가시는 순간까지 참 우리 할머니답다고 생각했다. 나날이 최고 기온을 찍던 8월 초였다. 극성수기라 제주행 비행기는 죄다 매진이어서, 나와 남편과 내 남동생은 무작정 공항으로 가 기다리며 간간이 뜨는 취소 표를 잡는 데 온 힘을 쏟았다. 남동생은 운 좋게 조금 더 일찍 제주로 갔고, 나와 남편은 공항에서 열두 시간을 기다린 끝에 겨우 표를 구해 제주행 비행기에 올랐다. 마치 할머니가 남긴 마지막 테스트를 치르는 것 같았다. 그날은 하루 종일 찔 듯이 더웠고, 우리가 저녁 7시 무렵 비행기에 올랐을 땐 비가 내리고 천둥이 쳤다. 할머니는 죽었지만 누군가는 여행을 떠나고 누군가는 공항 리무진을 운전하고 누군가는 비행기 짐칸에 든 짐을 옮겼다. 죽은 사람이 있어도 세상은 잘만 굴러갔다.

할머니를 썩 좋아하지 않았다. 아니, 어쩌면 죽도록 미워했을지도. 그는 내가 가진 수많은 결핍 중 적어도 한두 가지에는 책임이 있는 사람이었다. "네가 아들이었어야 했는데." 그는 내 얼굴을 볼 때마다 내가 딸인 걸 못내 아쉬워하며 이렇게 말했다. 체면을 무엇보다 중요하게 여겼고 욕심도 많은 사람이었다. 대학생 처지에 용돈을 쪼개 백화점 할인 매대에서 파는 스카프를 생신 선물로 사 들고 가면, 아파서 침대에 누워 있으면서도 "너희 할머니가 어떤 할머니인데 이런 걸 선물로 주냐"라고 면박을 주며 사람을 민망하게 했다.

공항 라운지에서 비행기를 기다리면서도, 장례식이 끝나고 돌아오는 비행기 안에서도 검토 작업을 했다. 그 와중에 이런 생각을 했다. 만약에⋯⋯ 정말 만약에 내가 이 책을 첫 역서로 맡게 된다면 그건 할머니가 마지막 가는 길에 내게 주는 선물이겠다고. 그런데 정말로 그렇게 되었다. 욕심을 버리고 마음 가는 대로 작업한 원고였다. 그러고는 한동안 잊고 지냈는데 번역 작업을 내게 부탁하고 싶다고 연락이 온 것이었다. 소식을 듣자마자 할머니 얼굴이 가장 먼저 떠올랐다. 할머니가 진짜로 나에게 선물을 주고 떠난 걸까.

미신이나 운명 따위 믿지 않지만 죽음에 대해서는 조금 다른 마음가짐을 갖고 있었다. 죽음에 임박한 사람이 만들어내는 신비로운 힘을 믿는다. 할머니가 돌아가시기 며칠 전 남동생은 할머니가 꿈에 나왔다고 했고, 남편은 갑자기 우리 할머니 생각이 난다며 안부를 물어왔다. 마지막 순간 대학병원 중환자실에 누워 있던 할머니는 끔찍이 아끼던 큰딸이 비행기를 겨우 구해 병실에 도착하자마자, 이제 원이 없다는 듯 곧바로 숨을 거뒀다. 그리고 놀랍게도 할머니가 선물해 주고 간 이 책은 죽음을 앞둔 사람들의 이야기다.

호스피스 환자들을 만나기 전의 저자가 그랬듯 나 또한 중간이 없는 사람이었다. 내 기준에 맞지 않으면 무조건 틀렸다고 생각했고, 전날 계획한 대로 아침 7시에 일어나지 못하면 실패했다는 생각에 마음을 다잡을 수 없어 하루를 통째로 날려버리곤 했다. 완벽하거나 아무것도 없거나 둘 중 하나였다. 그런 나 자신이 줄곧 마음에 들지 않았는데, 이 책을 한 문장 한 문장 번역하다가 책의 원 제목이기도 한 'in-between'이라는 단어를 마주칠 때면 난 늘 무언가에 홀린 듯 그 글자들을 오래도록 바라보았다. 그 애매한 단어를 어떤 우리말로 옮겨야 할지 고민이 되었던 것도 있지만, 내가 갈망하는 삶의 태도가 그 단어 하나에 함축되어 있는 것 같아서였다.

결국 'in-between'을 '중간'이라는 말로 옮겼다. 삶과 죽음 사이에 존재하는 신비로운 세계를 설명하기에도, 삶을 대하는 방식을 표현하기에도 그 편이 가장 적당해 보였다. 호스피스 환자들을 만나기 전에는 이도 저도 아닌 '중간'을 받아들이지 못하고 혼란스러워하던 저자가 죽음을 앞둔 이들과 관계를 맺고 차츰 다른 사람으로 변해가는 모습을 따라가며, 나도 저런 마음가짐으로 일상을 살아가고 싶었다는 걸 조용히 깨달았다.

누군가가 자기만이 할 수 있는 이야기를 용기 내어 세상에 해줄 때 그리고 그 이야기가 스스로에게 끊임없이 가까워지려는 내밀한 사투에 관한 것일 때 난 예외 없이 들뜨곤 한다. 자기 자신과 긴밀한 사이일수록 행복의 크기가 커진다는, 조금은 뻔한 이야기를 여전히 믿으므로. 이 책과 같은 증거들이 도처에 존재하므로.

저자가 열아홉 살에 아이를 가지며 그간 그려왔던 미래가 산산조각 났을 때. 어렸을 적 부모님의 불화로 결핍을 지닌 어른으로 자라나 겉모습에 집착하는 사람이 됐을 때, 호스피스 일에 자부심과 회의를 동시에 느끼며 방황할 때, 시어머니 바베트의 평화로운 임종을 돕는 것에 실패했을 때. 다르게 말하면 스스로에게 실망하거나 타인을 실망시켰을 때. 그럴 때마다 어쩔 줄 몰라 하며 자신을 더욱 옥죄던 초반부 저자의 모습에서 내가 겹쳐 보이곤 했다. 또 저자가 죽음 근처에서 이 세상 이치만으로는 도무지 설명할 수 없는 일을 보고 겪으며 모든 일에 반드시 정답이 필요한 것은 아니라는 사실을 차차 깨달아 나갈 땐, 묘한 서늘함을 느끼면서도 나도 모르게 그를 응원하게 되었다. 결코 남 얘기 같지 않아서였으리라.

때로는 세상과 나의 어중간함을 웃어넘기는 태도가 필요하다는 것. 그리고 그 어중간함을 정의하는 데는 타인의 의견 따위는 필요 없다는 것. 저자가 죽음을 앞둔 사람들이 세상을 바라보는 이러한 방식을 점차 받아들이는 그 과정은 그가 스스로에게 너그러워지는 여정이기도 했다. 한편으로는 자신을 둘러싼 세상에 마음을 열어가는 시간이었다. 여느 책과는 다르게 본문의 연장선처럼 느껴졌던 '감사의 말'과 '내 환자들에게'를 우리말로 옮기며 좀 중간이면 어떻냐고 되묻는 마지막 문장에서 나는 확신했다. 마침내 저자가 자기 자신이 어떤 모습이든 있는 그대로 바라볼 수 있는 사람이 되었다고.

    결국 내가 바라는 나의 모습도 그런 게 아닌가 싶다. 그다지 거창할 것도, 특별할 것도 없이 모든 게 중간$^{\text{in-between}}$인 나와 내 인생을 사랑스럽게 보아주는 것. 나는 지금 그런 연습을 하며 봄의 한가운데를 지나는 중이다.

2024년 봄

고건녕

**옮긴이 고건녕**

영상을 만들고 글을 쓰며, 종종 번역을 한다. 서울의 오래된 집에서 남편, 털 많은 강아지 한 마리와 함께 살고 있다. 글밥 아카데미 수료 후 바른번역 소속 번역가로 활동 중이다.
@dexy.koh

# 삶이 흐르는 대로

**초판 1쇄 인쇄** 2024년 9월 4일
**초판 1쇄 발행** 2024년 9월 24일

**지은이** 해들리 블라호스
**옮긴이** 고건녕
**펴낸이** 김선식

**부사장** 김은영
**콘텐츠사업본부장** 임보윤
**책임편집** 이한나　**책임마케터** 배한진
**콘텐츠사업3팀장** 이승환　**콘텐츠사업3팀** 김한솔, 권예진, 이한나
**마케팅본부장** 권장규　**마케팅2팀** 이고은, 배한진, 양지환　**채널팀** 권오권
**미디어홍보본부장** 정명찬　**브랜드관리팀** 오수미, 김은지, 이소영, 서가을
**뉴미디어팀** 김민정, 이지은, 홍수경, 변승주
**지식교양팀** 이수인, 염아라, 석찬미, 김혜원, 박장미, 박주현
**편집관리팀** 조세현, 김호주, 백설희　**저작권팀** 이슬, 윤제희
**재무관리팀** 하미선, 윤이경, 김재경, 임혜정, 이슬기, 김주영, 오지수
**인사총무팀** 강미숙, 지석배, 김혜진, 황종원
**제작관리팀** 이소현, 김소영, 김진경, 최완규, 이지우, 박예찬
**물류관리팀** 김형기, 김선민, 주정훈, 김선진, 한유현, 전태연, 양문현, 이민운
**외부스태프** **디자인** 데일리루틴　**일러스트** 요리　**교정** 김계영

**펴낸곳** 다산북스　**출판등록** 2005년 12월 23일 제313-2005-00277호
**주소** 경기도 파주시 회동길 490
**전화** 02-704-1724　**팩스** 02-703-2219　**이메일** dasanbooks@dasanbooks.com
**홈페이지** www.dasan.group　**블로그** blog.naver.com/dasan_books
**종이** 신승아이엔씨　**인쇄** 한국학술정보　**후가공** 평창피앤지　**제본** 다온바인텍

ISBN 979-11-306-5328-0 (03840)

- 책값은 뒤표지에 있습니다.
- 파본은 구입하신 서점에서 교환해드립니다.
- 이 책은 저작권법에 의하여 보호를 받는 저작물이므로 무단 전재와 복제를 금합니다.

> 다산북스(DASANBOOKS)는 책에 관한 독자 여러분의 아이디어와 원고를 기쁜 마음으로 기다리고 있습니다.
> 출간을 원하는 분은 다산북스 홈페이지 '원고 투고' 항목에 출간 기획서와 원고 샘플 등을 보내주세요.
> 머뭇거리지 말고 문을 두드리세요.